SCORPIO

Lama Marut

BE NOBODY

Warum wir uns nicht anstrengen müssen, jemand Besonderes zu sein

Aus dem amerikanischen Englisch von
Theo Kierdorf und Hildegard Höhr

SCORPIO

Die amerikanische Originalausgabe ist 2014 unter dem Titel *Be Nobody* bei Atria Books, a division of Simon & Schuster, Inc., New York, NY erschienen.

Umschlaggestaltung und Motiv: Hauptmann & Kompanie Werbeagentur, Zürich
Satz: BuchHaus Robert Gigler, München
Druck und Bindung: GGP Media GmbH, Pößneck
ISBN 978-3-95803-001-5

www.scorpio-verlag.de

Sobald wir jemand sein wollen,
sind wir nicht mehr frei.
JIDDU KRISHNAMURTI

Dieses Buch ist Cindy Lee gewidmet, einer wahren Gefährtin, Partnerin, Muse und der besten Freundin, die man sich wünschen kann.

INHALT

VORWORT: DON'T GIVE ME THAT OLD-TIME RELIGION

Traditionen sind gemeinschaftliche Anstrengungen,
die verhindern sollen,
dass etwas Unerwartetes geschieht.
Barbara Tober

Ein Gospelsong, den ich als Kind in der Kirche gelernt habe, gibt uns den Rat, uns nicht auf neumodischen Kram einzulassen, wenn es um unsere Spiritualität geht. Statt uns in einer der vielen Fallen der modernen Welt zu verfangen, täten wir besser daran, es bei der »guten alten Religion« zu belassen; die sei gut genug.

Give me that old-time religion
Give me that old-time religion
Give me that old-time religion
It's good enough for me

Na ja, sie war für mich nicht gut genug, als ich noch ein Jugendlicher war, und sie ist es auch jetzt nicht. Eine Religion, die für unsere heutigen Lebensumstände nicht relevant ist, ist grundsätzlich irrelevant, oder was meinen Sie?

Meine Spiritualität war vielfältigen Einflüssen ausgesetzt, und ich nehme an, dass das bei vielen von uns genauso war. Ich bin als Christ aufgewachsen (mein Vater und Großvater waren ordinierte Baptistenpriester), wurde getauft und viele Jahre in dieser Tradition unterwiesen und habe ein Theologiestudium absolviert. Ich habe bis heute eine tiefe und dauerhafte Verbindung zum christlichen Glauben.

Außerdem war ich mehr als dreißig Jahre lang vergleichender Religionswissenschaftler mit Schwerpunkt Hinduismus und habe zu Forschungszwecken viele Male Indien besucht. Während des längsten meiner Aufenthalte dort hatte ich eine tiefe Verbindung zu einem gelehrten und frommen Hindulehrer, der mir nicht nur half, mein Sanskrit zu verbessern, sondern mir auch beibrachte, nach spirituellen Prinzipien zu leben. Dieser Lehrer hat meine Religiosität entscheidend verstärkt. Sehr inspiriert hat mich auch meine Kenntnis der klassischen Hindu-Literatur, die ich seit dreißig Jahren im akademischen und spirituellen Kontext unterrichte. Leser dieses Buches werden bald merken, dass ich die Weisheit, die ich in Hindu-Schriften wie den *Upanischaden*, dem *Yoga-Sutra*, dem *Vijnana Bhairava Tantra* und der *Bhagavad Gita* gefunden habe, in mein allgemeines Verständnis eines spirituellen Lebens integriert habe. Seit dem Jahre 1998 widmete ich mich intensiv dem Studium und der Praxis des Tibetischen Buddhismus, wurde schließlich buddhistischer Mönch und fing dann an, die Philosophie und Praxis dieser Tradition zu lehren. Zur buddhistischen Tradition habe ich mich mein ganzes Leben lang hingezogen gefühlt; ihr Eintreten für ein von Mitgefühl und Achtsamkeit geprägtes Leben und ihre bewusstseinserweiternden Lehren über die wahre Natur der Wirklichkeit interessieren mich schon lange. Als ich mich intensiver mit diesen Lehren beschäftigte, stellte ich zu meiner Freude fest, dass man in buddhistischen Schriften immer wieder die Aufforderung zum selbstständigen Denken findet – dass Schüler nichts glauben sollen, was sie nicht selbst geprüft haben, und dass sie intellektuell und spirituell gegenüber allem, was nützlich und förderlich ist, wo auch immer sie es vorfinden, offen bleiben sollen. Man könnte sagen, dass es ein buddhistisches Dogma ist, nicht zu sehr an einem bestimmten Dogma zu haften. Wenn ich richtig verstanden habe, was es bedeutet, Buddhist zu sein, dann bin ich stolz, mich einen Buddhisten zu nennen.

Die Frage, was oder wer ich bin, wenn es um die Religion geht, lässt sich also nicht ohne Weiteres beantworten – es ist nicht einmal mir, oder besser gesagt, ganz besonders mir nicht klar. Bin ich Christ, Hindu oder Buddhist? Ist es wichtig oder gar notwendig, sich für eine dieser Möglichkeiten zu entscheiden? Wie könnte ich die vielen Jahre, in denen ich diese drei wichtigsten Einflüsse auf meine Spiritualität erlebt habe, auslöschen?

Viele Leser, die zu diesem Buch greifen, sind wahrscheinlich in religiöser Hinsicht mindestens genauso kompliziert wie ich. Viele Menschen sind heutzutage religiöse Hybride, die Elemente verschiedener religiöser und philosophischer Traditionen in sich vereinen – spirituelle Promenadenmischungen, wenn Sie so wollen. Selbst diejenigen von uns, die sich der einen oder anderen Weltreligion stark verbunden fühlen, unterliegen in einem Maße den Einflüssen anderer Lehren, wie es in der Geschichte der Welt noch nie der Fall war.

In früheren Zeiten lebten die meisten Menschen in geschlossenen Gesellschaften und waren sich des Spektrums religiöser und kultureller Alternativen gar nicht bewusst. Heute ist unsere Welt viel größer und vielfältiger als jemals vorher. In unserem globalisierten Zeitalter ist dank des Internets unmittelbare Kommunikation mit der ganzen Welt jederzeit möglich, und obwohl wir alle in Nationalstaaten leben, sind diese immer stärker multikulturell geprägt und religiös immer heterogener. Die Strukturen, die einmal dafür gesorgt haben, dass wir in unserer kulturellen Prägung separat blieben, öffnen sich heute in alle Richtungen.

Wir wissen viel mehr über unsere Mitmenschen als jemals vorher, und wir alle sind auf allen Ebenen wechselseitiger Beeinflussung und der Überlagerung verschiedenster Einflüsse ausgesetzt. Diese allgemeine Tendenz zur Vermischung hat auch starke Auswirkungen auf die Spiritualität, was dazu führt, dass kaum jemand Zeit auf das ohnehin zum Scheitern verurteilte Bemühen vergeudet, in der »guten alten Religion« zu verharren.

Wenn man heutzutage eine religiöse Identität (oder keine) für sich reklamiert, so ist das eine von verschiedenen Möglichkeiten, die einem offen stehen, jedoch keine unveränderliche Eigenschaft, die man von Geburt an und bis zum Lebensende hat. Wir mögen mit dieser oder jener religiösen Überzeugung (oder auch ohne jede) aufgewachsen sein, aber wir haben heute mehr Wahlmöglichkeiten hinsichtlich unserer persönlichen Überzeugungen, unserer Identität und unserer Spiritualität als jemals vorher.

Erstaunliche 44 Prozent aller Amerikaner fühlen sich heute einer anderen religiösen Lehre verbunden als derjenigen, in die sie hineingeboren sind.[1] Ganz gleich, mit welcher Religion sich unsere Eltern identifiziert haben mögen, wir selbst sehen heute kein Problem darin, von einer Lehre zu einer anderen zu wechseln. Und abgesehen von uns spirituellen Hybriden lehnt eine ständig wachsende Zahl von Menschen jede religiöse Überzeugung welcher Art auch immer ab. Diese grundsätzliche Verweigerung einer spirituellen Identifikation nimmt heute stark zu. Einer neueren Untersuchung gemäß sind organisierteReligionen generell stark in ihrem Bestand gefährdet – wahrscheinlich sogar eine vom Aussterben bedrohte Spezies in nicht weniger als neun Ländern mit besonders hohem Entwicklungsstand: Australien, Österreich, Kanada, Tschechien,

Finnland, Irland, den Niederlanden, Neuseeland und der Schweiz.[2] Eine andere Untersuchung kommt zu dem Ergebnis, dass sich zwei Drittel der Bewohner Großbritanniens nicht mehr als religiös ansehen.[3]

Sogar in den Vereinigten Staaten, in denen die Abwendung von den organisierten Religionen statistisch wesentlich geringer ausfällt als im größten Teil Europas und in anderen Teilen der industrialisierten Welt, geben heute 33 Millionen Bürger an, sich zu keiner offiziellen Religion zu bekennen. Nach einer kürzlich durchgeführten Studie des *Pew Forum on Religion and Public Life* sind die »keins davon« (also Befragte, die auf die Frage nach ihrer religiösen Zugehörigkeit »keine der oben genannten« angekreuzt haben) die am schnellsten wachsende Gruppe in den USA – sie hat allein in den letzten fünf Jahren einen Zuwachs von 25 Prozent erlebt. Die Zahl ihrer Anhänger ist unter jüngeren Menschen am größten. Einer Umfrage zufolge werden 30 Prozent der zwischen 1981 und 1989 Geborenen den »keins davon« zugerechnet, und in der Gruppe der zwischen 1990 und 1994 Geborenen haben 34 Prozent keine Anbindung an eine religiöse Gruppe.[4]

Nun bedeutet der Mangel an einer religiösen Bindung nicht unbedingt, dass die Betreffenden grundsätzlich kein Interesse an spirituellen Aspekten des Lebens haben. 86 Prozent der »keins davon« in den Vereinigten Staaten erklären, dass sie an Gott glauben, und 37 Prozent von ihnen bezeichnen sich als »spirituell«, aber nicht als »religiös«, wobei jeder Fünfte sagt, er bete jeden Tag.[5] In Kanada bezeichnen sich einer *Forum-Research*-Umfrage zufolge zwei Drittel der Bevölkerung als »spirituell«, und nur die Hälfte nennt sich »religiös«, aber ein Viertel derjenigen, die angeben, »keiner Religion« anzugehören, erklären trotzdem, sie glaubten an Gott.[6]

Nun gibt es neben denjenigen, die sich zu einer bestimmten Religion bekennen, den von mehreren spirituellen Traditionen

Beeinflussten und den »Nones«, die keine religiöse Identifikation entwickeln wollen, aber trotzdem eine spirituelle Ader haben, noch eine weitere Kategorie, nämlich die der Menschen, die versuchen, in der heutigen stark veränderten Welt ein gutes Leben zu führen. Wir könnten sie die *»Undos«** nennen.

Undos sind Menschen, die sich von den Einschränkungen religiöser Gesetze befreien, ohne die Lehren und Methoden, die sie in diesen Traditionen entdeckt haben und die sie für nützlich halten, pauschal zu verwerfen. Ein *Undo* ist nicht genau das gleiche wie ein »keins davon«. Um sich von einer bestimmten religiösen Überzeugung befreien zu können, müssen Sie diese zunächst einmal besessen haben – Sie müssen in einer der spirituellen Traditionen der Welt unterrichtet worden sein. Ein *Undo* können Sie nur sein, wenn Sie zunächst ein Hindu (oder Buddhist, Christ, Jude, Muslim, Sikh oder was auch immer) waren. Doch nachdem ein *Undo* von dieser oder jener religiösen Tradition durchtränkt worden ist, beschließt er, den Mantel dieser religiösen Identifikation abzulegen, um sich fortan zu bemühen, ein guter Mensch zu sein, statt ein aufrechtes Mitglied (mit Ausweiskarte) einer bestimmten Religion.

Mitglied einer bestimmten Religion, spirituelle Promenadenmischung (Hybrid), »keins davon« oder *Undo* – immer mehr Menschen sind auf der Suche nach einer sinnvollen Existenz au-

* Die Art, wie ich den Begriff *»Undo«* [engl. *to undo* = etwas ungeschehen machen] verwende, ist von Swami Satchidananda inspiriert, der in seinem Buch *Beyond Words* schreibt: »Ich werde oft gefragt: ›Welcher Religion gehören Sie an? Sie sprechen über die Bibel, den Koran und die Torah. Sind Sie Hindu?‹ Ich antworte dann: ›Ich bin kein Katholik, kein Buddhist und kein Hindu, sondern ein *Undo*. Meine Religion ist der *Undoismus*. Wir haben schon genug Schaden angerichtet. Wir müssen aufhören, noch mehr davon zu produzieren, und versuchen, den schon entstandenen Schaden zu beheben.‹« (Yogaville, CA: Integral Yoga Publications, 1977, engl. S. 85; dt. Ausgabe: *Jenseits aller Sprachen*. Ost-West-Verlag, Illmensee 2006).

ßerhalb der traditionellen religiösen Identitäten »der guten alten Religion«. Auf diese Entwicklungen eingehend, hat der Dalai Lama kürzlich (erstaunlicherweise auf Twitter!) erklärt, er neige immer stärker zu der Auffassung, dass es an der Zeit sei, eine Möglichkeit des Denkens über Spiritualität und Ethik zu finden, die von jeder Form von Religion unabhängig sei.[7] In seinem *Buch der Menschlichkeit: Eine neue Ethik für unsere Zeit* beschreibt er ein Programm für ein gutes, ethisch einwandfreies Leben und vertritt die Auffassung, dass Religion allein nicht mehr ausreiche, um das, worum es heute gehe, zu schaffen.

> *Einer der Gründe hierfür ist, dass viele Menschen keiner bestimmten Religion mehr anhängen. Ein weiterer Grund liegt darin, dass die Menschen im Zeitalter der Globalisierung und in multikulturellen Gesellschaften immer stärker miteinander vernetzt sind und eine in einer bestimmten Religion verwurzelte Ethik nicht für alle eine Bedeutung hat, sondern nur einige von uns anspricht. ... Was wir heute brauchen, ist eine ethische Grundlage, die sich nicht auf Glaubenssysteme bezieht und daher sowohl für religiöse als auch für nichtreligiöse Menschen annehmbar ist: eine säkulare Ethik.*[8]

Ein ethisches Leben zu führen – ein von Uneigennützigkeit bestimmtes Leben, statt eines von ungezügeltem Egoismus bestimmten, ein durch Integration und Verbundenheit gekennzeichnetes Leben, statt eines Lebens, für das Entfremdung und kurzsichtiger Narzissmus kennzeichnend sind – ist nicht nur für Menschen wichtig, die einer bestimmten traditionellen Religion folgen. Dies ist für jeden Menschen der Schlüssel zu wahrem Glück und die Grundlage für die Schaffung einer besseren Welt. Denn »wenn es ›Ismen‹ gibt«, so sagte Lama Surya Das einmal zu mir, »dann gibt es auch Schismen«.

Doch leider führt die Identifikation mit einer formalisierten Religion oft dazu, dass Menschen sich berechtigt fühlen, ihr Bedürfnis, *ein Jemand zu sein*, im Interesse des unstillbaren Appetits ihres Ich nach Selbstbeweihräucherung zu erfüllen versuchen. Darüber gerät völlig in Vergessenheit, dass die Gründer der großen Religionen erst im Nachhinein deren Gründer geworden sind. Sie lehrten keine »Ismen«, sondern verkündeten ihr Verständnis des Lebens – dessen, *was ist*.

Und wenn wir über die großen spirituellen Vorbilder der Menschheitsgeschichte *etwas* wissen, dann dass sie demütig waren. Wenn Menschen wichtigtuerisch und arrogant auftreten, bewundern wir sie nicht oder machen sie gar zu Heiligen. Es gibt keinen »Heiligen Barry den Arroganten« und keine »Heilige Tricia die Aufgeblasene«. Unsere Vorbilder, ob aus der Vergangenheit oder Gegenwart, sind Menschen, die wahrhaft bereit waren oder sind, *niemand zu sein* – Diener, nicht Herren anderer zu sein.

Es geht nicht darum, Buddhist zu sein, sondern zu lernen, ein Buddha zu sein. Und es geht nicht darum, sich als »Christ« zu fühlen, sondern ein Leben zu führen, wie es Christus entspräche. Es reicht nicht, sich einer Religion anzuschließen, um die eigene Identität zu stärken, sondern man muss auch tatsächlich ein gutes Leben führen, ein Leben, das der uneigennützigen Sorge um das Wohl anderer gewidmet ist.

»Ich bin weder Hindu noch Muslim«, erklärte der indische Mystiker Kabir im 15. Jahrhundert. »Ich bin dieser Körper, ein Spiel der fünf Elemente, ein Drama des Geistes, in Freud und Leid tanzend.«[9] Ähnlich versicherte der Heilige Paulus den Galatern: »Hier ist nicht Jude noch Grieche, hier ist nicht Sklave noch Freier, hier ist nicht Mann noch Frau, denn ihr seid allesamt einer in Christus Jesus.«[10] Es heißt, der Buddha habe »gar keine Religion gelehrt«.* Die Praxis jedes spirituellen Pfades – ganz gleich, ob er durch eine der üblichen Etikettierungen als solcher gekennzeichnet ist oder nicht –, sollte nicht zur Selbsterhöhung führen, sondern zur Selbstnegation und zur Zerstörung der Selbstgefälligkeit, wie es dem *Niemand-Sein* entspricht.

Wie bitte? Ich soll niemand sein? Ich habe mich doch mein ganzes Leben lang bemüht, nicht irgendein Nobody zu sein!

Bevor Sie dieses Buch von der nächsten Brücke ins Wasser werfen, sollten wir uns die Bedeutung einiger Begriffe noch einmal genauer anschauen. Erstens besteht ein Unterschied zwischen egoistischem »Jemand-Sein«, das sich für völlig wertlos – ein Nichts, eine absolute Null – hält, und *Niemand-Sein*. Letzteres hat nichts mit unserem Empfinden einer persönlichen, individuellen Identität zu tun, die verbessert werden kann und sollte – insbesondere wenn sie auf ihrer Wertlosigkeit beharrt. Jemand, der *denkt*, er sei ein Niemand,

* In Kapitel 13 des ältesten gedruckten Buches der Welt, des *Diamantschneider-Sutras*, stellt der Buddha einem seiner Schüler, Subhuti, folgende provokative Frage: »Was meinst du, Subhuti? Hat der Buddha irgendeine Religion gelehrt?« Wir mögen nun denken, der gute alte Subhuti hätte vermutet, dass dies eine Art Witz oder vielleicht auch eine Fangfrage war. *(Was zum Teufel soll das? Warum fragst du mich so was? Was hast du denn sonst in all den Jahren hier in Nordindien getan, als uns eine Religion zu lehren? Du hast uns ja wohl nicht Ackerbau und Viehzucht oder das Jodeln beigebracht!)* Stattdessen gibt Subhuti die richtige Antwort: »Nein, Herr. Der Buddha hat uns keine Religion gelehrt.« In der hier zitierten Passage des Originals lautet das Wort, das ich hier mit »Religion« wiedergegeben habe, »*Dharma*« – zugegebenermaßen keine exakte Übersetzung, aber wahrscheinlich eine, die dem Konzept »Religion« in Sanskrit-Texten am nächsten kommt. Eine sehr ähnliche Äußerung ist in Nagarjunas *Root Verses on the Middle Way* (»Verse aus der Mitte«) zu finden: »Friede ist die Befriedung aller Wahrnehmung und aller Vorstellung. Keine Religion *(Dharma)* wurde jemals vom Buddha gelehrt« (24–25).

definiert sich im Zustand der Ichbefangenheit als solcher, wohingegen jemand, der ein Niemand *geworden* ist, ohne jede Ichbefangenheit Teil von etwas wesentlich Größerem ist.

»Niemand«, so wie wir den Begriff hier benutzen, bezieht sich auf unsere Wesensnatur, auf unser »wahres Selbst«, das immer präsent ist und keiner Verbesserung bedarf. Dies ist unsere erhabenste Quelle der Freude und Stärke, das ewige Reservoir des Friedens und der Zufriedenheit, das wir aufsuchen, um die nie endenden Forderungen und Klagen des unersättlichen Ich zum Schweigen zu bringen.

Die Loslösung von unserem ständigen Bemühen, wichtig und bedeutend zu sein, ist nicht leicht. Weil wir uns so lange mit dem Jemand-sein-Wollen abgemüht haben, haben wir hartnäckige Gewohnheiten entwickelt, und irgendein tief verwurzelter Teil von uns wird sich der erforderlichen »Ich-Ektomie« mit Sicherheit widersetzen. Doch wenn es uns gelingt, uns von einschränkenden Hemmungen und vom Streben unseres Ich nach Bestätigung und Selbstverherrlichung zu lösen, wird uns das sehr erleichtern. Dies wissen wir instinktiv, und wir sehnen uns nach einer solchen Entlastung. Unser tiefstes Bedürfnis ist, dass wir uns nicht mit etwas Kleinem und Bestimmtem identifizieren, sondern mit etwas Größerem, Universellem und Transzendentem.

Angesichts der Allgegenwart von Ausdrucksformen grassierender Geistlosigkeit, wie sie im sogenannten *Social Networking* und im *»Reality-TV«* ebenso zum Ausdruck kommen wie in der allgemeinen Tendenz zur Ich-Überhöhung, im Celebrity-Kult, im weit verbreiteten Streben nach sofortigem Ruhm sowie in der engstirnigen Arroganz des religiösen Fundamentalismus und Fanatismus, sind Fragen der Spiritualität und Identität noch nie so drängend gewesen wie heute – auch wenn man berücksichtigt, dass es das Streben nach Authentizität und wahrem Glück schon immer gab.

Wir alle können völlig unserer selbst sicher und wahrhaft glücklich sein oder neurotisch selbstbesessen und ständig unzufrieden. Wir alle haben das Potenzial, das Meer zu sein, statt nur eine Welle, der klare blaue Himmel und nicht nur eine vorüberziehende Wolke, die Stille und nicht nur ein bestimmter Name oder ein bestimmtes Etikett.

Bevor Sie also dieses Buch in die Tonne werfen – *Das ist doch völliger Quatsch! Blödsinn! Ich bin jemand, und der Sinn des Lebens ist, mehr Jemand zu sein, nicht weniger!* – sollten Sie dem »Jemand-Sein« ein wenig Ruhe gönnen und herauszufinden versuchen, ob an alldem nicht vielleicht doch etwas »dran« ist. Wenn wir unseren reflexhaften Widerstand einmal für eine Weile neutralisieren, erkennen wir bald, dass wir das Glück und die Zufriedenheit mit uns selbst, die wir alle anstreben, nicht finden werden, wenn wir ständig versuchen, unser unersättliches Ich weiter aufzublasen.

Es heißt doch immer: Nobody is perfect.

Warum also nicht niemand sein?

EINLEITUNG: LEBEN IM iZEITALTER

Demut bedeutet nicht, dass Sie sich geringer schätzen als andere Menschen, und auch nicht, dass Sie von Ihren Begabungen nicht viel halten dürfen. Es bedeutet, dass Sie ganz generell vom Denken über sich selbst frei sind.
William Temple

Wir alle versuchen verzweifelt, jemand zu sein. Niemand will ein Verlierer, ein kleines Würstchen, ein Nichtskönner, eine Nullität sein. Alles deutet darauf hin, dass niemand nur ein Nobody sein möchte.

Wir existieren in großer Zahl, sind einander sehr ähnlich und bemühen uns mit allen verfügbaren Kräften um Einzigartigkeit. Dieses besessene Streben nach einer unverwechselbaren Identität treibt uns alle gleichermaßen an, denn wir alle glauben, wir würden Glück und Erfüllung erreichen, wenn wir uns von allen anderen unterscheiden, wenn wir jemand »Besonderes« wären. Unsere Kultur des allgegenwärtigen Konsums, des Materialismus und des Narzissmus sowie der Anbetung des Ruhms fördert den Glauben daran, dass wir nur glücklich sein können, wenn wir außergewöhnlich sind.

Aber vielleicht haben wir da etwas missverstanden – und zwar ziemlich gründlich missverstanden.

Vielleicht finden wir tiefstes, authentisches Glück nur dann, wenn es uns gelingt, uns von der schweren Bürde zu befreien, ein Jemand sein zu wollen, der Bürde unserer unablässigen Icherhöhung und unserer zwanghaften Ichbefangenheit. Vielleicht können wir nur in einem Zustand der Ichlosigkeit, des völligen Mangels an Ichbefangenheit, wirklich ein Niemand werden und uns so den Zugang zu etwas viel Größerem, viel Amorpherem und weniger Exklusivem erschließen.

Vielleicht müssen wir, um im Leben zu wahrer Erfüllung zu gelangen, uns leeren, statt uns weiter zu füllen.

Vom »Ich-Jahrzehnt« zum iZeitalter

Selbstsucht und Genusssucht begleiten uns Menschen seit langer Zeit. Seit Tausenden von Jahren warnen die heiligen Schriften der großen religiösen Traditionen der ganzen Welt vor den Gefahren übermäßiger Ichzentriertheit, und sie haben uns auch die wirksamsten Werkzeuge zur Überwindung dieser Tendenz an die Hand gegeben.

Doch wir haben zumindest in den sogenannten entwickelten Ländern in den letzten Jahrzehnten einen dramatischen Anstieg der allzu menschlichen und gesellschaftlich gebilligten Neigung zur Genusssucht erlebt. Wir sind heute stärker als jemals vorher mit dem »Ich« beschäftigt, sodass es kaum übertrieben ist, unsere heutige Realität als Zeitalter der Ichbesessenheit zu bezeichnen. Die exzessive Beschäftigung mit uns selbst, die mittlerweile praktisch unser gesamtes Leben charakterisiert, ist ein Beispiel – und vielleicht sogar das markanteste Beispiel – für ein echtes »Erste-Welt-Problem«.

Vor über fünfunddreißig Jahren hat der Journalist Tom Wolfe die Siebzigerjahre des vorigen Jahrhunderts als das »Ich-Jahrzehnt« bezeichnet.[1] Die sozialen und politischen Sorgen und Turbulenzen der Sechziger waren einer Kultur individueller Ichzentriertheit gewichen. Und im Jahre 1979 – am Ende dieses Jahrzehnts der Ichbesessenheit – veröffentlichte Christopher Lasch sein Buch *Das Zeitalter des Narzissmus*, eine vernichtende Kritik der »Kultur des vom Konkurrenzdenken geprägten Individualismus, die in ihrem Niedergang die Logik des Individualismus ins Extrem eines Krieges aller gegen alle getrieben und das Streben nach Glück in die Sackgasse einer narzisstischen Selbstbeschäftigung abgedrängt hat«. Laschs Buch ist nach wie vor eines der besten Porträts der Welt, in der wir auch heute noch leben.[2]

Nach Laschs Auffassung produziert jede Zeit ihre typische Persönlichkeitsstruktur, die den charakteristischen Mustern der betreffenden Gesellschaft entspricht. »Jede Gesellschaft reproduziert ihre Kultur – ihre Normen, ihre Grundvoraussetzungen, ihre Art und Weise des Ordnens und Wertens von Erfahrungen – im Individuum, im Medium der Persönlichkeit.«[3] Die für unsere Zeit und Kultur maßgebende Persönlichkeit bezeichnet Lasch als »narzisstisch«:

> *Der Narzissmus scheint plötzlich die beste Art und Weise zu sein, sich den Spannungen und Ängsten des modernen Lebens gewachsen zu zeigen, und die herrschenden gesellschaftlichen Umstände bringen deshalb die narzisstischen Charaktereigenschaften deutlich zum Vorschein, die in unterschiedlichem Grade bei jedem Einzelnen anzutreffen sind.*[4]

Diese Charakterzüge stehen alle in Zusammenhang mit der allumfassenden Fixierung auf die eigene Person:

- Unersättliche Gier, Extravaganz, Anspruchshaltung und das Beharren auf sofortiger Wunscherfüllung, die typisch sind für eine ungezügelte Konsumsucht
- Das Ende der Arbeitsethik und ihre Transformation in eine Ethik der Muße und des Hedonismus*

- Die kurzsichtige Ausbeutung persönlicher und gesellschaftlicher Ressourcen, ohne Berücksichtigung möglicher Auswirkungen auf nachfolgende Generationen
- Die vollständige Abhängigkeit von der Bestätigung anderer hinsichtlich des Selbstwertgefühls
- Kultartige Verehrung von Stars und Faszination vom glamourösen »Leben der Reichen und Berühmten«
- Die »Kultur des Spektakels« und der Unterhaltung, die heute so gut wie alle Menschen infiziert hat, im Bereich der Politik ebenso wie in dem des Sports und sogar dem der Religion

Diese Trends zeichneten sich schon Ende der 1970er-Jahre ab, doch seither sind sie noch stärker geworden und haben sich weiter ausgebreitet. Die Kultur des Narzissmus hat sich verwandelt und in verschiedenster Hinsicht weiterentwickelt.[5] Sie hat mittlerweile jeden Aspekt der populären Kultur durchtränkt und sich auch in vielen anderen Bereichen manifestiert.

In Fernsehshows wie auch in YouTube-Videos wird das plötzliche Berühmtwerden gewöhnlicher Menschen zelebriert. Beispiele hierzulande sind *Germany's Next Topmodel, Deutschland sucht den Superstar* und das gesamte Spektrum sogenannter Reality-Shows im Fernsehen sowie »virale« YouTube-Videos, die vorher völlig unbekannten Talenten zu plötzlichem Starstatus verhelfen (ein Beispiel hierfür ist Justin Bieber).[6] Wir bewegen unseren Kopf zum Text von Popsongs, in denen es oft darum geht, wie fantastisch der betreffende Sänger ist, ganz zu schweigen von der Kleidung, die er trägt, dem Auto, das er fährt, und den Produkten, die er konsumiert. Wir lesen Zeit-

* Diese Eigenart der »Kultur des Narzissmus« ist mit einer »Kultur der Geschäftigkeit« (mit der wir uns in Kapitel 7 befassen werden) gekoppelt, wird also nicht von dieser überlagert.

schriften mit so aufschlussreichen Titeln wie *Self* (als müsste man uns dazu überreden, noch mehr über uns selbst nachzudenken, als wir es ohnehin schon tun!).

Die narzisstische Weltsicht bewirkt, dass wir die Politik als einen Popularitätswettbewerb oder ein »Rennen« sehen. Dadurch werden Nachrichten in eine Show verwandelt, die uns unterhalten soll. Sogar im Journalismus geht es heute oft in wesentlich stärkerem Maße um die Person des Journalisten als um das Thema, über das er berichtet.

Natürlich beutet auch die Werbebranche unseren Narzissmus schamlos aus, indem sie uns den Wunsch nach »coolen« neuen Produkten einpflanzt: iPhones, iPads, iPods – all diese »i«-Geräte, die auf das »Ich« und seinen unstillbaren Hunger nach Aufmerksamkeit zielen.

Außerdem spiegelt sich in unserer gegenwärtigen Sucht nach Nonstop-Kommunikation unsere Kontaktbedürftigkeit, ohne dass wir tatsächlich ernsthaft an anderen Menschen interessiert wären. Mittlerweile gibt es weltweit etwa 3,14 Milliarden E-Mail-Konten, von denen täglich Millionen von E-Mails abgeschickt werden. Wir rufen einander ständig an; wir verschicken von den mehr als sechs Milliarden angemeldeten Mobiltelefonen weltweit *pro Sekunde* fast 200 000 Textbotschaften; und eine halbe Milliarde Menschen verfügt weltweit über ein Twitter-Konto.[7]

Bei all diesen E-Mails, Anrufen, SMS und Tweets geht es weniger darum, »zu einem anderen Menschen in Kontakt zu treten und ihn zu berühren«, wie eine Telefongesellschaft es einmal formuliert hat. Vielmehr nehmen wir zu anderen Menschen auf die genannten Arten hauptsächlich Kontakt auf, damit diese uns anerkennen und bestärken.

Zudem ist ein exponenzieller Anstieg der Nutzung sozialer Netzwerke zu beobachten, wobei Facebook mit seinen mehr als einer Milliarde Teilnehmern, wenn nicht sogar 20 Prozent der Weltbevölkerung ein wahres Ungeheuer ist.[8] Aber bei Facebook geht es doch nur um »gefällt mir« – um die »Likes« eben, oder nicht?

»Gefällt« dir, was ich gerade berichtet habe? »Gefällt« dir dieses Foto von meiner Katze?

Unter alldem verbirgt sich die Frage, um die es eigentlich geht:

Gefalle ich dir?

Soziale Netzwerke sind ein hochwirksames Kommunikationswerkzeug, das man für sehr positive Ziele nutzen kann (und das manchmal auch tatsächlich so genutzt wird). Leider sind die Postings meist narzisstischer Art, einige offensichtlicher als andere. Es ist traurig und typisch für unsere ichbesessene Zeit, dass wir auf unsere Bildschirme starren und unser Selbstwertgefühl von der Zahl der Facebook-»Freunde« abhängig machen, die uns eine positive Bewertung gegeben haben, wobei unsere Instagram-Herzen pochen, weil wir hoffen, noch mehr Kerben in unsere sprichwörtlichen Pfähle ritzen zu können. Wie Narziss sind wir in unser eigenes Bild im (nun digitalisierten) Spiegel verliebt. Wann werden wir merken, dass wir nie so viele »Likes« bekommen können, dass unser Ich damit zufrieden ist, ganz gleich, wie viele Fotos wir »sharen« und wie viele Geistreicheleien und Beobachtungen über das Leben wir zum »globalen Gespräch« im Netz beitragen?

Dass es bei Facebook keine »Gefällt mir nicht«-Option gibt, ist ganz sicher kein Versehen. Wir alle interessieren uns eigentlich immer nur für die »Likes«. Es wäre jedoch verfehlt zu glauben, das »Jemand-Sein« werde sich jemals in einem ihm genügenden Maße als Jemand fühlen, wenn es dies mithilfe von Methoden wie den von Facebook angebotenen versucht.[9]

* * *

Ja, das »Ich-Jahrzehnt« ist nahtlos in das von mir so genannte »*i*Zeitalter« übergegangen, eine Epoche, die nicht nur von einem Übermaß an Informationen geprägt wird, sondern auch von der Ichverherrlichung, die in diesem »Kommunikationsgestöber« stattfindet. Doch obwohl wir zum unablässigen Kreisen um uns selbst ermutigt und von »*i*Produkten« und »*i*Medien« überflutet werden, kann das »*i*Zeitalter« das »Ich«, das es ständig zu ködern versucht, niemals völlig zufriedenstellen. Wir sind heute unglücklicher und unzufriedener als jemals vorher.

Angesichts dieser völlig neuartigen Überhöhung des Ich und seines unstillbaren Hungers nach Anerkennung, Erfüllung, Verwöhnung und »Likes« sollten wir uns einmal vergegenwärtigen, dass es keine einzige authentische spirituelle Tradition gibt, die uns dazu anhält, *noch* ichbezogener oder *noch* narzisstischer zu werden, als wir es ohnehin schon sind. Wenn es um das Ziel geht, im Leben glücklich zu werden, so galt die Ichbesessenheit zu allen Zeiten als das Problem, nicht als die Lösung.

C. S. Lewis hat schon im Jahre 1952 geschrieben: »Es gab unterschiedliche Auffassungen darüber, gegen wen man sich uneigennützig zeigen solle – ob nur gegenüber der eigenen Familie, den eigenen Landsleuten oder gegenüber jedermann. Aber immer bestand darin Übereinstimmung, dass man nicht zuerst an sich selbst denken soll. Die Selbstsucht wurde nie bewundert«.[10] Vielleicht nur bis heute – und vielleicht ist dies eine Veränderung, die uns allen sehr schadet.

Reichtum, Narzissmus und pandemische Depression

Ist in Anbetracht der Verbreitung von Narzissmus und Selbstbesessenheit in unserer Gesellschaft der gleichzeitige atemberaubende Anstieg der Zahl psychischer Erkrankungen reiner Zufall?

Wir werden uns dies am Beispiel der Depression anschauen, einer sehr schwächenden Krankheit. Und ich weiß, wovon ich rede! Ich wurde wegen Depression stationär behandelt, als ich Anfang dreißig war. Ich war völlig am Ende, weil eine innere Stimme mir ununterbrochen vorhielt, ich sei ganz und gar wertlos und könne daran nichts ändern. Aber selbst völlig alltägliche Probleme mit dem Selbstwertgefühl sind, wie die meisten von uns wissen, kein Sonntagsspaziergang.

Die statistischen Erhebungen über die momentane Situation sind alarmierend: Nach einer Schätzung des US-amerikanischen Gesundheitsministeriums leiden zurzeit mehr als zwanzig Millionen Amerikaner unter einer Depression. Einer anderen Quelle zufolge sind 15,7 Prozent der amerikanischen Bevölkerung depressiv.[11] Die Zahl der Verschreibungen von Antidepressiva ist in schwindelerregende Höhen gestiegen – im Laufe der letzten zwanzig Jahre um vierhundert Prozent, wobei mehr als einer von zehn Amerikanern im Alter von über zwölf Jahren mittlerweile solche Mittel einnimmt.[12] Vielerorts ist Depression heute einer der Hauptgründe für Fehlzeiten von Arbeitnehmern.

Es ist wohl nicht übertrieben zu sagen, dass das Krankheitsbild der Depression heute pandemische Ausmaße erreicht. Einer Voraussage der *World Health Organization* zufolge wird Depression im Jahre 2020 die zweithäufigste tödlich verlaufende Krankheit sein, übertroffen nur von Herzerkrankungen.[13] Am schockierendsten ist jedoch vielleicht, dass so viele jüngere Menschen an einer Depression erkranken. In den letzten dreißig Jahren ist die Zahl der Fälle von Depression bei Jugendlichen in den USA um tausend Prozent gestiegen.[14]

Es ist sicher auch kein Zufall, dass die starke Zunahme der Depressionsfälle zwei anderen modernen Trends entspricht, zwischen denen ebenfalls eine Wechselbeziehung besteht: dem dramatischen Anstieg des materiellen Wohlstands in den Industrienationen und der damit verbundenen Ichbesessenheit, die den Konsumismus fördert, verstärkt und stimuliert.

Die Zahl der Fälle von Depression – und mit ihr verwandter Leiden wie Angst und Stress oder psychischer Erkrankungen wie der Bipolaren Störung – hat genau dort stark zugenommen, wo es zu einem starken Anstieg des materiellen Reichtums gekommen ist. Vor wenig mehr als einer Generation konnte sich teure Konsumgüter nur eine kleine wohlhabende Schicht leisten, doch mittlerweile sind diese Dinge auch für die breite Masse erschwinglich: Autos (meist standardmäßig mit Kameras, Computern und GPS-gesteuerten Navis ausgestattet), Fernsehgeräte (heute mit realistischer HD- oder 3-D-Wiedergabe wie im Kino), Telefone (die unglaublich »smart« geworden sind!) und Computer (die sich früher nur Regierungen und große Forschungsinstitute leisten konnten, heute jedoch zur Normalausstattung eines jeden Arbeitsplatzes zählen und die in ständig besser, schneller und kompakter werdenden neuen Versionen verfügbar sind). Freizeitvergnügen, die vormals den Superreichen vorbehalten waren – beispielsweise exotische Ferien –, sind heute aufgrund der vielfältigen Flugverbindungen für viele von uns erschwinglich.

Man kann sich nicht leisten, depressiv zu sein, wenn man kaum das eigene Überleben zu sichern vermag. Die Depression selbst ist eine Art Luxusgut, das sich nur diejenigen leisten können, die nicht um die materiellen Grundlagen ihres Lebens bangen müssen. Es könnte aber auch sein, dass Depression nicht nur etwas ist, das nur ökonomisch Privilegierte für sich beanspruchen können (weil sie sich wirtschaftlich leisten können, depressiv zu sein), sondern dass diese Krankheit auch eine der unumgänglichen Folgen ihrer Situation ist.

In den Jahren nach dem Zweiten Weltkrieg versprach man uns, dass wir durch den Aufbau von Wohlstand und durch den Konsum glücklich werden würden. Seither (seit über sechzig Jahren) bemühen wir uns pflichtbewusst, Wohlstand aufzubauen und zu konsumieren. Wir alle haben einiges an Geld zusammengeschaufelt und uns alle möglichen Dinge angeschafft. Wir haben uns schon Backöfen und Kühlschränke gekauft, als sie sich noch nicht selbst reinigten und selbst abtauten. Bereitwillig haben wir so ziemlich alles gekauft, was die Industrie auf den Markt brachte, vom Transistorradio (erinnert sich noch jemand daran?) bis zum iPod, vom klobigen Schwarzweißfernseher bis zum schlanken 52-Zoll Plasmabildschirm, vom Taschenrechner bis zum Handheld-Supercomputer.

Vielleicht ist uns mittlerweile klar geworden, dass wir alles bekommen haben, was man uns versprochen hat, und noch viel, viel mehr. Und ist es nicht völlig offensichtlich, dass man uns ständig neue Wünsche einpflanzt, damit wir immer mehr kaufen?

Okay, Sie haben also schon den großen schwarzen iPod. Aber jetzt haben wir dieses weiße klitzekleine Modell auf den Markt gebracht! Sie haben ein Auto vom vorigen Jahr? Mag sein, dass es noch gut fährt, aber es ist doch völlig überholt!

Entweder wir haben alles und sind trotzdem nicht zufrieden, oder unsere Erwartungen sind so hoch, dass wir es für unser Recht halten, alles zu kaufen, und wenn wir dann etwas nicht bekommen, fühlen wir uns um unser Glück betrogen. Wir projizieren unsere ganze Hoffnung auf ein glückliches und erfülltes Leben auf den Konsum, und wenn dieser uns nicht das Erwartete bringt, kommt es zu einem großen Zusammenbruch. Sobald wir die Anspruchshaltung entwickelt haben, dass wir alles besitzen können müssen, bleibt uns für unseren inneren Frieden und unsere Zufriedenheit kaum noch etwas übrig.

Es ist keine Selbsthilfe, wenn es nur um Sie geht

Ich halte es für sehr wahrscheinlich, dass es vielen von uns nicht nur deshalb so schlecht geht, weil wir uns auf Schritt und Tritt ermutigt fühlen, unzufrieden zu bleiben (damit wir mehr kaufen), sondern auch, weil wir darauf beharren, ständig darüber nachzugrübeln, wie wir uns fühlen. Wir haben ständig unsere Finger am eigenen Puls:

Bin ich okay? Werden meine Bedürfnisse erfüllt?
Werde ich ausreichend anerkannt und geschätzt?
Bin ich schon ausreichend ein Jemand?

Diese obsessive Beschäftigung mit uns selbst basiert nicht nur auf Ichzentriertheit, sondern auch auf tiefer Unsicherheit. Die Kultur des Narzissmus hat eine dunkle Seite – und vielleicht hat sie in Wahrheit *nur* diese dunkle Seite. Wie wir in Kapitel 2 hören werden, ist nach den alten Schriften eine der karmischen Ursachen für Depression ein übertriebenes Interesse an der eigenen Person auf Kosten des Denkens an andere. In einer Zeit und an einem Ort, wo gilt: »Es geht nur um mich« – wo die Förderung der Belange des Pronomens der ersten Person Singular eine »Ich zuerst«-Haltung erforderlich macht –, ist es nicht weiter verwunderlich, dass so viele von uns in eine Depression verfallen.

Wie wir im Folgenden sehen werden, ist das Ich sowohl unser bester Freund als auch unser schlimmster Feind. Und nur in Gestalt unseres »besten Freundes« kann es uns vor unseren eigenen destruktiven Neigungen retten; nur wenn wir an unserer Selbstverbesserung arbeiten, werden wir uns in unserer Haut wohler fühlen.

Den Schmerz und das Leid, die durch die Geistesgifte hervorgerufen werden, wenn wir uns anstrengen, »Jemand zu sein«, zu bagatellisieren, ist weder mitfühlend noch fair. Aber es ist ebenso wenig förderlich, ein Allheilmittel anzubieten, das nicht zur Wurzel des Problems vordringt oder es sogar, was noch schlimmer wäre, noch verstärkt, indem es für die Kur ausgibt, was in Wahrheit die Ursache des Problems ist. Es gibt nun einmal wirksame und unwirksame Methoden der Arbeit an uns selbst und der Selbsthilfe. *Selbsthilfe, die sich nur um Sie dreht, ist keine.* Im Grunde ist es nicht förderlich für uns, wenn wir nur für unsere eigenen Interessen leben und es versäumen, anderen zur Erfüllung ihrer Bedürfnisse zu verhelfen. Nur indem wir echte Demut und einen uneigennützigen Geist entwickeln, können wir eine gesunde und tiefreichende Selbstachtung entwickeln – nicht indem wir uns immer stärker auf uns selbst und unsere eigenen Interessen konzentrieren.

Allerdings sollten wir Demut nicht mit Selbsterniedrigung verwechseln und Depression nicht mit Selbstvergessenheit. Ein Mensch mit schwachem Selbstwertgefühl, der sich wie ein »echter Niemand« fühlt, ist im Grunde *kein* Niemand in dem Sinne, wie wir den Begriff in diesem Buch verwenden. Er ist *ein Jemand, der als Niemand posiert* – und das ist etwas völlig anderes.

Es gibt eine Art von perversem Stolz auf das »Jemand-Sein«, das sich etwas darauf einbildet und es für etwas Besonderes hält, sich schlecht zu fühlen. Und wenn wir glauben, mehr, statt weniger Ichzentriertheit würde uns weiterhelfen – das schließt Besessenheit davon, wie mies wir uns ständig fühlen, ein –, müssen unsere Bemühungen, unser Selbstbild zu verbessern, scheitern.

Wie schon im Vorwort erwähnt, besteht zwischen dem egoistischen »Jemand-Sein«, das sich als wertlos ansieht – als ein Nichts, eine perfekte Null – und *Niemand-Sein* ein Unterschied. Unser eingeschränktes, personalisiertes und individuelles Selbst – das sich entweder aus der Perspektive gesunder Selbstachtung oder aus der ungesunden Selbstherabsetzung sehen kann – unterscheidet sich vom uneingeschränkten, mit anderen teilenden und universellen »Niemand-Sein«. Sich mit Letzterem zu identifizieren ist etwas völlig anderes als die Identifikation mit etwas Verachtenswertem. »Niemand« bezieht sich auf unser ständig gegenwärtiges »wahres Selbst«, unsere größte Quelle der Freude und Stärke, ewiges Reservoir des Friedens und der Zufriedenheit, zu dem wir zurückkehren, um die anhaltenden Forderungen und Beschwerden des unersättlichen Ich zum Schweigen zu bringen.

Denken Sie einmal über Folgendes nach: Wir alle wissen, dass wir in Augenblicken, in denen wir uns völlig verlieren, wahrhaft glücklich sind – vertieft in ein gutes Buch oder einen Film, völlig konzentriert auf eine Aufgabe, die unsere gesamte Energie erfordert, oder auf ein Hobby oder versunken in den Blick unseres Kindes oder eines Menschen, den wir lieben. Solche Erlebnisse machen uns auf etwas ungeheuer Wichtiges aufmerksam: *Unsere größte Freude erleben wir, wenn wir uns leer machen und uns etwas oder jemand anderem überantworten.* In solchen Momenten, in denen es uns gelingt, »außerhalb von uns zu stehen«, erleben wir *Ekstase*.

Echte und zutiefst empfundene Selbstachtung entsteht nicht durch ein erschöpfendes Streben nach immer stärkerer Ichaufblähung, sondern nur, wenn das Ich und seine nie endenden

Forderungen beruhigt und zum Schweigen gebracht werden, wenn das niedere Selbst geleert ist und die Fülle des höheren Selbst zutage tritt.

Erst wenn wir aufhören, unser Leben minutiös zu erzählen, und wenn wir anfangen, direkt und unmittelbar zu leben, sind wir wirklich präsent und mit unserem ganzen Sein bei der Sache. Erst wenn die leise Stimme in unserem Kopf endlich verstummt, werden wir mit dem, was tatsächlich geschieht, völlig eins und wahrhaft glücklich.

Ein gutes und gesundes Selbstwertgefühl zu haben ist wichtig, und niemand zu sein bedeutet sicher nicht, dass wir kriecherisch werden müssen, ein Fußabtreter, auf dem andere Menschen herumtrampeln können, wie sie wollen. Doch wenn wir glauben, nur dann Erfüllung finden zu können, wenn wir hervorstechen und etwas Besonderes sind, so ist eine Verstärkung, nicht eine Verringerung von Angst und Unzufriedenheit die Folge.

Dass Menschen sich wünschen, einzigartig zu sein – oder jemand zu sein, der »einzigartiger als andere« ist –, ist sehr verbreitet: Es ist keineswegs etwas Besonderes, wenn man jemand Besonderes sein will. Doch eben dieser Drang zu radikaler Individualität und Überlegenheit bewirkt, dass wir uns isoliert und allein fühlen. Letztlich ist die Bereitschaft, loszulassen und *niemand zu sein*, das wirklich Außergewöhnliche, und dies ist die einzige Möglichkeit, zu anderen in eine echte Verbindung zu treten und mit dem Authentischen verbunden zu sein.

Als Nachfolger von *A Spiritual Renegade's Guide to the Good Life* (Beyond Words 2012), geleitet das vorliegende Buch, *Be Nobody*, die Suche nach wahrem Glück auf ein neues Gebiet. Wie sein Vorgänger basiert auch dieses Buch auf den universellen Wahrheiten der ehrwürdigen religiösen und philosophischen Traditionen der Menschheit und destilliert sie zu einem leicht verständlichen praktischen Handbuch für die Suche nach Glück und Erfüllung im modernen Alltagsleben. Die Prinzipien mögen aus alter Zeit stammen, aber die Darstellung ist brandaktuell.

Eine spirituelle Binsenweisheit besagt, dass wir unser wahres Potenzial nur entdecken können, wenn wir uns von unserem niederen, egoistischen Eigenwillen lösen. *Be Nobody* beschreibt diese Reise von Egoismus, Selbstsucht und Besessenheit von der individuellen Identität zur Weiträumigkeit und Freiheit des Verweilens in der eigenen wahren, authentischen Natur. Solch ein Ziel – vollständig und glücklich im Hier und Jetzt zu leben – ist nicht nur der spirituellen Elite oder Mystikern vorbehalten, sondern jedem möglich (»religiösen«, »spirituellen«, »säkular-humanistisch orientierten« oder »keins davon«-Menschen), der entsprechende Ideen und Praktiken in die Tat umsetzt.

Dass diese Art von Selbsttranszendenz wünschenswert ist, ist den spirituellen Traditionen der Welt seit Jahrtausenden bekannt. Alle Mystiker haben diesen gesegneten Zustand kennengelernt, und wenn es gelingt, eine permanente Verbindung und tiefe Vertrautheit mit ihm zu entwickeln, so entspricht das wohl dem, was östliche Lehren *satori*, *samadhi*, *nirvana*, *moksha*, *mukti* usw. nennen.

Im Christentum gibt es ein ähnliches Konzept, *kenosis* genannt (es leitet sich vom griechischen Wort für Leere her): die Selbstentleerung des Ich mit dem Ziel totaler Empfänglichkeit für den göttlichen Willen. Wie der große Theologe C.S. Lewis, der im vorigen Jahrhundert lebte, in seinem Buch *Pardon, ich bin Christ* schreibt:

> *Das Furchtbare, das schier Unmögliche ist, dass wir unser ganzes Selbst Christus ausliefern sollen, mit all unseren Wünschen und Vorbehalten. Und doch ist es viel leichter als das, was wir alle zu tun versuchen. Wir*

wollen immer nur »wir selbst« bleiben, wie wir es nennen, – wir wollen weiter nach unserem persönlichen Glück streben.[15]

Ein spirituelles Leben zielt darauf, dem Übenden das Erlebnis wahren Glücks zu ermöglichen. Deshalb hat jede spirituelle Entwicklung nicht zum Ziel, *besser als* andere, sondern *besser für* andere zu werden. Die religiösen Traditionen haben im Gegensatz zur heutigen allgemeinen säkularen Neigung zu Narzissmus, Konsumsucht und Gier stets anerkannt, dass es keine Lösung sein kann, die Ichbezogenheit immer weiter aufzublähen, sondern dass genau dies eher das Problem ist.

Das Buch *Be Nobody* ist in vier Hauptteile gegliedert:
In **TEIL I**, Das *verzweifelte Bemühungen, jemand zu sein*, beschäftigen wir uns mit einer der wichtigsten Ursachen für Stress und Angst in unserem Leben: mit der endlosen Suche nach einer verbindlichen persönlichen Identität ungeachtet der Tatsache, dass wir nur immer zeitweilige und sich ständig verändernde Rollen spielen. Wir sind unablässig auf der Suche nach einem stabilen Selbst in den Gewändern, die wir jeweils anziehen: »Ich bin ein Vater/eine Mutter/ein Sohn/eine Tochter/ein Freund/Anwalt/Arzt/Lehrer/Surfer/Blogger/Christ/Buddhist/säkularer Humanist!« und so weiter. Ganz gleich, ob wir diese Rollen selbst wählen oder ob andere sie uns auferlegen, wenn wir uns mit einer von ihnen besonders stark identifizieren, verlieren wir den Kontakt zu unserer tieferen, unveränderlichen Wesensnatur. Und wenn wir auf die eine oder andere dieser individuellen Identitäten oder Gruppenidentitäten besonders stolz sind, trennen wir uns nicht nur von den Menschen, die nicht wie wir sind, sondern wir stellen uns auch vor, wir seien ihnen überlegen – und damit sind wir auf dem besten Weg zu einem tiefen Sturz.

TEIL II, *Wie aus einem Niemand ein besserer Jemand wird*, beginnt mit der »Wo ist Walter?«-Suche nach dem Selbst, das zu haben wir so sicher sind – eine Suche, die uns dazu bringt, uns an Strohhalme zu klammern und Schatten nachzujagen. Wir sind nicht, wer wir zu sein glauben, aber zugleich sind wir auch niemand anderes, als wer wir zu sein glauben. Und diese Erkenntnis ist der Schlüssel zu echter Selbstverbesserung: die Entwicklung eines besseren Selbstverständnisses. Hier erfahren wir, wie Karma es tatsächlich schafft, das »Jemand-Sein« in ein glücklicheres, selbstzufriedeneres Modell umzuwandeln. Und wir lernen, dass wir die Welt um uns verändern können, indem wir unser Empfinden dessen, wer wir sind, verändern.

In **TEIL III** mit dem Titel *Das »Jemand-Sein« verlieren* erforschen wir die Freude, die wir empfinden, wenn wir uns von unseren inneren Erzählungen und unseren vor Selbstbewusstsein strotzenden Fassaden lösen und das Leben so erleben, wie es wirklich ist. Wir sind am glücklichsten, wenn wir uns verlieren – in empathischer Liebe, im Mitgefühl gegenüber anderen Menschen und indem wir wirklich »in den Flow kommen«, wenn wir uns mit *achtsamer Unbefangenheit* völlig einer Aktivität widmen. In solchen Augenblicken der Selbsttranszendenz finden wir das wahre Herz und die Seele des Lebendigseins.

Zum Abschluss kehren wir in **TEIL IV**, *Jeder ist ein Nobody*, zu der drängenden Frage der Selbstidentität zurück. Wer oder was ist dieses »Niemand-Sein« im Zentrum unseres Seins, das all wir Jemande miteinander gemeinsam haben? Und wie können wir mehr von unserer wahren Natur in unser Alltagsleben integrieren? Wenn wir weniger oft als »besondere Jemande« auftreten und häufiger nur als »Normalo«, wird unsere individuelle Existenz demütiger, unser Gefühl der Verbundenheit mit der Welt und den darin lebenden Menschen wird stärker, und wir erleben viel mehr echte und bleibende Zufriedenheit und Freude.

Jedes der folgenden Kapitel endet mit einem »Aktionsplan«, einer Übung, die den Lesern helfen soll, das zuvor Erläuterte in die Praxis umzusetzen und das, womit wir uns befasst haben, noch besser in den Alltag zu integrieren. Es ist eine Sache, etwas darüber zu lesen, wie man ein glücklicheres, erfüllenderes und befriedigenderes Leben führen kann, aber etwas völlig anderes, dies auch tatsächlich zu tun. Es erfordert nicht viel, eine signifikante Veränderung zu erreichen. Aber wir müssen dazu unsere alten Denk- und Handlungsmuster zumindest ein wenig verändern – alte Gewohnheiten, die, wenn wir ehrlich sind, uns nicht das gebracht haben, was wir uns davon versprochen hatten.

Am Ende des Buches finden Sie in einem Abschnitt mit dem Titel »In die eigene wahre Natur fallen« einige sehr einfache und wenig Zeit erfordernde Meditationsübungen, die Sie ausführen können, wann immer Sie im Laufe des Tages eine oder zwei Minuten Zeit haben. Es handelt sich dabei um Auszüge aus einer Sammlung von 112 solchen Meditationen, die im *Vijnana Bhairava Tantra*, einer ziemlich außergewöhnlichen Schrift aus dem achten oder neunten Jahrhundert v. Chr., beschrieben werden, »Methoden zur Erlangung des Bewusstseins des Göttlichen«. Das Erstaunliche an den Techniken, die in dieser Schrift beschrieben werden, ist ihre Profanität. Der alten Schrift zufolge ist es wesentlich leichter, uns in unsere wahre Natur zu versetzen und uns mit unserem Höheren Selbst zu vereinen, als wir denken mögen!

* * *

Sich vom ängstlichen Druck zu befreien, stets »jemand« sein zu müssen, ist nur durch wahre Ichlosigkeit und durch Befreiung von den Einschränkungen des Ich möglich, wo wir Trost darin finden können, uns in das Leben hineinzuentspannen, statt zu versuchen, es im Interesse unserer egoistischen Ziele zu steuern. Auf den folgenden Seiten finden Sie eine Anleitung zur Befreiung vom niederen Selbst, die es Ihnen erspart, sich in ein Kloster oder eine Höhle im Himalaja zurückziehen zu müssen. Das Buch soll Sie dazu anregen, die größte aller Revolutionen einzuleiten: das Überwinden der Ichzentriertheit und des um das eigene Ich kreisenden Bewusstseins, die unsere Unzufriedenheit verursachen, und das Annehmen unseres wahren Potenzials und der Quelle unseres wahren Glücks.

Glück können wir leicht finden, wenn wir die harte Arbeit nicht scheuen, uns von alten Gewohnheiten des Denkens und Handelns zu lösen und uns dem Neuen und Unerprobten anzuvertrauen.

I'm nobody! Who are you?
Are you nobody, too?
Then there's a pair of us – don't tell!
They'd banish us – you know!

How dreary to be somebody!
How public like a frog
To tell one's name the livelong day
To an admiring bog!

EMILY DICKINSON

Ich bin niemand! Wer bist du?
Bist auch du niemand?
Dann sind wir zwei – verrat's keinem!
Sie würden uns verbannen – verstehst du!

Wie trostlos es ist, jemand zu sein!
So öffentlich wie ein Frosch
den eigenen Namen den lieben langen Tag
einem bewundernden Sumpf zu nennen!

ÜBERSETZT VON
THEO KIERDORF UND
HILDEGARD HÖHR

TEIL I

DAS VERZWEIFELTE BEMÜHEN, JEMAND ZU SEIN

1. WIR VERLEIHEN UNSER GESICHT EINER PAPPFIGUR

Wir können uns durch das Drama unseres Lebens bewegen, ohne an die Rolle, die wir spielen, mit vollem Ernst zu glauben. Dass wir uns so ernst nehmen, uns für so absurd wichtig halten, ist für uns ein Problem.
PEMA CHÖDRÖN

Es ist merkwürdig, dass wir Erwachsenen so selten innehalten, um über die großen Fragen des Lebens nachzudenken: Was bedeutet dies alles? Gibt es einen Gott? Warum erleben gute Menschen so üble Dinge, und umgekehrt? Und wohin habe ich nur meinen Autoschlüssel gelegt?

Kinder, Jugendliche und junge Erwachsene beschäftigen sich oft sehr intensiv mit solchen Fragen. Doch abgesehen von Berufsphilosophen und Menschen in der Midlife-Krise haben Erwachsene zu viel mit Familie, Beruf und anderen Verpflichtungen zu tun, um sich mit diesen wahrlich wichtigen Fragen zu beschäftigen (vielleicht mit Ausnahme der Frage, wohin wir den Autoschlüssel verlegt haben).

Unter all den großen Geheimnissen müssen wir eines wohl als das drängendste, hartnäckigste und verwirrendste bezeichnen:

Wer bin ich?

»Erkenne dich selbst«, hat Sokrates die größte aller Herausforderungen, mit denen wir konfrontiert werden, prägnant zusammengefasst. Das klingt gut ... und wesentlich leichter, als es tatsächlich ist.

Obwohl wir uns während des größten Teils jedes Tages mit uns selbst beschäftigen, sind wir ständig verwirrt und unsicher bezüglich der Frage, von wem wir da so fasziniert sind. Vom Heiligen Franziskus stammt der Satz: »Wonach wir Ausschau halten, ist das, was schaut.«[1] Doch wenn wir versuchen, unser flüchtiges Selbst zu erwischen, ist es wie vom Erdboden verschwunden.

Obwohl es im Leben viele geheimnisvolle Dinge gibt, ist echte und tiefe Selbstkenntnis wohl das größte Geheimnis von allen – und gleichzeitig unsere größte Obsession. Uns treibt zwar instinktiv das Gefühl an, *jemand* sein zu müssen, aber es wäre uns unmöglich zu sagen, wer dieser Jemand sein könnte. Wir sind unseres Gewahrseins gewahr, aber wer genau gewahr ist, macht uns ein wenig ratlos.

Alan Watts hat dies elegant in Form eines Limericks formuliert:

There once was a man who said, though
It seems that I know that I know,
What I'd like to see,
Is the I that knows me,
When I know that I know that I know.[2]

Vielleicht weil es sich als so schwierig erwiesen hat, das wahre Selbst zu lokalisieren – das in diesem Limerick als das Selbst, das »weiß, dass ich weiß, dass ich weiß« bezeichnet wird –, fühlen wir uns von Fälschungen angezogen und hoffen, dass diese ihren Zweck erfüllen werden. Die Selbstentdeckung erweist sich als so verwirrend, dass wir, statt uns mit ihr abzumühen, selbst etwas zu erfinden versuchen. Wir erfinden eine Rolle für uns und schreiben ihr – zumindest zeitweise – den Status einer echten Identität zu.

Als wären wir Touristen, die sich als Muskelmann oder als badende Schöne fotografieren lassen, suchen wir in den vielen zeitweiligen und sich ständig verändernden Rollen, die wir im Leben spielen, nach einem authentischen Selbst. Wir klammern uns an Strohhalme und behaupten, *jemand zu sein*, um den freien Fall zu vermeiden, der uns, wie wir fürchten, ereilen wird, wenn wir niemand sind.

In unseren Beziehungen zu anderen Menschen halten wir an bestimmten Rollen fest (»Ich *bin* ein Vater/Sohn/Freund/Geliebter/Ehemann/eine Mutter/Tochter/Geliebte/Ehefrau« usw.), als seien diese unsere wahre Identität. Oder wir identifizieren uns mit unserem Beruf oder unserer Arbeit (»Ich *bin* Zimmermann/Rechtsanwalt/Arzt/Lehrer usw.). Oder wir präsentieren Studienabschlüsse, Diplome und Titel als unsere wahre Identität (»Ich *bin* diplomierter Mechaniker, Yogalehrer, Dr. med.«).

Wir haben Hobbys und Freizeitbeschäftigungen (»Ich *bin* Surfer/Camper/Blogger/Inline-Skater/Briefmarkensammler«) und eine ethnische, religiöse, ökonomische und nationale Persona (»Ich *bin* weiß/Angehöriger der Mittelklasse/Christin/Amerikaner«). Wir schaffen Online-Avatare oder Facebook-Identitäten in der Hoffnung, eine virtuelle Persona reiche zur Pflege unseres Selbstbildes aus. Und in einem Anfall echter Verzweiflung identifizieren wir uns sogar mit unseren früheren Traumata (»Ich *bin* ein genesender Alkoholiker/eine Drogenabhängige/eine Überlebende von Kindesmissbrauch/einer Scheidung«) oder mit aktuellen Gefühlen (»Ich *bin* wütend/glücklich/eifersüchtig/deprimiert«).

Wir versuchen, uns mithilfe dieser *Identifikationen* – ein Wort aus dem Lateinischen, das »gleich machen« bedeutet – zu finden. Wir setzen eine Rolle dem Menschen gleich, der die betreffende Rolle spielt, oder stellen den »Erlebenden« als seinem Erlebnis »gleich« dar.*

Doch wer ist das »Ich«, von dem wir je nach Situation sagen, es sei die eine oder andere dieser Verkleidungen (oder die Summe aller)? Wer ist die Person, die alle diese Personae auf sich nimmt? Wer versetzt sich in diese falschen Identitäten?

»All die Welt ist Bühne«, heißt es bei Shakespeare, »und alle Frau'n und Männer bloße Spieler. Sie treten auf und gehen wieder ab, sein Leben lang spielt einer manche Rollen, durch sieben Akte hin.«[3] Manchmal wählen wir die verschiedenen Rollen selbst, in anderen Fällen werden sie uns auferlegt; aber wenn wir uns mit der einen oder anderen Rolle völlig identifizieren – wobei wir natürlich alles daransetzen, um die nötigen Kostümwechsel gut hinzubekommen –, laufen wir Gefahr, in Verwirrung zu geraten, unzufrieden zu werden und der Frustration anheimzufallen. Wir reagieren verwirrt, weil wir nicht wissen, welche unserer vielen Rollen wirklich zu uns passt; wir sind unzufrieden, weil es uns nicht gelingt, eine dieser Rollen auf eine für uns wirklich erfüllende Weise zu gestalten; und die Einschränkungen, die mit jeder dieser potenziellen Personae verbunden sind, frustrieren uns.

Wenn man einmal gründlicher über diese Situation nachdenkt, kommt einem dies alles ziemlich verwirrend vor, nicht wahr? Diese vielen unterschiedlichen »Ich«-Versionen!

* Hierzu berichtet Eckhart Tolle in seinem Buch *Eine neue Erde*: »Eine der grundlegenden Denkstrukturen, durch die das Ego ins Leben gerufen wird, ist die Identifikation mit etwas. ›Identifikation‹ kommt von den lateinischen Wörtern *idem*, das heißt ›gleich‹, und *facere*, das heißt ›machen‹. Es ist also ein ›Gleichmachen‹, wenn ich mich mit etwas identifiziere. Gleichmachen womit? Mit mir. Ich verbinde ein Ichgefühl mit etwas, und so wird es Teil meiner ›Identität‹.« (*A New Earth*, New York: Penguin Books, 2005; dt.: *Eine neue Erde*. München: Goldmann, 2005, S. 44.)

Lily Tomlin spielt in ihrer Ein-Frau-Show *The Search for Signs of Intelligent Life in the Universe* eine Rolle, die etwas zum Ausdruck bringt, das möglicherweise für die meisten Menschen gilt: »Mein ganzes Leben lang wollte ich immer jemand sein; doch nun wird mir klar, dass ich einen konkreteren Wunsch hätte formulieren sollen.«[4]

Wenn wir das authentische Selbst mit den vielen flüchtigen und situationsbedingten Verkleidungen verwechseln – die bestenfalls ein gebrochenes und verwirrtes Identitätsempfinden erzeugen können –, werden wir von der Suche nach unserer tieferen, unveränderlichen Natur abgebracht. Wir identifizieren uns dann mit dem sogenannten »niederen Selbst« – dem Ich, der Persona, der Persönlichkeit oder dem »Selbstbild« –, statt uns dem, worum es wirklich geht, zuzuwenden: dem, was unter anderem höheres oder authentisches Selbst, Seele und wahre Natur oder Sein genannt wird. »Wir hungern nach etwas Authentischem, geben uns aber nur zu rasch mit einem Ersatz zufrieden«, wie Miles Orvell es ausgedrückt hat.[5]

Das Selbst, so scheint es, befindet sich permanent in einer Identitätskrise. Wir bringen unser Leben damit zu, eine Folge von Karikaturen zu verkörpern. Wir spielen diese oder jene Rolle und setzen eine Persona nach der anderen an die Stelle der authentischen Person.

Statt uns ernsthaft um Selbsterkenntnis zu bemühen, haben wir uns mit einem Haufen Falschgeld zufriedengegeben. Doch unsere Versuche, unser authentisches Selbst in solch einer weichen Währung zu finden, haben sich bisher nicht ausgezahlt und werden es auch in Zukunft nicht.

Der allgemeine Wunsch, jemand Besonderes zu sein

Wenn wir uns hinsichtlich unserer Selbstwahrnehmung einer Sache ziemlich sicher sind, so ist es unsere Einzigartigkeit. Wir alle, und zwar wirklich ausnahmslos alle, sehen uns als absolut einzigartig, als Unikate. Außerdem halten sich die meisten von uns für jemand Besonderen – und wünschen sich, *»noch besonderer«* zu werden, weil wir glauben, wahre Erfüllung und wahres Glück könnten wir nur in der Außergewöhnlichkeit finden, die wir zu erreichen hoffen.

In einer Zeit, in der Depression in den sogenannten hochentwickelten Ländern zu einer Epidemie geworden ist, ist es wichtig, ein gesundes Selbstwertgefühl zu fördern, um dem immer stärker werdenden Trend zur Selbsterniedrigung entgegenzuwirken. Wir müssen diesen Trend umzukehren versuchen – zu unserem eigenen Wohl und zum Wohle aller, die für diese Tendenz anfällig sind, denn die wahren Ursachen dieses modernen Leidens und die Möglichkeiten, es zu heilen, sind vielen Therapeuten und »Selbsthilfe«-Gruppen nicht bekannt.

Falls Sie nun meinen, ich wollte Ihnen klarmachen, dass Sie *nicht* jemand Besonderes sind, versichere ich Ihnen hiermit, dass das nicht so ist. Sie sind tatsächlich jemand Besonderes und einzigartig und sollten dies würdigen. Sich selbst als eigenständig und »eigen« zu akzeptieren ist eine wichtige Voraussetzung für ein glückliches Leben, und wir müssen früh anfangen, diese Grundlage zu schaffen. Eltern müssen ihren Kindern das Gefühl vermitteln, dass sie wertvoll sind, so wie sie sind. Vielleicht haben Sie schon einmal die Zeichnung eines kleinen Kindes mit der Sprechblase »Gott hat mich geschaffen, und Gott macht keinen Mist!« gesehen. Jedes Kind verdient es, daran glauben zu können, dass es kein »Mist« oder »Müll« ist.

Der Fernsehmoderator und Pädagoge Fred Rogers, den man mit Fug und Recht als einen unserer modernen Heiligen bezeichnen kann, da er eine ganze Generation von Amerikanern positiv beeinflusst hat, hat den jungen Zuschauern in seiner nach ihm benannten Fernsehshow gesagt, sie seien seine Freunde, und er akzeptiere sie so, wie sie seien. Er hat seine gesamte heilsame Botschaft in einem Song mit dem Titel »You Are Special« zusammengefasst.

You're special to me …
You are the only one like you.[6]

Diese heilsame Förderung des Selbstwertgefühls – »You are special« – sollte auch all den Menschen zugutekommen, die aus irgendeinem Grund einigen oder allen Wertmaßstäben nicht genügen, an denen unsere Gesellschaft den Wert einer Person misst – Menschen mit wenig Geld, Menschen mit einem nicht besonders angesehenen (oder gar keinem) Beruf und Menschen, die ihr Selbstwertgefühl aus anderen Gründen nicht auf den üblichen gesellschaftlich anerkannten Requisiten aufbauen können.

Als ich noch ein Kind war, fuhr mein Vater manchmal am Wochenende mit mir nach Chicago, für uns Bewohner des Mittleren Westens (ich stamme aus St. Paul in Minnesota) eine gigantische Stadt. Wir besuchten dort das Shedd Aquarium, das Museum of Science and Industry, den Maxwell Street Market und andere städtische Sehenswürdigkeiten. Und am Sonntagmorgen nahm mich mein Vater, der wie sein eigener Vater Baptistenpfarrer war, in einen riesigen Saal mit, in dem ein junger, außergewöhnlich dynamischer Pfarrer einen Gottesdienst leitete: Reverend Jesse Jackson.

Die Organisation, die diese Versammlungen veranstaltete, hieß »Operation Breadbasket« und war ein Projekt der *Southern Christian Leadership Conference*, dessen Ziel war, die Lebenssituation der ökonomisch benachteiligten Bewohner der South Side von Chicago zu verbessern. Der Höhepunkt des wöchentlich stattfindenden Gottesdienstes war, dass der charismatische Reverend Jackson auf die Kanzel stieg und im *Call-*

and-Response-Stil der Gospelsongs seine afroamerikanische Gemeinde anfeuerte:

Rv. Jackson: *Sagt Ich bin!*
Gemeinde: *Ich bin!*
Rv. Jackson: *Jemand!*
Gemeinde: *Jemand!*
Rv. Jackson: *Ich bin vielleicht arm.*
Gemeinde: *Ich bin vielleicht arm.*
Rv. Jackson: *Aber ich bin …*
Gemeinde: *Aber ich bin …*
Rv. Jackson: *Jemand!*
Gemeinde: *Jemand!*
Rv. Jackson: *Ich bin vielleicht jung.*
Gemeinde: *Ich bin vielleicht jung.*
Rv. Jackson: *Aber ich bin …*
Gemeinde: *Aber ich bin …*
Rv. Jackson: *Jemand!*
Gemeinde: *Jemand!*
Rv. Jackson: *Ich leb' vielleicht von Stütze.*
Gemeinde: *Ich leb' vielleicht von Stütze.*
Rv. Jackson: *Aber ich bin …*
Gemeinde: *Aber ich bin …*
Rv. Jackson: *Jemand!*
Gemeinde: *Jemand!*

So ging der Wechselgesang weiter, und die Wellen der Begeisterung schlugen höher und höher:

Ich mag klein sein, aber ich bin jemand!
Ich mag Fehler machen, aber ich bin jemand!
Meine Kleider sind anders, mein Gesicht ist anders, mein Haar ist anders, aber ich bin jemand!

Ich bin schwarz, braun, weiß. Ich spreche eine andere Sprache. Aber ich muss respektiert und geschützt werden und darf niemals zurückgewiesen werden!
Ich bin Gottes Kind!
Ich bin jemand!
ICH BIN JEMAND![7]

Natürlich sind wir alle jemand und sollten uns als Jemand selbst respektieren. Jeder von uns hat eine Persönlichkeit, die durch die individuelle genetische Beschaffenheit, die persönliche Geschichte, wichtige Entscheidungen, die wir im Leben getroffen haben, und vieles andere mehr geformt worden ist – durch das, was die östlichen Traditionen als Früchte unseres individuellen Karmas bezeichnen würden. Wir müssen die Karten, die man uns ausgeteilt hat, zunächst einmal akzeptieren, denn nur dann können wir sie im Spiel des Lebens gut nutzen.

Wir alle sind wirklich und wahrhaftig besonders und einzigartig wie jede Schneeflocke, und wir alle sollten mit Würde und einem gewissen Gefühl der Selbstsicherheit und des Stolzes akzeptieren, wer wir sind.

Sie selbst: Ihr bester Freund und Ihr schlimmster Feind

Die gesunde Selbstachtung, zu der Mr Rogers und Jesse Jackson ermutigen, ist zweifellos etwas sehr Positives. Aber dass man sich als Individuum in seiner Haut wohl fühlt, ist nur der Ausgangspunkt für intensivere Formen der Selbstentdeckung. Wie ausreichende Nahrung, ein Dach über dem Kopf und freie Zeit ist auch ein positives Verhältnis zur eigenen Existenz als Individuum eine Voraussetzung, die erfüllt sein muss, wenn man tiefer reichende spirituelle Ziele verfolgen will.

Man könnte sagen, dass die spirituelle Suche dort beginnt, wo viele traditionelle Therapieprozesse enden. Psychotherapie in ihren vielen Formen – von der strengen Psychoanalyse bis zum leserfreundlichsten Selbsthilferatgeber – hat letztlich immer die gleiche Funktion. Sie versucht zu erreichen, *dass wir uns in unserer Haut wohler fühlen* – dass wir das Gefühl haben, jemand Besonderes zu sein.

Und das ist wunderbar … erst einmal.

Im Gegensatz zum rein therapeutischen Ansatz *beginnt* der spirituelle mit einem starken, positiven Empfinden der individuellen Identität, statt damit zu enden. »Man sollte das Selbst aus eigener Kraft erheben, statt sich zu entwürdigen«, heißt es in der *Bhagavad Gita*, der berühmten klassischen Schrift des Hinduismus. Aber dann heißt es weiter: »Denn das Selbst ist sein eigener bester Freund und sein eigener schlimmster Feind.«[8]

Die Entwicklung eines guten, gesunden Ich ist ein notwendiger Schritt auf dem Weg zur Selbstverwirklichung, doch dies allein reicht nicht aus. Aus der Stärkung des niederen, persönlichen und individuellen Selbst kann nach den Lehren der großen religiösen Traditionen keine wahre Selbstkenntnis erwachsen. Bei der Suche nach dem eigenen, nicht weiter reduzierbaren innersten Kern ist die Identifikation mit dem Ich und das Haften daran ein Hindernis. Der beste Freund verwandelt sich dann in den schlimmsten Feind.

Es heißt, wir müssten das Selbst verlieren, um es finden zu können. Wir müssen über das Ich – das »Besonderer Jemand«-Selbst – hinausgelangen, wenn wir unsere tiefe, authentische und universelle Identität finden wollen. Auf dieser Suche ist es nicht die Lösung, sich als besonders und einzigartig zu empfinden, sondern dies wird zum Problem.

Die Reise zur wahren Selbstkenntnis gleicht dem Aufstieg auf einer Leiter. Zunächst muss man die unteren Sprossen bewältigen. Doch um höher emporsteigen zu können, müssen wir bereit sein, die unteren Sprossen hinter uns zu lassen. Sobald wir uns unseren eigenen Wert, unsere Individualität und unsere Besonderheit in angemessener Weise vergegenwärtigt haben, können wir uns den nächsten Schritten zuwenden.

Dies bedeutet, dass wir ein gutes, gesundes Ich entwickelt haben müssen, bevor wir mit jener Ich-Ektomie beginnen können, die uns erst die Entdeckung unserer wahren Natur ermöglicht.

»Wenn kein ›Ich‹ da ist, dann ist Befreiung da«, heißt es in einer anderen Schrift der Hindu-Tradition, »und wenn ein ›Ich‹ da ist, dann ist Gefangenschaft da.«[9] Diese Wahrheit wird auch in den klassischen Schriften der anderen Weltreligionen unablässig wiederholt:

- »Alles Unheil, alles Leiden und alle Ängste der Welt entstehen durch das Festhalten an einem Selbst. Wie könnte dieses Festhalten mir dienlich sein? Man kann sich nicht vom Leiden lösen, ohne sich vom Selbst zu lösen. Man kann ja auch nicht verhindern, dass man sich verbrennt, wenn man dem Feuer nicht entgehen kann« (Shantideva, Buddhismus).[10]
- »Über aller Gnade und allen Gaben, die Christus dem schenkt, den er liebt, steht die Gnade der Überwindung des Ich« (Franz von Assisi, Christentum).[11]
- »Wer sich seinem höheren Selbst widmet, wird ein großer Mensch, und wer sich seinem niederen Selbst widmet, wird ein kleiner Mensch« (Menzius, Konfuzianismus).[12]
- »Es gibt einen unaufhebbaren Gegensatz zwischen dem tiefen transzendenten Selbst, das nur in der Kontemplation erwacht, und dem oberflächlichen, äußerlichen Selbst, das wir gewöhnlich mit der ersten Person Einzahl bezeichnen. Wir müssen uns vor Augen halten, dass dieses oberflächliche ›Ich‹ nicht unser wirkliches Selbst ist. Es ist vielmehr unser ›individuelles Sein‹ und unser ›empirisches Selbst‹, je-

doch nicht die verborgene und geheimnisvolle Person, in der wir vor den Augen Gottes subsistieren. Das ›Ich‹, das in der Welt tätig ist, über sich selbst nachdenkt, seine eigenen Reaktionen beobachtet und von sich selbst redet, ist nicht das wahre ›Ich‹, das in Christus mit Gott vereint worden ist« (Thomas Merton, Christentum).[13]

- »Weil man das Seil nicht erkennt, erscheint es wie eine Schlange; weil man das Selbst nicht erkennt, manifestiert sich der flüchtige Zustand des individualisierten, beschränkten, phänomenalen Aspekts des Selbst« (Shankara, Hinduismus).[14]

Unsere einzigartige Individualität fungiert zwar als Ausgangspunkt, doch sie kann nicht das Ende aller Bemühungen, »sich selbst zu erkennen«, sein. Um über unsere Faszination von unserer eigenen Besonderheit hinauszugelangen und unsere Bindung an sie zu überwinden, müssen wir zu schätzen lernen, was wir mit all den anderen Jemanden da draußen gemeinsam haben.

Das »Jemand-Sein« ist nie genug

Das Bedürfnis, sich als jemand Besonderes zu fühlen, ist nicht an und für sich etwas Besonderes. Wir alle wollen – uns selbst und anderen gegenüber – auf die eine oder andere Weise als *außergewöhnlich* erscheinen. Falls wir dieses grundlegende Gefühl der Besonderheit gar nicht verspüren, ist es in der Tat wichtig, unser Selbstwertgefühl zu stärken – und die Psychotherapien kennen zahlreiche Möglichkeiten, es zu stärken und zu fördern. Auch in diesem Buch werden wir uns mit einigen narrensicheren Methoden zur Förderung des Selbstwertgefühls beschäftigen.

Doch nachdem wir die Basis eines notwendigen und wünschenswerten Selbstwertgefühls gestärkt haben, könnte uns an einem bestimmten Punkt auch der Verdacht kommen, dass das unablässige Bestreben, *jemand zu sein*, zu einer schweren Last werden kann.

Glauben wir beispielsweise, unsere »Besonderheit« hänge davon ab, was wir erreicht haben, und nicht davon, *wer wir wirklich sind*, streben wir unablässig danach, wichtig, berühmt, reich, geliebt und erfolgreich genug zu sein.

Der berühmte Psychiater Thomas Szasz hat einmal gesagt: »Man hört oft, dieser oder jener Mensch habe sich noch nicht gefunden. Doch das Selbst ist nichts, was man findet, sondern etwas, das man kreiert.«[15] Und die meisten Menschen knüpfen einen wichtigen Teil ihrer Identität an ihre Erfolge in einem Lebensbereich, der ihnen besonders wichtig ist. Wenn wir jedoch die Vorstellung überbewerten, dass unser Selbstwertgefühl von einer *geschaffenen Besonderheit* abhängt, haben wir meist nicht das Gefühl, ein Selbst kreiert zu haben, das unseren Ansprüchen nach Besonderheit genügt.

Wenn wir ausschließlich auf Erfolg setzen, was unser Selbstempfinden angeht, werden wir bis in alle Ewigkeit versuchen, *genug jemand* zu sein, und dies nie schaffen.

Wenn wir uns mit der einen oder anderen unserer Rollen im permanenten Drama unseres Lebens völlig identifizieren, könnte uns der Verdacht kommen, dass das, was wir zustande bringen, nie ausreichen wird, ganz gleich, wie oft wir befördert werden, wie viel Geld wir zusammenraffen und wie viel Lob wir erhalten. Wenn dies der Maßstab für die Selbstwertschätzung ist, wird die Messlatte immer höher gelegt werden; wir werden dann durch immer neue Reifen springen und immer neue Flüsse überqueren müssen, und nie wird ein Ende erkennbar werden.

Wir glorifizieren und idealisieren oft Menschen, die *wirklich jemand zu sein* scheinen: Rockstars, Olympiateilnehmer, bekannte und erfolgreiche Schauspieler, superreiche und aus anderen Gründen berühmte Menschen. Aber nicht einmal Superstars wie Madonna werden ihren eigenen Ansprüchen gerecht, wenn es um das hier beschriebene erfolgsabhängige Verständnis des Selbst geht. In einem Interview gestand sie offen ein, dass sie nie das Gefühl hatte, »genug jemand« zu sein:

> *Mein Antrieb im Leben beruht auf meiner Angst vor Mittelmäßigkeit. Sie treibt mich ständig vorwärts. Ich befreie mich von einem Anfall dieser Angst und entdecke mich selbst als besonderes menschliches Wesen; aber dann fühle ich mich immer noch mittelmäßig und uninteressant, sofern ich nicht etwas anderes tue. Denn obwohl ich zu einem Jemand geworden bin, muss ich diesen Jemand immer noch beweisen. Ich habe immer gekämpft, und ich nehme an, dass das auch in Zukunft immer so sein wird.*[16]

Madonna fürchtet sich vor »Mittelmäßigkeit« – also davor, nicht »genug Madonna« zu sein. Ähnlich hat der größte Hockey-Spieler Wayne Gretzky geklagt: »Das Schwerste daran, Wayne Gretzky zu sein, ist, dass ich mit Wayne Gretzky verglichen werde.« Auch Cary Grant soll einmal erklärt haben: »Jeder will Cary Grant sein, sogar ich.«*

Diese Zeugnisse sollten uns einen Eindruck davon vermitteln, was es bedeutet, wenn wir unsere Hoffnungen nach einer Identität und nach Selbstzufriedenheit ausschließlich vom Erfolg abhängig machen. Wenn Madonna nicht genug Madonna sein kann; wenn Wayne Gretzky es nie schafft, so zu leben,

* Dieses und andere, ähnliche Beispiele – u.a. das von dem Groupie, das über jeden Rockstar, mit dem es geschlafen hatte, sagte: »Toll, aber er ist kein Mick Jagger«, bis sie schließlich mit Jagger ins Bett ging und dann berichtete: »Toll, aber kein Mick Jagger« – sind zu finden in Wendy Donigers *The Woman Who Pretended to Be Who She Was: Myths of Self-Imitation* (New York: Oxford University Press 2004).

dass er Wayne Gretzky verkörpert; und wenn selbst (der reale) Cary Grant eines Tages (der ideale) Cary Grant sein wollte, auf was können dann wir hoffen, die wir deutlich weniger als Superstars sind?

Die Idealvorstellung eines »besonderen Ich«, das man durch Erfolge zu erlangen hofft, geht über das in der Wirklichkeit Mögliche meist hinaus und vermittelt uns so unablässig das Gefühl, unvollständig und unzulänglich zu sein und ununterbrochen laufen zu müssen, um unserer eigenen Vorstellung gerecht zu werden. Die Angst davor, dass wir im Grunde gar nicht so besonders sind, wie wir es gern wären – die Angst davor, *gewöhnlich zu sein* –, verfolgt selbst Menschen, die in einem von ihnen selbst gewählten Bereich den Gipfel des Erfolgs erreicht haben; und bei denjenigen unter uns, die ziemlich gewöhnlich sind, was unsere Fähigkeiten und Erfolge betrifft, ist sie allgegenwärtig.[17]

Anders als Sokrates, der uns auffordert, uns selbst zu erkennen, haben andere darauf aufmerksam gemacht, dass Selbstkenntnis manchmal keineswegs günstig ist! Wenn der Wert des Selbst, das wir kennenzulernen und mit dem wir uns zu identifizieren versuchen, nach seinen Leistungen beurteilt wird, kommen wir in der Regel schlecht weg. Wir werden dann mit einem Selbst konfrontiert, das nie »besonders« genug ist, mit einem Jemand, der nicht groß genug ist.

Obwohl sogar die Unspektakulärsten unter uns sich offenbar lieber nicht als gewöhnlich sehen, ist die Last des Besondersseins möglicherweise viel schwerer zu ertragen.

Zu besonders, als dass es gut für uns wäre

Es gibt aber auch noch eine andere Seite der Münze. Wenn wir nicht unter der neurotischen Angst leiden, nicht »besonders genug« zu sein, sind wir aufgeblasen vor narzisstischer Arroganz und glauben, »besonderer« zu sein als andere. Das verzweifelte Bedürfnis nach Besonderheit kann sich leicht in einen Wettstreit um Überlegenheit verwandeln. Wenn wir fürchten, als Nobody angesehen werden zu können, und wenn wir deshalb mit allen verfügbaren Mitteln ein Jemand zu sein versuchen, laufen wir Gefahr, unsere Möglichkeiten zu überschätzen. Wir werden dann so »besonders«, dass es uns nicht gut bekommt.

Pema Chödrön erklärt im Zitat am Anfang dieses Kapitels, es sei ein Fehler, die Rolle zu überschätzen und deshalb zu ignorieren, wer diese Rolle spielt. Es versteht sich von selbst, dass wir alle einzigartige Individuen sind, doch uns an unsere Einzigartigkeit zu klammern und sie zu etwas zu überhöhen, das sie nicht sein kann, ist weder der Weg zu wahrem Glück noch zu tiefer reichender Selbstkenntnis.

Dass wir, getrieben von der Überzeugung, wir könnten nur glücklich werden, wenn wir charakteristische, separate und einzigartige Wesen seien, schließlich alle auf sehr ähnliche Weise nach dem Heiligen Gral erlösender Individualität suchen, ist schon ein wenig merkwürdig. Vielleicht erinnern sich einige Leser an eine Szene aus dem Monty-Python-Film *Das Leben des Brian*, in dem ein Mob Brian, den mutmaßlichen Messias, verfolgt und sein Haus umzingelt. Dann taucht der Erlöser wider Willen an einem Fenster des Hauses auf und fleht die versammelten Massen an, sie mögen aufhören, Schafe zu sein, und selbst zu denken anfangen. Brian brüllt die Menge an: »Ihr seid alle Individuen!« Und die Menge antwortet im Chor: »Wir sind alle Individuen!«

Doch dann hört man irgendwo in den letzten Reihen eine leise Stimme sagen: »Ich nicht.«

Der Besitzer dieser Stimme hat verstanden, worum es geht. Es ist kennzeichnend für wahre Unabhängigkeit und Freiheit, wenn Menschen zu erkennen vermögen, dass wir alle gleich sind und dass niemand mehr ein Jemand ist als irgendein anderer. Der Einzelne, der erkennt, dass er nicht »besonderer« ist als alle anderen, ist der wahrhaft Besondere.

Wir sitzen alle im selben Boot: Die große Gleichheit

Die Betonung der Besonderheit – das Haften an unserer Individualität, als sei echte Erfüllung im *Jemand-Sein* oder, noch schlimmer, im *Mehr-als-andere-Jemand-Sein* zu finden – kann uns für unsere wichtigen Gemeinsamkeiten blind machen und trennend wirken, statt uns in unserem gemeinsamen Menschsein zu vereinen.

Wenn wir am Besonderen und Individuellen haften, können wir uns nicht dem Allgemeinen und Universellen öffnen. Nur wenn wir die Bürde der Individualität ablegen, können wir dem Höheren Selbst näherkommen, dem wahren Zentrum unseres Seins, das allen Menschen gemeinsam ist. Wir treten dann mit dem universellen Teil von uns in Kontakt, der uns Freude bringt – vor allem indem er uns mit dem verbindet, was wir mit anderen gemeinsam haben, denn dadurch befreit er uns von der Last, jemand Besonderes sein zu müssen.

Im Gegensatz zur heutigen allgemeinen säkularen Tendenz, die Individualität in den Vordergrund zu stellen (die sich auch leicht in narzisstische Selbstversunkenheit und stolze Hochnäsigkeit verwandeln kann), stellen die großen spirituellen Traditionen der Welt unsere Gemeinsamkeiten und die Verwandtschaft aller mit allen in den Vordergrund. Statt sich auf das, was uns auseinanderbringt, zu konzentrieren, betonen sie, was uns verbindet. Wir können erste Eindrücke dessen erlangen, wer wir tief innen sind – eine Identität, die die Angst des Jemand-Seins überwindet –, wenn wir erkennen, dass eine große Gleichheit unter unseren oberflächlichen Unterschieden uns mit allen Menschen verbindet.

Der Dalai Lama weist gern darauf hin, dass wir zwar tatsächlich alle als Individuen einzigartig sind, dass uns und allen anderen lebenden Wesen aber zwei grundlegende Wünsche gemeinsam sind:

> *In unserem Streben nach Glück und dem Wunsch, Leid zu vermeiden, gleichen wir uns grundsätzlich … Unabhängig von all unseren individuellen Eigenschaften, der Erziehung, die wir genossen, und der gesellschaftlichen Stellung, die wir geerbt haben mögen, und unabhängig davon, was wir im Leben erreicht haben, sind wir alle von dem Wunsch beseelt, in unserem kurzen Leben Glück zu finden und Leid von uns fernzuhalten.*[18]

Hinsichtlich dieser grundlegenden Wünsche sind wir uns alle gleich. Dies gilt übrigens für alle fühlenden Wesen. Ob Eichhörnchen oder Unternehmensleiter, ob Insekt oder Präsident der Vereinigten Staaten, jedes lebende Wesen will nur glücklich sein und Schmerz vermeiden.

Aber wir sind uns auch insofern alle gleich, als wir nicht besonders erfolgreich in der Verfolgung dieser Ziele sind. Obwohl wir alle nicht leiden wollen, ist Leiden in unserem Leben nahezu allgegenwärtig. Und obwohl wir alle uns wahres Glück wünschen, sind nur wenige von uns besonders geschickt darin, es tatsächlich zu erreichen.

* * *

Alle Religionen basieren letztlich auf der Erkenntnis, dass ein Leben ohne jede spirituelle Übung uns einfach nur immer wieder in den Hintern tritt und wir nicht wissen, wie wir uns dagegen wehren können. Diese Tatsache müssen wir zur Kenntnis nehmen, wenn wir wirklich eine Alternative zu ewigem Opfersein entwickeln wollen.

Wenn unser Leben nur friedlich vor sich hinfließen würde, bräuchte niemand an sich selbst zu arbeiten. Wir könnten uns dann entspannen und uns unseres Lebens freuen wie Adam und Eva im Paradies. Doch wie in der Genesis nachzulesen ist, befinden wir uns nicht mehr im paradiesischen Garten Eden (falls Ihnen das noch nicht aufgefallen sein sollte). Wir befinden uns in einem tiefen, dunklen und gefährlichen Wald und sind auf Hilfe angewiesen, wenn wir aus ihm wieder herausfinden wollen. Diese Anerkennung der misslichen Lage, in der wir alle uns befinden, kommt in den ersten Worten aus dem Mund des Buddha nach seinem Erwachen zum Ausdruck: *»Ihr alle leidet«*, erklärte er (etwas frei übersetzt). Aus der Perspektive eines wahrhaft selbstverwirklichten Wesens stecken wir alle gleichermaßen tief in der Sch…

Dies ist die erste der vier sogenannten Edlen Wahrheiten des Buddhismus und der Anfangspunkt allen ernsthaften spirituellen Bemühens um die Erschließung einer Alternative.* »Houston, wir haben ein Problem«, meldeten sich die Astronauten, als ihnen klar wurde, dass ihr Raumschiff nicht mehr funktionierte. Unsere Raumschiffe funktionieren auch nicht mehr. Wir alle haben ein Problem. Wir alle haben zahllose Schwierigkeiten, Stress, Unzufriedenheit und dergleichen mehr.

Mit einem Wort: Leiden.

* Die übrigen »Wahrheiten« sind, (1) dass Leiden verursacht wird (und zwar von niemand und nichts anderem als uns selbst), (2) dass es eine Alternative zum Leiden gibt und (3) dass es eine Methode gibt, die zu dem wahren Glück führt, auf das wir alle von Geburt an ein Recht haben.

Ach, die Buddhisten sind so negativ! Was meinen Sie mit »Leben ist Leiden«? Kopf hoch! Vielleicht solltet ihr einfach mehr ausgehen – euch einen guten Film anschauen oder ein gutes Essen gönnen oder tanzen oder was weiß ich!

Natürlich hat der Buddha nicht gemeint, dass das Leben für jeden Menschen eine permanente Tragödie sei – obwohl das bei einigen unserer Mitmenschen tatsächlich zutrifft. Milliarden bleiben jeden Tag hungrig, haben kein Dach über dem Kopf, keine ausreichende Kleidung, nicht genug Wasser und erhalten keine adäquate medizinische Versorgung. Und ähnlich vielen fehlen grundlegende politische Freiheiten und Ausbildungsmöglichkeiten, oder sie können nicht einmal lesen. Milliarden leiden unter starken psychischen und emotionalen Problemen, die ihnen den Alltag zur Hölle machen.

Und wir alle, so privilegiert wir sein mögen und so gut wir gegen extremere Formen von Elend geschützt sind, erleben Unglücksfälle und Schicksalsschläge. Nichts in unserem Leben, weder Dinge noch Menschen, ist uns für alle Zeiten sicher, alles ist gefährdet.

Wir befinden uns ständig *entweder mitten in einer Katastrophe oder in einer ruhigeren Periode zwischen zwei Katastrophen*. Andere Möglichkeiten gibt es für uns alle in diesem Leben nicht.

Inmitten einer Katastrophe wird kaum jemand bestreiten wollen, dass Leben mit Leiden verbunden ist. Wir alle haben dies erlebt, und viele erleben es in diesem Moment. Wenn ein Unglück uns trifft, fällt alles Leugnen von uns ab.

Jeder von uns weiß Geschichten über traumatische Erlebnisse zu erzählen. Eine Situation dieser Art erlebte ich zu Beginn meines Erwachsenenlebens. Ich heiratete im zarten Alter von 18 Jahren meine erste Frau, eine Freundin von der Highschool. Nach knapp einem Jahr war diese Ehe gescheitert. Damals gab es noch keine einvernehmlichen Scheidungen, und ich musste nicht nur damit fertig werden, dass meine Frau mich verlassen wollte, sondern auch ertragen, dass meine Freunde mich vor Gericht als einen furchtbar schlechten Ehemann darstellten. (Das war ich zwar tatsächlich, aber es schmerzte trotzdem, dass meine eigenen Freunde es mir in der Öffentlichkeit bescheinigten.) Ich war damals gerade 19 Jahre alt, und meine Hoffnungen und Erwartungen bezüglich meines Lebens als Erwachsener waren schonungslos zerstört worden. Ich war völlig fertig und verfiel in eine tiefe Depression.

Inmitten einer Katastrophe spüren wir die Tatsache des Leidens so schmerzhaft, dass an dieser Realität kein Zweifel mehr bestehen kann. In diesem Zustand braucht uns niemand davon zu überzeugen, dass Leben Leiden ist. Doch wir sollten versuchen, uns in so schwierigen, aber möglicherweise erhellenden Situationen an zwei Dinge zu erinnern.

Erstens trifft Leiden uns nicht rein zufällig, sondern uns ereilen Schicksalsschläge, weil sie ein unvermeidbarer Teil des Lebens sind. Wir alle verlieren Menschen, die wir lieben. Wir alle werden krank, alt und sterben schließlich. Der Buddha hat dies alles auf den folgenden kurzen Nenner gebracht: Wir bekommen nicht, was wir wollen; wir bekommen, was wir nicht wollen; und wir können Dinge und Menschen, die wir lieben, nicht für alle Zeit bei uns behalten.

Es ist keine merkwürdige Anomalie, wenn uns eine Katastrophe trifft. Leiden ist ein Wesensmerkmal unseres Lebens. Wenn wir uns inmitten einer Katastrophe befinden, trifft uns diese Wahrheit mitten ins Gesicht, aber in den Zeiten zwischen zwei Katastrophen sollten wir daran denken, dass die nächste Katastrophe (*wenn* sie kommt, nicht *falls* sie kommt!) uns genauso begrüßen wird wie die vorherige.

Zweitens sollten wir daran denken – und das ist noch schwerer als das Erste –, dass das Leiden, das uns trifft, *nicht nur uns trifft*. Wie wir nun wissen, haben wir alle ein Bedürfnis nach Besonderheit, und wenn wir Katastrophen erleben, werden auch diese negativen Erlebnisse zu etwas, das uns unterscheidet oder sogar definiert. *Es ist so unfair* – denken wir in solchen Augenblicken –, *dass dieser Schicksalsschlag ausgerechnet mich trifft.*

Wenn wir in Schwierigkeiten sind, fühlen wir alle uns wie der arme Hiob aus der Bibel, der seine Faust zum Himmel erhob und flehte, mit demjenigen, der ihm die Heimsuchungen auferlegt hatte, über sein Schicksal verhandeln zu dürfen.

Warum ich? Warum ich?

In den alten buddhistischen Schriften gibt es eine Geschichte über eine Frau, die gerade ihr einziges Kind verloren hat. Sie sucht den Buddha auf und fleht ihn an, ihr ihren Sohn zurückzugeben. Erstaunlicherweise erklärt sich der Buddha dazu bereit – allerdings unter einer Bedingung: »Geh in jedes Haus im Dorf«, trug er der trauernden Mutter auf, »und bringe mir ein Senfkorn aus einem Haushalt, der nie von einer Tragödie wie der deinen heimgesucht wurde.« Die arme Frau geht von Tür zu Tür – nun ja, Sie werden sich schon denken können, was dabei herauskommt. Sagen wir doch einfach: Sie brachte dem Buddha kein einziges Senfkorn mit zurück.

Leiden macht uns nicht zu jemand Besonderem, ebenso wenig wie das Bedürfnis, sich als jemand Besonderes zu fühlen, Menschen zu besonderen Menschen macht. Wir alle haben so etwas schon erlebt und werden es wieder erleben. Jeder, der länger als seit fünf Jahren lebt, hat schon einiges abbekommen, wie jeder Therapeut, Berater oder Priester bestätigen kann, der sich regelmäßig die Erzählungen anderer Menschen anhört. Jeder hat seine Leidensgeschichte; wir alle sind verletzt worden. Wenn ich höre, was Menschen – gewöhnliche Menschen wie Sie und ich – durchgemacht haben, wundere ich mich oft, dass auch nur ein einziger in der Lage ist, morgens aus dem Bett aufzustehen und seine Alltagspflichten zu erfüllen.

Niemand schafft es, unversehrt durchs Leben zu kommen. Wir alle sitzen im selben Boot, und was unsere Anfälligkeit für Leiden betrifft, ist dieses Boot eine *Titanic*. Doch ungeachtet der Allgegenwart von Katastrophen gibt es keine objektiven Kriterien, mit deren Hilfe sich messen ließe, wer von uns am schlimmsten leidet. Es gibt keine Skala des Leidens, die anzeigt, dass Ihr Leiden die Stärke 6,8 und das Leiden eines anderen Menschen die Stärke 4,2 hat.

Auch wenn wir das Gefühl haben mögen, dass unser Leiden stärker ist als das anderer Menschen, sollten wir uns vergegenwärtigen, dass Leiden *subjektiv* ist. Was ein Mensch als unerträglich empfindet, ist für einen anderen kein Problem, und was dem einen als nicht erwähnenswert erscheint, ist für andere ein entsetzlicher Albtraum.

Es gibt eine Geschichte über ein junges Mädchen, das gerade mit dem College begonnen hat. Es ist die Schule, die schon ihre Mutter und ihre Großmutter besucht haben. Und sowohl die Mutter als auch die Großmutter waren aktive Mitglieder einer der beliebtesten Studentinnenverbindungen der Schule, und diese Mitgliedschaft hatte in ihrem ganzen Leben eine wichtige Rolle gespielt. Noch als Ehemalige hatten die beiden Frauen ihre Verbindung finanziell unterstützt und regelmäßig an Jahrestreffen teilgenommen. Besonders wichtig für unsere Geschichte ist, dass sie auch dem jungen Mädchen empfahlen, sich dieser Verbindung anzuschließen.

Was glauben Sie, was passierte? Sie wurde nicht aufgenommen. Nachdem sie gehört hatte, dass diese Gemeinschaft ihr ganzes weiteres Leben prägen würde, und weil ihr klar war, wie viel Wert ihre Mutter und Großmutter auf die Fortführung dieser Familientradition legten, traf die Ablehnung sie wie ein Schicksalsschlag.

Nun werden wir ein kleines Gedankenexperiment durchführen: War das Leiden dieser jungen Frau infolge der Weigerung irgendeiner merkwürdigen Studentinnenverbindung, sie aufzunehmen, mit dem vergleichbar, was viele von uns als wesentlich schwerere Enttäuschung empfinden würden? Ist es möglich oder gar wahrscheinlich, dass dieses Trauma *aus ihrer Perspektive* ebenso schwerwiegend war, wie jemand anders einen beruflichen Rückschlag, den Diebstahl oder Verlust eines kostbaren Gegenstandes, ein schweres gesundheitliches Problem oder eine Scheidung empfinden würde?

Zu erkennen, dass Leiden einerseits subjektiv erlebt wird und andererseits alle Menschen trifft – niemand von uns hat ein leichtes Leben! –, ist ein wichtiger erster Schritt auf dem Weg aus der Einsamkeit der Individualität zur Erkenntnis unserer Gemeinsamkeiten mit allen anderen Menschen. Persönliches Leiden braucht nicht zur Verfestigung unseres Gefühls der Besonderheit zu führen, sondern kann uns auch für eine mitfühlende Haltung öffnen, die unser Selbstempfinden erweitert.

* * *

Niemand will leiden. Wir alle versuchen, es uns wann immer möglich zu ersparen. Und wir alle wollen glücklich sein und unser Leben genießen – dies ist der zweite Punkt, in dem wir alle uns gleichen.

Das Streben nach Glück (und nach der Vermeidung von Schmerz) ist für unsere Natur als lebende Wesen von grundlegender Bedeutung. Es treibt uns den ganzen Tag an und liegt allen unseren Entscheidungen zugrunde. Der Psychologe Mihaly Csikszentmihalyi sagt: »Glück wird um seiner selbst willen angestrebt, während jedes andere Ziel – Gesundheit, Schönheit, Geld oder Macht – nur geschätzt wird, weil man erwartet, dass es glücklich machen wird.«[19]

Obwohl wir im Laufe eines Tages – und im Laufe unseres ganzen Lebens – alles in der Hoffnung tun, dadurch glücklicher zu werden (und weniger Schmerz zu erleben), glauben viele Menschen, dass Schmerz sie eher zufällig trifft, völlig unberechenbar und aufgrund von Ursachen, die sie nicht kennen und auch gar nicht kennen können.

Die Etymologie des englischen Wortes für Glück, *happiness*, beinhaltet die Vorstellung, dass Glück reiner Zufall *(haphazard)* ist. Wir fühlen uns glücklos *(hapless)* in unserem Bemühen, wahres Glück zu finden; wir halten es für reinen Zufall, wenn alles gut zu gehen scheint. Man könnte meinen, dass Glück ebenso wie sein Gegenteil (ein Wort für Exkremente, das in aller Munde ist) einfach so passiert.

Glück passiert aber nicht einfach so. Es wird wie alles andere verursacht. Und die spirituellen Traditionen lehren eine allgemein anerkannte Methode, wahres und dauerhaftes Glück zu erreichen. Sie erfordert eine Verringerung der Ichzentriertheit, nicht deren Verstärkung; wir müssen uns von den unerschöpflichen Forderungen des Individuums lösen und in etwas Größerem aufgehen.

Während wir uns Glück manchmal als ein eher zufällig auftretendes Phänomen vorstellen, bringen wir wahres Glück häufiger mit etwas in Verbindung, das unser Ich erfreut – wir wollen »uns *selbst* glücklich machen«, indem wir versuchen, Freude durch Wege zu erlangen, die wir »Selbstverwirklichung«, »Selbstzufriedenheit« oder auch »Selbstachtung«, »Selbstnachsicht«, »Selbstgefälligkeit« usw. nennen. Obwohl es wie gesagt wichtig ist, ein starkes Selbstwertgefühl zu haben, wenn man auf die nächste Entwicklungsstufe gelangen will, müssen wir den Egoismus überwinden, wenn wir sowohl unsere wahre Identität – das, was uns mit allen anderen Menschen verbindet – als auch eine echte und authentische Quelle der Freude finden wollen.

Durch das zwanghafte Bestreben, jemand zu sein, halten wir uns selbst gefangen, indem wir an unserer egoistischen Neigung, mehr, besser und größer sein zu wollen, festhalten.

Wahres Glück hat nichts mit der Erfüllung der eigenen Bedürfnisse nach hohem Ansehen, der Liebe und Bewunderung anderer, einem makellosen Körper, einer Repräsentationsgattin oder einem Vorzeigemann zu tun. Anders ausgedrückt: Wahres Glück ist kein Attribut des niederen, individuellen Selbst. Nur wenn es uns gelingt, mit unserer höheren, universellen, wahren Identität in Kontakt zu treten, erleben wir jene tiefe und unerschütterliche Euphorie, die wir alle suchen.

Sinn und Zweck unseres Lebens ist es, eine Alternative zum allgegenwärtigen Leiden zu finden – das Rettungsboot, das uns möglichst rasch möglichst weit von der untergehenden *Titanic* entfernt. Und auch darin sind wir alle uns gleich: Wir alle können das Rettungsboot entdecken, das immer schon da war.

Wir alle können tiefes Glück erleben, weil wir alle in unserem Zentrum eine Seele haben, die in ihrem Wesen universell ist. Dies ist die große Gleichheit, die Grundlage aller spirituellen Traditionen der Welt. Im Christentum wird gelehrt, dass wir alle – Sünder wie Heilige – zur Erlösung und damit zur ewigen Glückseligkeit gelangen können. Das Judentum spricht von der Gleichheit aller vor Gott. Und im Koran heißt es: »Alle Menschen gehören einer einzigen Nation an.«[20] Die Hindu-Tradition geht davon aus, dass wir alle die Illusion der Individualität überwinden und die wahre Natur, die uns allen gemeinsam ist, miteinander teilen können. Und dem Buddhismus zufolge hat jedes lebende Wesen Buddha-Natur – verfügt von Geburt an über das Potenzial, das höhere Selbst zu realisieren.

Jedes Wesen hat die Buddha-Natur, und keines mehr als irgendein anderes. Hinsichtlich unserer wahren Identität – unseres tiefsten und glücklichsten Selbstempfindens –, sind wir keine Individuen, die unterschiedliche hierarchische Positionen einnehmen und verschiedene Abstufungen von Besonderheit erreicht haben. Vielmehr sind wir einander vollkommen gleich und ebenbürtig.

Den buddhistischen Schriften zufolge ist die Entdeckung der Möglichkeit, unsere höchste Bestimmung zu erreichen – ein Potenzial, über das wir wirklich alle verfügen –, das wahre Heilmittel gegen Depression und das Gefühl der eigenen Unzulänglichkeit, unter denen viele Menschen leiden, weil sie sich mit ihrem niederen, individuellen Selbst identifizieren.[21]

Lasse dich nie entmutigen, und denke nicht:
»Wie könnte jemand wie ich erwachen?«
Der Buddha, der die Wahrheit spricht,
hat darüber folgende wahren Worte gesprochen:
»Selbst diejenigen, die Fliegen, Mücken, Bienen und Würmer waren,
haben die so schwer zu erlangende höchste Erleuchtung erlangt,
weil sie beharrlich waren.«[22]

Weil wir in Wahrheit nicht nur der »Jemand« – das besondere, separate Individuum – sind, der wir zu sein glauben, können wir höchstes Glück erreichen. Doch zu entdecken, wer wir wirklich sind, erfordert Anstrengung und Beharrlichkeit. Insbesondere benötigen wir dazu die Bereitschaft, uns der Art von De- und Re-Identifikation zu unterziehen, die für die Ich-Ektomie, von der bereits die Rede war, erforderlich ist.

Wir müssen sterben, um wiedergeboren zu werden. Wir müssen bereit sein, uns von der Raupe, an der wir so stark haften, zu lösen, wenn wir uns als die Schmetterlinge, die zu sein wir geschaffen sind, in die Lüfte erheben wollen.

Zwei Vögel auf demselben Baum

Unser Selbst in Großbuchstaben, unsere Buddha-Natur, unsere Seele – wie wir sie auch nennen wollen – ist definitiv nicht das individuelle Ich. Ein Teil von uns allen ist nie geboren worden und wird niemals sterben – ein ewiges, nicht geschaffenes und universelles Selbst, das nicht »jemand« ist und nie »irgendjemand« war, sondern sowohl »niemand« als auch »jedermann« ist. Dieser wahrhaft außergewöhnliche Teil von uns wird im folgenden Vers aus den alten indischen Upanischaden »der Weise« genannt.

> *Der Weise wurde nie geboren und stirbt nie. Er kommt weder von irgendwoher, noch ist er zu irgendjemandem geworden. Er ist ungeboren, unveränderlich, ewig und uranfänglich. Er wird nicht getötet, wenn der Körper getötet wird.*[23]

Das wahrhaft Besondere an uns liegt nicht in unserer Einzigartigkeit, sondern in dem, was wir mit allen anderen Menschen gemeinsam haben. Sie ist, wer wir wirklich sind und wer wir wirklich sein wollen. Sie ist das, was es uns ermöglicht, unser Gefühl der Getrenntheit und des Alleinseins zu überwinden und uns als Teil eines größeren Ganzen zu fühlen.

Wir sehnen uns nach ihr und empfinden die größte Freude, wenn wir wieder zu ihr in Kontakt treten. Hindu-Schriften zufolge verstummt die leise Stimme des Ich in uns, und unser winziges unglückliches Selbst wird in etwas weitaus Größeres eingehüllt: »Dünkelhafte Äußerungen wie: ›Ich bin das‹ oder ›Ich bin das nicht‹ werden für einen Übenden, der in dem Wissen, dass das wahre Selbst alles umfasst, zur Stille gelangt ist, zerstört.«[24]

Wahre Selbstkenntnis erfordert, dass wir die Identifikation mit unseren verschiedenen Rollen aufgeben, weil sie uns hindern, trotz unterschiedlichen Verkleidungen unser wahres Gesicht zu erkennen.

Bei uns allen gibt es eine Spannung zwischen der Identifikation mit dem niederen, individuellen Selbst (wir alle wollen ja »jemand« sein) und der Sehnsucht nach Vereinigung mit dem wahren Selbst. Wir führen Krieg gegen uns selbst; wir sind ein geteiltes Haus; wir sind existenziell schizophren.

Bei diesem inneren Kampf geht es um unser wahres Glück, unser Gefühl der Erfüllung und das Ende der Gefühle von Verzweiflung und Unzulänglichkeit oder des Opferseins. In einer der älteren Upanischaden wird folgende Metapher angeführt:

> *Zwei Vögel, unzertrennliche Freunde, sitzen auf demselben Baum. Einer frisst eine köstliche Feige, der andere schaut zu, ohne selbst zu fressen. Das niedere, verblendete Selbst glaubt, ein machtloses Opfer zu sein, und ist darüber verzweifelt. Doch dann sieht es den anderen, den geliebten Meister, und erkennt, dass ihm alle Größe zusteht, und in diesem Augenblick löst sich seine Verzweiflung auf.*[25]

Weil wir das persönliche, kleinere, individuelle Selbst bevorzugen – den Vogel, der ständig eine köstliche Feige braucht, um sich als besserer Jemand zu fühlen –, bleiben unser Leiden und unsere Unzufriedenheit erhalten. Und indem wir unser wahres, universelles Selbst kennenlernen – den immer zufriedenen Vogel, der nie den Drang verspürt, mehr oder besser zu werden –, können wir das Leiden beenden.

Wir werden dieses wahre Selbst nicht *als wir-selbst* kennenlernen, sondern verbunden mit der glücklich machenden und erleichternden Erkenntnis, *nicht wir selbst sein zu müssen* – indem wir den friedvollen und immer zufriedenen »geliebten Meister« in uns finden.

* * *

Im weiteren Verlauf dieses Buches werden wir die verschiedenen Schlachtfelder untersuchen, auf denen der Kampf zwischen den »beiden Vögeln auf demselben Baum« – dem Ich oder »Jemand-Sein« und dem authentischen »Niemand-Sein« – stattfindet: ein innerer Konflikt zwischen unserem begierigen Bemühen, *Jemand* zu sein, und unseren tiefsten Gefühlen der Zufriedenheit oder des »Einsseins«, die auftreten, wenn wir wieder zum Gefühl der Verbundenheit aller mit allen in Kontakt treten, das nur *Niemand-Sein* möglich macht.

Aktionsplan:
MITGEFÜHL DEM LEIDEN ANDERER GEGENÜBER ENTWICKELN

Nehmen Sie sich jeden Tag fünf oder zehn Minuten Zeit, um innezuhalten und über die Probleme nachzudenken, denen sich andere Menschen momentan gegenübersehen. Denken Sie zunächst an Ihre Verwandten und Freunde und an die Schwierigkeiten, mit denen sie im Leben kämpfen. Entwickeln Sie ein natürliches Mitgefühl gegenüber ihrem Leiden, und überlegen Sie, was Sie tun könnten, um diese anderen zumindest von einem Teil ihres Schmerzes zu befreien.
Schauen Sie sich anschließend eine aktuelle Nachrichtensendung an, und stellen Sie sich vor, wie es sein muss,

einer der Millionen von Menschen zu sein, die im Moment eine große Katastrophe erleben. Versuchen Sie, Ihre Neigung, solche Nachrichten Ihr Bewusstsein passieren zu lassen, ohne dass sie Ihr Herz berühren, zu überwinden. Diese Menschen sehnen sich wie Sie danach, glücklich zu sein und Schmerz zu vermeiden, und momentan erleiden sie eine schreckliche Katastrophe.

Nehmen Sie sich vor, aktuelle Ereignisse nicht nur als eine Art Unterhaltung zu erleben; nutzen Sie diese Informationen als tägliche Gelegenheit, Mitgefühl zu entwickeln und sich Ihre Verbundenheit mit dem Leiden anderer zu vergegenwärtigen.

2. WHAT GOES UP MUST COME DOWN: »RUNTER KOMMEN SIE ALLE!«

Stolze Menschen verursachen großes Leid
für sich selbst.
EMILY BRONTË

Stolz und Vorurteil

Ein gesundes Selbstempfinden ist eine unverzichtbare Voraussetzung für Fortschritte in der spirituellen Entwicklung. Wir alle sind einzigartig – jeder von uns ist wirklich und wahrhaftig eine ganz besondere Schneeflocke –, und wir sollten unsere einzigartigen Begabungen und Erfolge zu schätzen wissen.

Schlägt Selbstbestätigung jedoch in Selbstgefälligkeit und Eitelkeit um – und fängt das kleine »Jemand-Sein«-Vöglein an, ein wenig zu laut und arrogant zu tirilieren –, wird sie zu einem Teil des Problems, statt uns einer Lösung näherzubringen.

Stolz ist eine der wichtigsten Waffen im Arsenal des Ich; er ist eng verbunden mit dem inneren Zwang zum *Jemand-Sein.* Wenn wir auf eine bestimmte temporäre persönliche Eigenart oder einen eher nebensächlichen Umstand übertrieben stolz sind, weil wir uns anderen Menschen überlegen fühlen wollen – weil wir *»besonderer« als andere* sein wollen –, so führt das zu nichts. Wir machen dann etwas, wovon wir glauben, es mache uns zu jemand ganz Besonderem (ein Persönlichkeitsmerkmal unter vielen – Schönheit, Jugend, Stärke, Intelligenz, Talent, Besitz, berufliches Ansehen oder eine bestimmte Religionszugehörigkeit), und erheben es völlig unverhältnismäßig über alles andere, um uns zu jemand *besonders Besonderem* zu machen.

Und wenn wir zu viel Wert auf solche flüchtigen Phänomene legen und diese sich dann verändern oder wir sie verlieren, sind wir untröstlich. Statt weiter stolz darauf zu sein, dass wir ein ganz besonderer Jemand sind, stürzen wir tief, weil aus dem aufgeblähten Gefühl der Besonderheit die Luft entweicht und es stark zusammenschrumpft.

Den Stolz halten alle Weltreligionen für eine der größten Gefahren, denen Menschen, die sich der spirituellen Übung widmen, erliegen können; und oft wird Stolz sogar den besonderen Lastern zugerechnet. Besonders wichtig ist in diesem Zusammenhang, dass Stolz das Interesse des »Jemand-Seins« speist, sich anderen überlegen zu fühlen. C.S. Lewis schreibt:

> *Der Stolz lebt wesensmäßig von der Konkurrenz mit den anderen, während bei den übrigen Lastern die Menschen gewissermaßen nur zufällig miteinander im Wettstreit liegen. Der Hochmut freut sich nicht an dem, was er hat, sondern daran, dass er mehr hat als ein anderer.*[1]

Weil wir von unserem Gefühl der Einzigartigkeit und Individualität übermäßig beeindruckt sind und weil wir an ihm haften, unterscheiden wir uns von den Menschen, die wir überragen. Und mit dem Stolz sucht uns unausweichlich dessen Zwillingsbruder, der Neid, heim. Wir werden eifersüchtig und entfremden uns von denjenigen, die »noch besonderer« als wir sind (reicher, klüger, besser aussehend, begabter oder erfolgreicher).

Wenn wir uns »zu besonders« fühlen, isoliert uns dies von anderen – sowohl von denjenigen, die wir verdächtigen, uns hinsichtlich ihrer Besonderheit überlegen zu sein, als auch von denjenigen, die wir für uns unterlegen halten. Unser Streben nach »Jemand-Sein« verstrickt uns nicht nur in die Angst, dass wir nie *genug Jemand* sein werden; es impliziert auch die Forderung, dass andere uns in ihrem »Jemand-Sein« unterlegen sein müssen. Und mit dem Stolz ist außer Neid auch Voreingenommenheit verbunden.

Wir finden das echte Glück, das wir suchen, weder, indem wir uns noch stärker von anderen isolieren oder uns besser als andere fühlen, noch durch Neid und Groll auf Menschen, von denen wir glauben, es gehe ihnen besser als uns.

Durch unverhältnismäßigen Stolz auf unsere Individualität verstricken wir uns in Urteile über jene, die wir für uns unterlegen halten, wodurch unsere Distanz von unseren Mitmenschen noch größer wird. Doch dieser Versuch, uns besser zu fühlen, indem wir uns über andere stellen, schlägt auf uns zurück und bewirkt das genaue Gegenteil. In diesem Kapitel wird erläutert, warum die spirituellen Traditionen den Stolz als Hauptursache für Minderwertigkeitsgefühle ausgemacht haben.

Runter kommen sie alle, oder wie man im Englischen sagt: *What goes up must come down.* Wenn wir auf alles stolz sind, woran wir uns klammern, um uns als anderen überlegen darzustellen, werden wir schließlich zu einem Menschen, der sich für einen wertlosen Nobody hält.

Der Versuch, jemand zu sein, indem man sich mit einer Gruppe identifiziert

Eine der vielen Arten, auf die wir uns zu definieren und zu unterscheiden versuchen – während wir gleichzeitig paradoxerweise auch bemüht sind, die Isolation und Getrenntheit, die wir verabscheuen, zu überwinden –, besteht darin, uns mit einer Gruppe zu identifizieren. Zumindest ein Teil unseres persönlichen Identitätsempfindens entsteht dadurch, dass wir uns einem Ganzen unterordnen.

Wir beschreiben und bezeichnen uns zumindest teilweise, indem wir uns mit einer »Lokalgröße« in Verbindung bringen:

> »*Ich bin* ein Amerikaner, Australier, Japaner, Deutscher« – ist die Identifikation mit dem Land unserer Geburt oder einer Nation, die uns adoptiert hat.
>
> »*Ich bin* weiß, schwarz, Asiat, Ureinwohner« – ist die Identifikation mit einer der ethnischen Gruppen (erstaunlich wenigen, wenn man die menschliche Vielfalt und die seit Jahrtausenden stattfindenden Kreuzungen bedenkt).
>
> »*Ich bin* arm, Angehöriger der Arbeiterklasse, Mittelklasse, oberen Mittelklasse oder (wohl eher selten) stinkreich« – ist die Identifikation mit dem eigenen ökonomischen Status.
>
> »*Ich bin* Demokrat, Republikaner, progressiv, Sozialdemokrat, Grüner« – ist die Identifikation mit der von uns bevorzugten politischen Partei.

Wir alle haben einen starken Wunsch, etwas Größerem anzugehören, unsere kleine einzigartige Schneeflocke mit einem größeren Schneeball verschmelzen zu lassen.

Hinsichtlich der Dynamik hinter der Gruppenzugehörigkeit stoßen wir abermals auf den inneren Bürgerkrieg zwischen dem zwanghaften Bemühen, *jemand zu sein*, und der Sehnsucht nach der Befreiung, die mit dem *Niemand-Sein* verbunden ist.

Andererseits scheint unser Wunsch, uns einer Gemeinschaft anzuschließen, durch den angeborenen Trieb, die Einsamkeit und Isolation der Einzigartigkeit zu überwinden, inspiriert zu werden. Und das ist zweifellos an und für sich etwas Positives. Der Impuls, zu anderen in Verbindung zu treten und sich mit einer Gruppe zu identifizieren, ist offenbar eine Variante des Dranges, den wir alle haben, uns von unserem obsessiven Individualismus zu lösen und in etwas Größerem aufzugehen. Unser Interesse daran, unser separates, isoliertes niederes Selbst mit einer Nation, einer ethnischen Gruppe, einer ökonomischen Klasse oder einer politischen Partei zu verbinden, ist aus dieser Perspektive betrachtet durch eine Art säkularen Ausdruck unserer spirituellen Sehnsucht motiviert, uns von unserem Wir-selbst-Sein zu lösen und durch die Verbindung zu einem größeren Ganzen *niemand zu sein.*

Aus persönlicher Erfahrung wissen wir, dass wir genau in den Situationen, in denen wir die Last der Ichbefangenheit und das Streben danach, jemand zu sein, abwerfen, ein Gefühl der Erleichterung, der Weite und der Erfüllung empfinden. Und so kommt es, dass wir, wenn wir uns in einer Gruppe verlieren, ein Gefühl der Zugehörigkeit und Kameradschaft erleben, was an und für sich in Ordnung ist ... zumindest solange es ein gewisses Maß nicht überschreitet.

Wenn wir die Bedeutung einer dieser Gruppenidentitäten überhöhen und auf unser Gemeinschaftsgefühl stolz sind, geraten wir mit hoher Wahrscheinlichkeit in Schwierigkeiten. Denn alle diese Identitäten sind nichts weiter als Rollen im Spiel des Lebens, die man uns zu spielen aufgetragen hat, und sie alle sind etwas völlig anderes als unser essenzielles höheres Selbst. Wenn wir einseitig auf eine dieser sozialen Persönlichkeiten fokussieren – indem wir ihnen eine hohe Bedeutung zuschreiben und dann mit unserem niederen, individuellen Selbst in diese kollektive Identität einzutauchen versuchen –, sind wir auf dem besten Weg zum Fanatismus und damit zu einer neuen Art von Entfremdung und Isolation von anderen.

Die individuelle Identifikation durch Sammeln und Vermischen verschiedener Gemeinschaftsidentitäten kann uns bestenfalls teilweise, aber nie essenziell definieren. Denn die Verbindungen eines Menschen zu verschiedenen Gruppen sind nur ein kleiner Teil dessen, was diese Person ausmacht. Jeder von uns ist wesentlich mehr (man könnte aber auch sagen, letztlich wesentlich weniger!) als die Gruppen, mit denen wir verbunden sind.

Wir können uns nicht vollständig als eingeschriebene Mitglieder des einen oder anderen Klubs definieren, und wenn es um unsere wahre Natur geht, bringen uns solche unwichtigen Qualifikationen überhaupt nicht weiter.

Unsere Versuche, irgendeine Art von besonderer individueller Identität zu entwickeln, indem wir Mitglieder großer sozialer Gruppen werden, sind alle nur Maskeraden, die nichts Wesentliches beinhalten. In dem großen inneren Krieg, von dem am Ende des vorigen Kapitels die Rede war, scheint die Identifikation durch Assoziation mit einer Gruppe häufiger mit der »Jemand-Sein«-Seite der Dinge als mit dem »Niemand-Sein«-Aspekt verbunden.

Die übermäßige Identifikation mit der einen oder anderen kollektiven Verkleidung bringt nicht nur unvermeidlich mit sich, dass wir einer bestimmten Gruppe zugerechnet werden, sondern auch, dass wir mit anderen Gruppen *nicht* assoziiert werden. Gruppen werden sowohl negativ als auch positiv definiert: Wenn ich Australier bin, bin ich kein Neuseeländer; wenn ich Demokrat bin, bin ich ganz bestimmt kein Republikaner.

Denn während das Ich in eine Gruppe eintaucht und durch sie definiert wird, definiert sich die Gruppe selbst gewöhnlich darüber, wen sie ausschließt. Und wenn wir die Mitgliedschaft in einem dieser Kollektive als exklusiv darstellen, indem wir ein »Wir« von einem »Sie« unterscheiden, verwischen oder leugnen wir unsere tiefreichenden Gemeinsamkeiten mit allen anderen Lebewesen.

Mittels solcher Gruppenidentifikationen versuchen wir, den Schmerz der Einsamkeit und Isolation zu überwinden und ein Gefühl der Verbundenheit zu entwickeln. Überschätzen wir sie jedoch und messen ihnen übertriebene Bedeutung hinsichtlich dessen bei, wie wir über uns selbst denken, schaffen wir die Vorbedingungen für die Entfremdung von anderen und für Feindseligkeiten ihnen gegenüber neu. Das Eintauchen der eigenen unverwechselbaren Individualität in eine Gruppenidentität kann sich als Wiederaufleben des Willens, jemand zu sein, herausstellen.

Und weil das Jemand-Sein nur zu oft erfordert, dass wir nicht *jemand anderes sind*, können wir uns auch auf diese Weise von anderen entfremden.

Zu »himmlisch gesinnt« und nicht »irdisch gut«

Besonders merkwürdig ist, dass religiöse Identitäten Menschen so oft in verfeindete Gruppen gespalten haben. Wie bei Verbindungen mit anderen Gruppierungen vermittelt uns auch die Identifikation mit einer religiösen Tradition und der Stolz darauf, ihr anzugehören – »Ich *bin* Buddhist, Christ, Hindu, Muslim« oder was auch immer –, ein Gefühl der Zugehörigkeit und Besonderheit. Doch wenn wir unsere Verbindung zu einer der organisierten und institutionalisierten religiösen »Ismen« in dem Sinne verstehen, dass sie andere Überzeugungen ausschließt, statt dass sie uns im Gewahrsein unseres gemeinsamen Menschseins stärkt, hat eine religiöse Identität mindestens das gleiche polarisierende, wenn nicht gar tödliche Potenzial, wie es oft nationalen oder politischen Identitäten eigen ist.

In einer Zeit, in der Grenzen aller Art verschwinden, werden die traditionellen Merkmale religiöser Identität immer unzeitgemäßer. Wirklich wichtig ist nicht eine konkrete Gruppe, der man sich zugehörig fühlt, sondern eine universelle spirituelle Botschaft der Toleranz und Liebe und des Respekts vor anderen, unabhängig davon, welcher Gruppe sie angehören.

In den 1960er-Jahren reiste einmal eine Gruppe junger Menschen aus dem Westen nach Indien. Dies war in der Zeit, als viele Tibeter vor der Verfolgung durch die Chinesen flohen und an Orten wie Dharamsala die ersten Flüchtlingsgemeinschaften gründeten. Damals war der Dalai Lama noch keine international berühmte Persönlichkeit und noch kein Nobelpreisträger. Nach der Geschichte, die hier erzählt wird, kam eines Tages eine kunterbunte Gruppe europäischer und amerikanischer Hippies zu seinem Haus und klopfte an.

Der Dalai Lama kam an die Tür und sagte: »Hallo, was kann ich für Sie tun?« Dann setzte er sich mit den Besuchern auf die Veranda des Hauses und redete ein wenig mit ihnen.

Wie man sich wohl denken kann, ging es in diesem Gespräch um die Religion. Ein Besucher, der offensichtlich entschieden antireligiös war, sprach den Gastgeber sehr direkt und völlig undiplomatisch an: »Wie können Sie guten Gewissens Oberhaupt einer Weltreligion sein? Die Religion hat doch in der ganzen Menschheitsgeschichte nur Probleme verursacht. Sie hat nichts als Gewalt, Streit und Feindseligkeit erzeugt! Wie können Sie unter diesen Voraussetzungen Ihr Tun rechtfertigen?«

Der Dalai Lama soll darauf etwa Folgendes geantwortet haben: »Bei der Religion geht es in Wahrheit nicht darum, dass wir uns einer bestimmten separaten vertikalen Gruppierung wie den Hindus, Buddhisten, Muslimen, Juden, Christen, Taoisten und so weiter zugehörig fühlen. Es wäre besser, eine horizontale Linie zu ziehen. Menschen, die eine Religion, ganz gleich welche, praktizieren, sind einander ziemlich ähnlich.

Und diejenigen, die keine Religion praktizieren, sind unabhängig davon, ob sie rein formell einer Religion angehören, einander auch sehr ähnlich.«

Was also verbindet alle Menschen, die sich einer religiösen Praxis widmen, unabhängig davon, welcher der Weltreligionen (oder ob überhaupt einer) sie sich verpflichtet fühlen? Natürlich steht im Zentrum jedes authentischen spirituellen Weges die Entwicklung einer universellen Liebe, die zu einem Empfinden der Einheit aller Menschen führt, ungeachtet kultureller, ethnischer, ökonomischer und politischer Unterschiede ... und ungeachtet der Zugehörigkeit zu einer bestimmten (oder keiner) religiösen Gruppierung. Menschen, die sich einer religiösen Praxis widmen (und dazu zählen auch diejenigen, die sich weigern, sich zu einer bestimmten Religion zu bekennen), üben sich in der umfassenden und alle und alles einbeziehenden Pflege von Liebe, Mitgefühl, Empathie und Verbundenheit. Und diejenigen, die sich nicht darin üben, den wahren Sinn und Zweck einer Religion zu verwirklichen, widmen sich der Verstärkung von Uneinigkeit und Feindseligkeit zwischen den Menschen – und zwar oft sehr laut!

Jemand hat einmal gesagt, mit der Religion verhalte es sich wie mit einem Swimmingpool: *Der Lärm kommt immer aus dem Bereich, wo das Wasser flach wird.*

In meiner Zeit im akademischen Lehrbetrieb hatte ich einmal die Möglichkeit, mit einer Gruppe von Studenten zusammen einen der damals wichtigsten Gelehrten der komparativen Religionswissenschaft, Wilfred Cantwell Smith, im Rahmen eines gemeinsamen Mittagessens kennenzulernen. Im Laufe des Gesprächs wurde Professor Smith gefragt, ob er Christ sei. Seine Antwort ist mir im Gedächtnis haften geblieben: »Das kann ich Ihnen gar nicht genau sagen. Sie müssten die Menschen fragen, die mich gut kennen – meine Familie und meine Freunde.«

Ein wahrer Christ (oder Buddhist, Hindu, Jude, Taoist usw.) zu sein bedeutet, dass man versucht, wie einer zu leben. Und dazu muss man sich natürlich an den universellen religiösen Prinzipien der Güte und Liebe (nicht der Feindseligkeit und des Hasses) orientieren und Harmonie und Geschwisterlichkeit anderen Menschen gegenüber (statt Entfremdung von ihnen und Feindseligkeit) entwickeln.

Wenn wir von uns behaupten wollen, Buddhisten, Christen, Muslime, Hindus, Taoisten usw. zu *sein*, sollten wir so zu handeln versuchen, als seien wir es. Und das bedeutet *nicht*, dass wir versuchen, *jemand zu sein*, indem wir die äußeren Verhaltensmerkmale einer bestimmten Religion perfekt zu reproduzieren lernen, sondern dass wir bereit sind, *niemand zu sein*, indem wir Demut und universelle Brüderlichkeit bzw. Schwesterlichkeit praktizieren und aufhören, unsere individuelle Besonderheit in den Vordergrund zu stellen – auch und ganz besonders, wenn diese sich in einem spirituellen Gewand verbirgt.

Wenn wir von unserer religiösen Identität zu besessen sind, verlieren wir leicht unsere Verantwortung gegenüber unseren Mitmenschen aus dem Blick. Dann werden wir so »himmlisch gesinnt«, dass wir nicht mehr »irdisch gut« sind, wie es in einem Song von Johnny Cash heißt:

You're shining your light, and shine it you should
But you're so heavenly minded you're no earthly good.[2]

Anmaßender Stolz jeder Art hat katastrophale Folgen. Wenn jemand damit prahlt, dass er steht, fällt er mit Sicherheit, wie der *Man in Black*, Johnny Cash, so treffend bemerkt. Doch kein Stolz gleicht spirituellem Stolz. Wenn wir bezüglich unserer religiösen Identität oder, noch schlimmer, wegen unserer mutmaßlichen außerordentlichen spirituellen Realisation auf unbillige Weise selbstzufrieden sind, werden wir blind für das eigentliche Ziel eines spirituellen Pfades: die Auflösung des Haftens am kleinen Ich und die Verwirklichung unserer wahren universellen Natur und der Verbundenheit mit allen anderen Menschen. Wenn wir zu »himmlisch gesinnt« und stolz sind, sind wir ganz und gar nicht »irdisch gut«.

Urteile nicht, damit du kein selbstgefälliger Musterknabe wirst

Dass es gleichzeitig das ultimative Ziel jedes authentischen spirituellen Pfades und der Königsweg zu wahrem Glück ist, zu lernen, *niemand zu sein*, gerät leicht in Vergessenheit. Die gleiche Institution, die diese Erlösung verheißende Botschaft übermitteln sollte, ist im Laufe ihrer Geschichte wiederholt dazu missbraucht worden, diese ursprüngliche Botschaft in ihr Gegenteil zu verkehren. Stolz auf die eigene Religion wurde oft benutzt, um denjenigen aus dem Weg zu gehen, deren Überzeugungen sich von den eigenen unterschieden – dazu, Außenstehende zu verurteilen und zu verdammen und so die Insider glänzender dastehen zu lassen.

Natürlich neigen nicht nur religiös gesinnte Menschen zum Stolz und zur Verurteilung von Menschen, die sie nicht als Ihresgleichen ansehen. Auch in diesem Bereich gleichen wir einander – denn wir alle neigen dazu, uns über andere zu stellen und sie zu verurteilen. Leider stechen sogenannte religiöse Menschen, was das Verurteilen anderer und das Überlegenheitsgefühl ihnen gegenüber angeht, sogar oft besonders hervor.

Wir werden keine besseren und glücklicheren Menschen, wenn wir uns über andere erheben oder wenn wir sie verurteilen. *Ganz im Gegenteil.* Die Neigung zum Verurteilen zerstört unsere Weisheit, unsere Duldsamkeit, unsere Liebe und unser Mitgefühl und lässt uns mit dem Gefühl zurück, eingebildet und isoliert zu sein.

Wenn es bei Ihnen so ist wie bei mir, können wir diesen Prozess wie folgt beschreiben: Wir treffen auf eine komplexe, sich ständig verändernde Person oder auf eine vorübergehende Situation, machen einen Schnappschuss und assoziieren diesen verbindlich mit bestimmten unveränderlichen Eigenschaften: »Er *ist* ein schlechter Mensch; sie *ist* eine Lügnerin.« Wenn wir Urteile wie diese fällen – und wir alle neigen zu solchen Urteilen –, ignorieren wir eine grundlegende Tatsache des Lebens: Alles und jedes Wesen ist unbeständig und befindet sich permanent im Fluss und in Veränderung.

Wir wissen, wie komplex wir sind. Jeder von uns beinhaltet eine unglaublich komplexe Masse von Erlebnissen, Neigungen, Erinnerungen, Meinungen, Einflüssen und Gefühlen. Wir sind so komplex, dass sich kaum ausmachen lässt, wer wir wirklich sind! Doch wenn wir einander begegnen, vergessen wir offenbar, dass andere mindestens genauso kompliziert wie wir sind. Kommt es zu einem solchen Treffen, berührt wahrscheinlich nur ein winziger Teil des riesigen Ballons, der »ich« ist, einen ebenso winzigen Teil des riesigen Ballons, der »du« ist. Und auf so dürftigen, bruchstückhaften Fakten gelange ich dann zu dem Urteil: »So ein widerlicher Kerl! Sie ist so arrogant!«

Der Autor William Paul Young schreibt: »Man kann sich nur dann zum Richter über andere aufschwingen, wenn man sich ihnen überlegen fühlt.«[3] Und Eckhart Tolle erklärt, dass dies stets im Dienste der Selbsterhöhung geschieht:

> *Nichts stärkt das Ego mehr als Rechthaberei. Im Recht sein zu wollen bedeutet, sich mit einer Geisteshaltung zu identifizieren – einer Ansicht, einer Meinung, einem Urteil, einer Geschichte. Damit du recht haben kannst, muss natürlich jemand anders im Unrecht sein, und deshalb setzt das Ego gern ins Unrecht, damit es selbst recht behält.*[4]

Zu urteilen ist somit zutiefst mit Verblendung verbunden und schließt jedes Empfinden einer tiefen Verbindung zwischen uns und anderen aus. Statt uns einander näher zu bringen, bringt uns unsere Neigung zum Urteilen eher auseinander. Statt uns zu helfen, unsere Gemeinsamkeiten (und dazu zählt auch unsere gemeinsame Neigung zum Urteilen!) zu schätzen, zwingt uns das Urteilen eine Rangstellung auf (zumindest in unserer Vorstellung), der zufolge wir an der Spitze stehen und andere sich weiter unten schuldbewusst ducken.

Mutter Teresa hat gesagt: »Wenn man Menschen verurteilt, hat man keine Zeit, sie zu lieben.«[5] Und in einer viel früheren Zeit hat uns Jesus geraten: »Richtet nicht, damit ihr nicht gerichtet werdet.« Was die Runde macht, kommt auch wieder zurück: »Denn nach welchem Recht ihr richtet, werdet ihr gerichtet werden; und mit welchem Maß ihr messt, wird euch zugemessen werden.«[6] Wir wissen, wie unfair und verletzend es auf uns wirkt, wenn andere uns als dieses oder jenes beurteilen. Außerdem gilt hier wie in vielen anderen Bereichen: Wir selbst verursachen, dass andere mit uns genauso verfahren.

* * *

Allerdings sollte Folgendes klargestellt werden: Nicht zu urteilen bedeutet nicht, dass wir keine Unterscheidungen mehr treffen dürfen. Im Buddhismus wird die Unterscheidungsfähigkeit zu den fünf körperlichen und mentalen Bestandteilen oder »Aggregaten« *(skandhas)* unseres Seins gerechnet.* Wir können gar nicht anders, als zu unterscheiden; dies entspricht un-

* Die fünf Aggregate (*skandhas*, auch »Anhäufungen«) bilden die Grundlage unseres Selbstempfindens. Es sind der physische Körper, die Unterscheidungsfähigkeit, das Bewusstsein, die Empfindungen und die psychischen Formkräfte.

serer Wesensnatur, und ohne diese Fähigkeit wäre alles ein einziger formloser Klumpen.

Es besteht aber ein Unterschied zwischen dem (Ver-)Urteilen und dem, was wir »Unterscheidungsfähigkeit« nennen könnten. Zu unterscheiden bedeutet schlicht zu erkennen, dass Dinge unterschiedlich sind (der Ausdruck leitet sich vom lateinischen Wort *discernere* her, wobei *dis* »auseinander« und *cernere* »trennen« bedeutet). So kann man etwas erkennen oder verstehen (»Er erkennt ein Muster in seinem Verhalten«), daher sitzt die Unterscheidungsfähigkeit nicht in der Verblendung fest (so wie es beim Urteilen der Fall ist), sondern ist vielmehr die Essenz der Weisheit.

Während das Urteilen das Lernen behindert, ist die Unterscheidungsfähigkeit die Seele des Lernens. Sie hat unter anderem die Aufgabe zu unterscheiden, was Glück bringt und was nicht. Sie beinhaltet, dass wir erkennen können, was für uns selbst und andere gut ist und was nicht; was uns auf unserer Suche nach dem guten Leben, ob allein oder in Gesellschaft, nützlich sein wird und was nur mehr Schmerz mit sich bringt.

Einsichtsfähigkeit ist Unterscheidungsfähigkeit minus Selbstgerechtigkeit und Egoismus, die dem Verurteilen eigen sind. Die Unterscheidungsfähigkeit ist grundsätzlich egalitär, nicht hierarchisch – was ich korrekt als für mich selbst positiv identifiziere, ist auch für Sie gut. Andere zu verletzen, Egoismus, Selbstüberhebung und, ja, Urteilen sind dem Glück nicht unbedingt förderlich, weder dem eigenen noch dem eines anderen Menschen. Liebende Güte, Mitgefühl, Gleichmut und unterscheidende Weisheit bringen jedem, der sie kultiviert, Glück.

Einsichtsfähigkeit hilft uns, Jesu Rat zu beherzigen, dafür zu sorgen, dass unsere Einschätzungen nicht durch Scheinheiligkeit getrübt werden:

Wie kannst du zu deinem Bruder sagen: »Halt, ich will dir den Splitter aus deinem Auge ziehen«? Und siehe, ein Balken ist in deinem Auge. Du Heuchler, zieh zuerst den Balken aus deinem Auge; danach sieh zu, wie du den Splitter aus deines Bruders Auge ziehst.[7]

Es gibt verschiedene Arten des Unterscheidens. Nicht die Unterscheidungsfähigkeit selbst ist das Problem. Doch wir nutzen unsere Unterscheidungsfähigkeit oft, um zu urteilen – und das ist eine Art der Unterscheidung, die weder unser eigenes Glück noch unsere Beziehungen zu anderen Menschen fördert. Die gleiche Unterscheidungsfähigkeit können wir aber auch nutzen, um die unverwechselbare und einzigartige Schönheit und Güte zu würdigen, die jedem konkreten Ding und jedem Lebewesen eigen ist. Wir alle sind in der Tat besondere Jemande … jeder auf seine ganz spezielle Weise.

Eine Möglichkeit, eine gesunde Unterscheidungsfähigkeit zu fördern, besteht darin, sich zu vergegenwärtigen, dass jeder Mensch sowohl gute als auch schlechte Attribute hat; in jeder Situation, so schwierig und herausfordernd sie auch sein mag, gibt es positive Aspekte und Dinge, die zu lernen sich lohnt. Jedes »Problem« kann man auch als Chance verstehen. Jeder Mensch hat ein paar bewundernswerte und liebenswürdige Aspekte, wenn wir ihn uns genau anschauen.

Merkwürdigerweise fühlen wir uns von der negativen Seite der Dinge so stark angezogen, dass wir die auch immer vorhandene positive Seite – bei uns selbst, bei anderen Menschen und in einer (nationalen, ethnischen, sozialen, ökonomischen) Gruppe, die nicht unsere eigene ist, generell ignorieren.

Es verhält sich damit ähnlich wie mit einer kleinen Wunde, Verletzung oder Schramme, die wir uns zuziehen. Unser gesamter übriger Körper ist gesund, aber statt an all die Bereiche, in denen es uns gutgeht, zu denken, an all die Teile, die ihre Funktion gut erfüllen, fixieren wir uns auf dieses eine kleine Problem und kommen immer wieder darauf zurück.

Da wir alle von Geburt an unterscheidungsfähig sind, warum nützen wir diese Fähigkeit nicht, um das zu wählen, was uns selbst und anderen mehr statt weniger Glück bringt, und das, was uns vereint, statt uns zu trennen?

Ein großer Fisch in einem kleinen Teich

Ganz gleich, ob wir auf unseren individuellen Status, unseren Besitz oder unsere Erfolge stolz sind oder ob unsere Verbindung zu einer bestimmten nationalen, ethnischen oder religiösen Gruppe unseren Stolz nährt, in jedem Fall gilt: Wenn wir uns wegen eines solchen Einflusses besonders wichtig fühlen, werden wir einen Sturz kaum vermeiden können.

Ichbesessener Stolz wird allgemein als echtem spirituellem Fortschritt hinderlich angesehen und damit als etwas, das wahres Glück verhindert. In der Tradition des Tibetischen Buddhismus wird Stolz den fünf oder sechs »Geistesgiften« zugerechnet, die unserem Wohlbefinden und unserer Zufriedenheit nicht zuträglich sind. Das Wort »Islam« leitet sich von einem arabischen Wort her, das die Überwindung des eigenen Stolzes und das Sich-Üben in der Unterwerfung *(islam)* unter Gottes Wille zum Ausdruck bringt. Im Katholizismus wird der Stolz (hier »Hochmut« genannt) den »sieben Todsünden« zugerechnet – und oft sogar als die schlimmste unter ihnen bezeichnet. C.S. Lewis nennt ihn »die schlimmste aller Sünden, das Böse an sich«:

> *Nach Auffassung der großen Kirchenväter ist der Hochmut, der Stolz, die schlimmste aller Sünden, das Böse an sich. Unkeuschheit, Jähzorn, Habgier, Trunksucht und Ähnliches sind im Vergleich zu ihr nur Mückensti-*

che. Der Stolz brachte Luzifer zu Fall, der Stolz ist die Quelle aller Sünden. Er ist der Ausdruck völliger Gottferne.[8]

Stolz ist nicht deshalb ein Laster, weil er »böse« ist, sondern weil er selbstzerstörerisch wirkt. Aus karmischer Perspektive ist Stolz, wie wir noch sehen werden, eine der Hauptursachen für Depression und Minderwertigkeitsgefühle. Was zu hoch emporsteigt, fällt irgendwann sehr tief; was in die Stratosphäre strebt, sinkt irgendwann in die tiefsten Tiefen.

Stolz ist kurz- wie langfristig zum Scheitern verurteilt. Kurzfristig kann er die Illusion der Überlegenheit nur aufrechterhalten, indem er ein großer Fisch in einem kleinen Teich bleibt.

Ich persönlich bin seit der Grundschule stolz auf meine Intelligenz. Ich erinnere mich, dass es mir damals große Freude bereitete, mich als das klügste Kind in der Klasse fühlen zu können. Ob ich das tatsächlich war, ist schwer zu sagen, weil »Klugheit« sich nicht objektiv messen lässt und uns die Erinnerung ganz sicher immer wieder Streiche spielt. Ohnehin hatte ich nur zwanzig oder dreißig Mitschüler, mit denen ich mich vergleichen konnte.

Mich von meinem Status als »der Klügste« zu überzeugen war in der Highschool schon wesentlich schwieriger – insbesondere weil ich in der elften Klasse fast wegen Schulschwänzens sitzen geblieben wäre! Im College wurde es dann noch schwieriger für mich, mein Selbstbild als besonders klug aufrechtzuerhalten. Dort habe ich bei einem Kurs in Logik kaum mithalten können, und es gab auch noch viele andere Dämpfer für mein Ich und »Realitätsprüfungen«, denen ich nicht standhielt. Doch erst im Master-Studium wurde meine spezielle Illusion völlig zerstört. Dort gelang es der Wahrheit schließlich, alle Schichten der Selbsttäuschung zu durchdringen, die meinen Stolz aufrechterhielten. Plötzlich wurde unübersehbar, dass viele Menschen klüger als ich waren – sie waren in der Universität Tag für Tag in meiner Umgebung.

Und als dies nicht mehr zu leugnen war, tauchte natürlich ein neues problematisches Gefühl auf: der Neid. Aber das ist eine andere Geschichte.

Hier geht es zunächst darum, dass man Stolz auf etwas (ob Intelligenz, Reichtum, technische Fähigkeiten, körperliche Schönheit, Stärke oder Flexibilität, aber auch vermeintliche spirituelle Qualitäten) nur aufrechterhalten kann, wenn man sich bewusst von allen anderen Menschen fernhält, die diese Illusion infrage stellen könnten.

Während Depression und Probleme, die mit einem Minderwertigkeitsgefühl zusammenhängen, im Vormarsch begriffen sind, ist es keineswegs ein Widerspruch, der narzisstischen *Selbstüberschätzung* zu bescheinigen, dass sie die Wurzel dieser beiden Übel ist. Ein zeitgenössischer Experte hat unverblümt geäußert: »Minderwertigkeitsgefühle können kein allzu großes Problem sein. Schließlich ordnet sich der Durchschnittsmensch heute oberhalb des Durchschnitts ein.«[9] Dieser Januskopf – die Gleichzeitigkeit von Unsicherheit und Arroganz, von Selbstherabsetzung und Egozentrizität – entspricht der Neurose, deren Ausdruck das für unsere Kultur so charakteristische unablässige Kreisen um sich selbst ist.

Ich werde Ihnen nun einen wirklich nützlichen Tipp für den Umgang mit dem Problem des Stolzes geben: Wenn Sie unter übertriebener Hochachtung vor Ihren eigenen intellektuellen Kapazitäten leiden, empfehle ich Ihnen, sich bei der Harvard University oder der University of Chicago einzuschreiben und mit ein paar richtigen Intelligenzbestien zu verkehren. Und falls Sie glauben, Sie sähen besonders gut aus, sollten Sie sich nicht mehr mit Leuten abgeben, die Sie für eindeutig hässlicher als sich selbst halten, und an einem Schönheitswettbewerb teilnehmen! Und falls Sie sich wegen Ihres Geldes für besonders überragend halten, sollten Sie umgehend aufhören, sich mit Leuten herumzuschlagen, die offensichtlich weniger wohlhabend sind als Sie, und mit den wirklich Reichen verkehren! Und wenn Sie sich für besonders cool halten, weil Sie in Ihrem lokalen Yoga-Studio Ihre Flexibilität demonstrieren können, dann besuchen Sie einmal eine internationale Yoga-Konferenz, und schauen Sie sich an, was wirklich ernst zu nehmende Konkurrenten zustande bringen.

Kurz: Holen Sie den Fisch aus dem kleinen Teich, und werfen Sie ihn in das Meer!

Stolz aufrechtzuerhalten ist sehr anstrengend – nicht nur wegen der Herausforderungen, mit denen das reale Leben unseren Stolz ständig konfrontiert, sondern auch wegen der vergänglichen und veränderlichen Natur der Dinge, auf die wir stolz sind. Der finanzielle oder berufliche Status, Popularität und Ruhm, Klugheit oder mentale Fähigkeiten und (ganz besonders!) die äußere Wirkung und die Fähigkeiten unseres physischen Körpers sind unzuverlässig. Deshalb sind Stolz und Unsicherheit im Grunde eng miteinander verwandt.

Die karmischen Ursachen der Depression

Was uns hier besonders sorgt, sind die langfristigen, karmischen Folgen von Stolz. Also kommen wir auf den Punkt, okay?

> *Vom Stolz in die niederen Bereiche geführt, werden sie sogar in diesem menschlichen Leben der Freude beraubt. Sie sind Diener, die sich von den Bissen ernähren, die andere übrig lassen – dumm, hässlich und schwach. Hochnäsig vor Stolz und unglücklich, werden sie von allen verschmäht.*[10]

Wenn wir uns diese Verse aus der klassischen buddhistischen Schrift Shantidevas, *Anleitung zum Bodhisattva-Leben*, genauer anschauen, sehen wir als Erstes, dass das karmische Prinzip »Was die Runde macht, kommt auch wieder zurück« hier umformuliert wurde zu »Was hoch emporsteigt, kommt auch wieder herunter«.* Die Hochgestellten werden erniedrigt werden. Die Ersten werden die Letzten sein. Die Stolzen sinken im Nachleben in die »niederen Bereiche«, und selbst in diesem Leben fühlen sie sich unterlegen wie »Diener« anderer. Diejenigen, die auf ihren Intellekt stolz sind, werden sich als dumm sehen; die, deren Arroganz auf ihrem guten Aussehen basiert, werden sich als hässlich sehen; und diejenigen, die sich etwas auf ihre Stärke einbilden, werden sich schwach fühlen.[11] Wenn Menschen zu stolz gewesen sind, nehmen sie sich als intellektuell und körperlich unzulänglich wahr und fühlen sich von anderen Menschen in der Regel nicht geliebt (»von allen verachtet«).

Die Stolzen werden nach den Gesetzen des Karmas später depressiv.

Besonders interessant und aufschlussreich an dieser Passage aus Shantidevas Schrift ist, dass es darin heißt, die Stolzen würden auch dann noch stolz bleiben, wenn ihr Stolz sie längst in die Tiefe gezogen habe: Die Formulierung »*Hochnäsig vor Stolz* und unglücklich« ist nicht nur ein Hinweis auf die Vorstellung, dass Karma sich zu wiederholen pflegt (wobei eine der zukünftigen Wirkungen von Stolz ist, dass er die Neigung erzeugt, weiterhin Stolz zu empfinden), sondern sie macht außerdem auf die Tatsache aufmerksam, dass man auch stolz sein kann, *während man sich elend, unzulänglich und ungeliebt fühlt*.

* Im Deutschen würde man vielleicht sagen: »Runter kommen sie alle« oder »Hochmut kommt vor dem Fall«. [Anm. d. dt. Verlags]

Vielleicht ist man aber auch *stolz darauf*, dass man sich elend, unzulänglich und ungeliebt fühlt.

* * *

Die medizinische Wissenschaft hat noch keine eindeutige Depressionsursache entdeckt. Ein ganzes Bündel von Faktoren, äußeren wie inneren, soll bei jedem Menschen eine Depression hervorrufen können. Äußere Ursachen können unter anderem familiäre Konflikte, Beziehungskonflikte, Trauer, Verlust des Arbeitsplatzes, schwerwiegende Veränderungen im Leben sowie Drogen- und Alkoholprobleme sein. (Klingt das nicht wie eine Beschreibung des normalen Lebens?) Bei den inneren Ursachen ist die Situation nicht ganz so eindeutig: Infrage kommen frühere negative Erlebnisse (z. B. depressive Episoden in der Vergangenheit), die »Persönlichkeit« (z. B. ein Hang zum Perfektionismus), körperliche Erkrankungen und »familiäre Prädisposition« (d.h. »schlechte Gene«).

Ein Experte hat die Situation wie folgt zusammengefasst: »Die genauen Ursachen dieser [depressiven] Krankheiten werden nach wie vor intensiv erforscht.«[12] Man könnte auch einfach zugeben: »Wir wissen wirklich nicht genau, was eine Depression verursacht.«

Altindische Schriften über Logik unterscheiden zwischen einer »Ursache« (*hetu*) und einer »Vorbedingung« (*pratyaya*). Eine »Ursache« muss mit absoluter Notwendigkeit vorliegen, damit eine Wirkung entsteht. Die Ursache muss da sein, bevor die Wirkung entsteht, und wenn die Ursache nicht vorliegt, kann die Wirkung nicht zustande kommen. Eine Eiche kann nicht heranwachsen, wenn keine Eichel da war, das Samenkorn, aus dem sich die Eiche entwickelt.

Eine Ursache ist allerdings erst dann eine Ursache, wenn die richtigen Umstände sie aktiviert haben. Eine »Vorbedingung«

wirkt wie eine Hebamme, die der Ursache hilft, die Wirkung zu gebären. Die Eichel ist die Ursache der Eiche, denn ohne sie würde kein Baum heranwachsen. Aber für die Eichel müssen bestimmte Vorbedingungen erfüllt sein, damit sie für die Eiche als Ursache fungieren kann. Sie braucht die richtige Art von Boden, Wasser und Sonne. Sind diese Voraussetzungen nicht gegeben, kann die Ursache ihre Funktion nicht erfüllen.

Was die Ursachen und die Behandlung einer Depression und eines Minderwertigkeitsgefühls betrifft, sollten wir uns hüten, Vorbedingungen mit den echten Ursachen zu verwechseln. Die weiter oben genannten äußeren Ursachen für Depression – Konflikte, Verlust eines geliebten Menschen oder der beruflichen Arbeit usw. – kann man im Grunde nicht als Ursachen bezeichnen. Natürlich können sie als Vorbedingungen fungieren, welche die eigentliche Ursache aktivieren. Es gibt aber auch viele Menschen, die Erlebnisse wie die aufgeführten durchleben, *ohne* depressiv zu werden; und umgekehrt kann eine Depression auch entstehen, ohne dass dabei die genannten Erlebnisse eine Rolle spielen.

Das gleiche gilt für die angeblichen »inneren Ursachen«. Man muss nicht unbedingt in der Vergangenheit etwas besonders Negatives erlebt haben, unter einem Persönlichkeitsproblem leiden, eine körperliche Krankheit überwunden haben oder auf eine bestimmte Weise genetisch prädisponiert sein, um in eine Depression zu verfallen.

Wie in so vielen Bereichen des modernen säkularen Lebens müssen wir auch in diesem Fall die »Warum, Papa?«-Frage stellen, so wie das kleine Kind, das einfach nicht aufhört, seinen Papa oder seine Mama »Warum? ... Warum? ... Ja, aber warum?« zu fragen. Als Erwachsene sollten wir unseren säkularen Experten ähnliche Fragen stellen:

Warum bin ich so deprimiert, Doktor?
Nun ja, schließlich haben Sie gerade Ihre Arbeit verloren.
Aber meine Arbeitskollegen sind auch entlassen worden, und sie sind nicht so deprimiert wie ich. Warum bin ausgerechnet ich depressiv?
Sie haben nicht nur Ihre Arbeit verloren, sondern außerdem auch noch eine genetische Prädisposition für Depression.
Ja, das stimmt, aber mein Bruder hat in seinem Leben auch alle möglichen schrecklichen Dinge erlebt, und er war nie depressiv! Und übrigens: Wieso hat meine Familie Depressionsgene und andere Familien haben sie nicht? Warum ausgerechnet ich, Doktor? Warum?

Und genauso wie das kleine Kind, das immer wieder fragt: »Warum, Papa?«, bekommen wir dann von unserem Arzt irgendwann die Antwort, die wir selbst unseren wissbegierigen vierjährigen Kindern geben:

Einfach so. Ohne Grund. Das ist reiner Zufall. Einfach Pech.

Bei mir ging es nicht darum, dass ich einen Job *verloren* hatte; sondern ein Job, den ich bekam, löste bei mir die Depression aus. Zwölf Jahre lang, während der College-Zeit und in der Graduate School, hatten meine Professoren mir immer wieder prophezeit, für mein wenig gefragtes Spezialgebiet würde ich wahrscheinlich nie eine Dozentenstelle finden. Komparative Religionswissenschaft mit Schwerpunkt altindischer Religionen war kein besonders stark nachgefragtes Studienfach.

Und tatsächlich gab es nach Abschluss meines Studiums, als ich mich nach einem Job umsah, nicht besonders viele freie

Stellen, jedoch Unmengen von brillanten, gut ausgebildeten Bewerbern.

In dem Jahr, in dem ich mich um eine Anstellung bemühte, angelte ich mir nicht nur einen der wenigen angebotenen Posten, sondern ich bekam den allerbesten – einen bombigen Job in einer der Ivy-League-Unis. Vier Monate später fand ich mich in einer lokalen Psychiatrie wieder und wurde wegen Suizidgefahr Tag und Nacht bewacht.

Dass ich einen wunderbaren Job bekommen hatte, hatte meine Depression natürlich nicht *verursacht*, aber auch keine der anderen Möglichkeiten, die ich mit meinem Therapeuten erforschte, erklärte meinen Zustand zufriedenstellend: weder meine schwierige Beziehung zu meinem Vater noch nicht untersuchte frühere Traumata noch das »Blender-Syndrom«, das mich fürchten ließ, man könnte herausfinden, dass ich eigentlich gar nichts drauf hatte. Nichts von alldem, und auch keine der anderen Möglichkeiten, die eine moderne Therapie hätte ins Feld führen können, erlangte »Eichel«-Status; alle waren nur Vorbedingungen (»Erde«, »Sonnenlicht«, »Wasser« – Sie wissen schon), die unerklärlicherweise zusammenkamen und eine noch nicht identifizierte Ursache aktivierten.

Ein depressiver Mensch fühlt sich wie ein »echter Niemand«, aber wenn wir nach einer narrensicheren Kur für diese Krankheit suchen, sollten wir uns zuerst mit den wahren Ursachen des Problems befassen.

* * *

Um die wahren Ursachen dessen, was wir erleben, zu finden, müssen wir in den spirituellen Traditionen forschen. Religionen bieten Antworten auf die »Warum, Papa?«-Fragen des Lebens. Doch wenn wir lernen wollen, uns wirklich selbst zu helfen, können wir uns auch nicht mit Antworten zufriedengeben, die uns zu hilflosen Opfern machen. Religiöse Erklärungen wie »Gottes unergründlicher Wille« bringen uns ebenso wenig weiter wie die Unterstellung einer »genetischen Prädisposition«. Beide klingen nach »Wie schade! Du hast aber auch ein Pech!« und lassen uns hilflos zurück.

Glücklicherweise gibt es andere Erklärungen für die Entstehung von Depressionen und Minderwertigkeitsgefühlen. Und wenn wir sie kennen, gewinnen wir Macht: Sobald wir aufhören, die Ursache zu erzeugen, tritt die Wirkung nicht mehr auf. Doch wir erlangen nur Macht, wenn wir die Verantwortung auf uns nehmen.

Im Grunde erleben wir Depressionen und Minderwertigkeitsgefühle wegen bestimmter früherer Handlungen. Was die Runde macht, kommt tatsächlich wieder zu uns zurück. Wir ernten, was wir gesät haben, und dies ist die absolute Binsenweisheit, die für jeden spirituellen Pfad gültig ist: Gute Taten ziehen angenehme Erlebnisse nach sich, und schlechte Taten haben Konsequenzen, die wir uns nicht wünschen.

Zwar nennen die alten Schriften mehrere karmische Ursachen für Depression – darunter Zorn (Feindseligkeit anderen gegenüber kehrt als Selbsthass zu uns zurück) und »leeres Gerede« (wenn wir zu viel sinnloses Zeug quatschen, so trifft uns das in der Form, dass wir selbst uns leer fühlen) –, aber eine besonders wichtige Rolle spielt dabei der Stolz. Er fungiert zunächst als Ursache und sichert später den Fortbestand unseres Minderwertigkeitsgefühls.

Als paradox erscheint uns dies nur aufgrund unserer fundamentalen Verwirrung und unserer Verblendung: Ein Minderwertigkeitsgefühl ist die Folge einer zu hohen Meinung von uns selbst. Noch weniger bewusst ist uns die Tatsache, dass unsere Selbsteinschätzung als »depressiv« nichts anderes als eine – wenn auch sehr traurige und verbogene – neue Art des Stolzes darauf ist, *jemand Besonderes* zu sein.

Als niemand Besonderes jemand Besonderes sein

Zu den vielen unangenehmen Aspekten des Stolzes zählt, dass er sich vor denjenigen von uns, die seiner Wirkung unterliegen (und seien wir doch ehrlich, wir alle kämpfen mit irgendeiner Version von Stolz), so gut verbirgt. »Kein Fehler macht den Menschen so unbeliebt, und kein Fehler wird uns bei uns selbst so wenig bewusst«, beobachtet C.S. Lewis.[13] Stolz kann den Eindruck erwecken, nicht da zu sein, obwohl er nur seinen Standort gewechselt hat.

So kommt es, dass Stolz und übermäßige Selbsterhöhung sogar in Form von Selbsterniedrigung zum Ausdruck gelangen können. Das individuelle Ich kann in seinem verzweifelten Bemühen, *jemand zu sein*, seinen Anspruch zur Geltung bringen, *jemand Besonderes zu sein, weil es sich so wertlos fühlt* – was bedeutet, dass es seinen besonderen Status zur Geltung bringt, indem es sich als »Depressiver« aufplustert.

Eckhart Tolle schreibt: »Wird dem Ego eine Identifikationsmöglichkeit entzogen, findet es rasch eine andere. Letztendlich ist es ihm egal, womit es sich identifiziert, solange es nur eine Identität hat.«[14] Wenn das »Jemand-Sein« nicht in der Lage oder bereit ist, in etwas anderem eine Bestätigung zu finden, sucht es Bestätigung in seinem eigenen Leiden. Körperliche und psychische Probleme können so leicht wie alles andere zur entscheidenden Eigenschaft eines Menschen werden:

> *Ebenso leicht kannst du dich mit einem »problematischen« Körper identifizieren und deine Identität aus dessen Unvollkommenheiten, Krankheiten und Behinderungen beziehen. Du denkst und sprichst dann vielleicht von dir als jemandem, der an dieser oder jener Krankheit oder Behinderung leidet. ... Dann klammerst du dich unbewusst an die Krankheit, weil sie zum wichtigsten*

Teil dessen geworden ist, wofür du dich hältst. ... Sobald das Ego eine Identität gefunden hat, will es nicht mehr davon ablassen.[15]

Für Menschen, die noch nie unter einer Depression gelitten haben, mag es überraschend klingen, dass *niemand mehr über sich selbst nachdenkt als jemand, der depressiv ist.* Aber sogar diejenigen, die nur schon einmal einen »schlechten Tag« hatten oder »einen kleinen Durchhänger« erlebt haben, kennen das Phänomen: Wenn man sich niedergedrückt fühlt, interessiert man sich für nicht viel anderes als dafür, wie schlecht es einem geht.

Depression ist eine Karikatur der Hauptursache für Depression. *Depression wird letztlich dadurch verursacht, dass man ständig über sich selbst nachdenkt*, und sie wird als *die Unfähigkeit, über jemand anderen als sich selbst nachzudenken*, erlebt.

Mr Karma (der niemand anderes ist als Ihr eigenes Gewissen und Bewusstsein) hat einen makabren Humor. Er merkt, wenn Sie sich ständig mit sich selbst beschäftigen – *Und was ist mit mir? Und was ist mit mir?* –, und er sagt dann: »Okay, du willst dich ständig mit dir selbst beschäftigen? Dann probier doch *das hier* mal!« Und dann werden wir depressiv und sind nicht mehr in der Lage, aus unseren um uns selbst kreisenden Gedanken herauszufinden und die endlos laufende Schallplatte mit dem Sprung abzustellen, die uns permanent vor Augen führt, wie schlecht wir uns fühlen.

Und dann greift das »Jemand-Sein« auf einen anderen Trick aus seinem riesigen Repertoire zurück und identifiziert sich mit der »depressiven Person«, die es selbst geschaffen hat. Wir sind so verzweifelt bemüht, jemand zu sein, dass wir sogar vor dieser Art von Maske nicht zurückschrecken: *Wenn ich nicht gut genug jemand sein kann, kann ich zumindest als Niemand je-*

mand sein. Das Ich versucht, das Problem des Minderwertigkeitsgefühls zu lösen, indem es die Rolle des »Jemand mit einem Minderwertigkeitsgefühl« übernimmt. Tragischerweise erschafft diese Selbstbezeichnung als »depressives Selbst« – nun egozentrischer als jemals vorher und angereichert mit einem perversen Stolz auf das Elend, über das der Betreffende sich definiert – die Ursache neu, durch die dieser trostlose Zustand überhaupt erst entstanden ist.

Depression ist in mehr als nur einer Hinsicht eine absteigende Spirale.

* * *

Die Kultur des Narzissmus, die ungezügelte Selbstbesessenheit und selbstgefälligen Stolz fördert, hat einen ungünstigen Einfluss auf das Streben nach wahrem Glück. Die starke Zunahme von Depressionsfällen und die weit verbreiteten Minderwertigkeitsgefühle sind unmittelbare Auswirkungen des Lebens in einer Gesellschaft, in der die ausufernde Beschäftigung mit der eigenen Person pathologische Ausmaße erreicht hat.

Obwohl wir hier die karmischen Beziehungen zwischen Egoismus und Stolz einerseits und dem verhängnisvollen Fall in die Trostlosigkeit depressiven Um-sich-selbst-Kreisens aufgezeigt haben, braucht man nicht einmal das Konzept des Karmas zu bemühen, um die Beziehung zwischen den beiden genannten Polen zu erkennen. Egoismus bewirkt nicht, dass wir uns in unserer Haut wohler fühlen, sondern im Gegenteil, dass wir uns noch viel unwohler, deprimierend unwohl sogar, fühlen.

Die karmischen Ursachen einer Depression – Zorn, leeres Gerede (entweder in Form von selbstgerechtem Klatsch über andere Menschen oder in Form von Versprechen, die nicht gehalten werden) sowie Stolz, Arroganz und jene verurteilende Haltung, durch die wir uns über andere stellen – sind alle Ausdrucksformen eines grundlegenderen Problems: der Ichzentriertheit. Und dementsprechend lässt sich der wahre Weg zum Glück (und die Möglichkeit, Depressionen zu heilen) auf eine einzige Ursache zurückführen: Selbstlosigkeit und altruistische Sorge für unsere Mitmenschen.

Im nächsten Kapitel werden wir sehen, dass die üblichen Formen der Selbstversunkenheit auf einer großen Illusion basieren. Während wir in unserer Kultur des Narzissmus viel Zeit und Mühe darauf verwenden, die Bedürfnisse eines vergötterten, von sich selbst besessenen Ich zu befriedigen, ist der Status dieser Gottheit ungesichert – und zwar aus sehr guten Gründen. Man könnte sagen, dass das »Jemand-Sein« sich in einer permanenten Identitätskrise befindet, weil es selbst an seiner Wirklichkeit zweifelt – dies aber gleichzeitig abstreitet.

Wenn wir tatsächlich auf der Suche nach dem Selbst sind, das unserem intuitiven Empfinden gemäß existiert – schließlich konfrontiert es uns ja mit ständig neuen Forderungen! –, befällt uns insgeheim der Verdacht, dass in Wahrheit niemand da ist. Denn das Ich, von dem wir so besessen und auf das wir so stolz sind, ist nur schemenhaft zu erkennen, und es erweist sich, dass wir mit unserer Obsession einen Schatten jagen.

Allerdings ist dies nicht die nihilistische Tragödie, die wir befürchten mögen. Wenn wir aufhören, nach jemandem Ausschau zu halten, der gar nicht da ist – wenn wir auf unserer vergeblichen Suche nach einem unveränderlichen und alles kontrollierenden Wesen inmitten unserer vielfältigen Personae und äußeren Erscheinungen plötzlich mit leeren Händen dastehen –, dämmert uns allmählich, dass der Nobody, mit dem wir zurückbleiben, nicht nur eine große Null ist.

Durch das Erkennen der wahren Natur des »Jemand-Seins« können wir glücklichere Jemande werden. Die Erschließung des unendlichen Potenzials des Niemand-Seins ermöglicht uns, uns selbst zu helfen und unsere Situation zu verbessern.

Aktionsplan:

Über den Umgang mit Stolz

Stellen Sie eine Liste persönlicher Eigenschaften zusammen, auf die Sie stolz sind – Ihr Aussehen, Ihre körperlichen Fähigkeiten, Ihre erworbenen Fertigkeiten, Ihre natürlichen Begabungen, Ihre Erfolge, was auch immer. Jetzt ist falsche Bescheidenheit fehl am Platz. Wir alle sind auf irgendetwas stolz, das uns selbst betrifft.

Denken Sie anschließend *erstens* darüber nach, ob diese Eigenschaften von Dauer sind und Sie *immer* begleiten werden. Glauben Sie wirklich, dass Sie immer schön, stark, klug, geschickt, erfolgreich oder berühmt sein werden? Wie werden Sie sich fühlen, wenn das, worauf Sie stolz sind, abnimmt oder völlig verschwindet, weil der »Zahn der Zeit« daran nagt und Ihre Lebenssituation sich verändert?

Prüfen Sie *zweitens*, ob Ihr Stolz auf diese Eigenschaften nur im Vergleich mit anderen, die gar nicht oder nur in geringerem Maße über sie verfügen, gerechtfertigt ist. Ist es nicht immer so, dass das, worauf Sie stolz sind, auf Überlegenheitsgefühlen anderen gegenüber basiert?

Reflektieren Sie schließlich auch darüber, dass es Menschen gibt, bei denen diese Eigenschaften eindeutig stärker ausgeprägt sind als bei Ihnen. Sehen Sie Ihren Platz im Leben realistischer: Sind Sie wirklich der oder die Talentierteste, Schönste, Reichste, Qualifizierteste, Erfolgreichste oder Intelligenteste? Holen Sie den Fisch aus dem kleinen Teich, zumindest theoretisch, und werden Sie sich über Ihre tatsächliche Position in der Hierarchie, von der Sie Ihre Bedeutung abhängig machen, klar!

TEIL II

WIE AUS EINEM NIEMAND EIN BESSERER JEMAND WIRD

3. SICH AN STROHHALME KLAMMERN UND SCHATTEN NACHJAGEN

Klopf, klopf.
Wer da?
Genau.
Autor unbekannt

Freiheit ist nur ein anderes Wort für »Nichts mehr zu verlieren (oder zu gewinnen) haben«

Letztlich wünschen wir alle uns nichts weiter als echte Zufriedenheit – das herrliche Gefühl, völlig frei, ungehindert und entspannt zu sein. Die Ziele vieler Religionen spiegeln dieses Bestreben: *moksha* oder *mukti* (beides bedeutet »Befreiung«) im Hinduismus; *nirvana* (das große »Verlöschen« oder der »Seufzer der Erleichterung«, wenn man von allen beunruhigenden Gedanken und Gefühlen frei wird) im Buddhismus; die Loslösung vom alten Menschen und die »Wiedergeburt« in Christus im Christentum; die Befreiung, die wir erfahren, wenn wir Gottes Willen und seinem Gesetz folgen, im Judentum und im Islam.

Wir alle wollen frei sein. Aber was genau sind die Ketten, die uns fesseln? Welcher Art ist das Gefängnis, in das wir uns gesperrt fühlen?

Frei zu sein bedeutet nicht einfach nur, dass wir alles tun, sagen oder denken können, was uns in den Sinn kommt. Das zumindest dürfte jedem klar sein, der länger als ein paar Jahre in Gesellschaft anderer Menschen gelebt hat. Wir haben diese Version von »Freiheit« immer wieder ausprobiert – vergeblich. Jedem aufkommenden starken Impuls geben wir gewöhnlich einfach nach und scheren uns nicht um die Konsequenzen – es sei denn, wir fürchten Vergeltung (oder eine Gefängnisstrafe!). Wenn andere uns anbrüllen, brüllen wir zurück, versuchen diejenigen, die uns verletzen, selbst zu verletzen, sinnen auf Rache, wenn wir uns verraten fühlen ... einfach weil uns »danach ist«.

Solange wir nicht hart daran gearbeitet haben, uns anders zu verhalten, sind wir Sklaven unserer negativen Emotionen, unserer Geistesgifte. Wenn Zorn, Eifersucht, Stolz oder Gier ihre hässlichen Häupter erheben, sind wir ihnen meist hilflos ausgeliefert. Noch schlimmer ist unsere Identifikation mit diesen irrationalen Gefühlen, die darin zum Ausdruck kommt, dass wir sagen: »Ich *bin* wütend! Ich *bin* depressiv! Ich *bin* eifersüchtig!«

Unter den vielen Geistesplagen, die uns quälen und tyrannisieren (der Buddha hat erklärt, es gebe 84 000!), befinden sich zwei an der Wurzel unseres Unglücklichseins und unserer Gefangenschaft.

Diese sind Gier und Verblendung.

»Gier« bedeutet hier im Grunde anhaltende Unzufriedenheit – mit dem, was wir haben, mit dem Leben, das wir führen, und damit, wer wir sind. Es ist etwa so, wie wenn wir einen juckenden Mückenstich haben. Wir kratzen die juckende Stelle, weil wir hoffen, dem Jucken dadurch ein Ende setzen zu können.

Wir sind Sklaven unseres Juckreizes, und das ist ein sehr wichtiger Aspekt unserer Unfreiheit. Wir spüren ein Verlangen nach einem neuen iPhone, und das Jucken beginnt: *Wenn ich nur das neue iPhone hätte! Weißt du, das mit der Computerstimme mit Namen Siri, die mit einem redet. Dann wäre ich glücklich*. Oder eine andere der unzähligen Arten von Jucken: *Wenn dieses Mädchen nur auf mich aufmerksam würde. Wenn ich nur eine bessere Arbeit hätte. Wenn ich nur reich, berühmt, beliebt wäre.*

Ich, Ich, Ich und *wenn nur, wenn nur* – der sich ständig wiederholende Ruf unaufhörlichen Sehnens und anhaltender Unzufriedenheit des »Jemand-Seins«, das immer mehr will.

Also versuchen wir zu kratzen. Wir sparen Geld für das neue iPhone oder versuchen, die Telefonnummer unserer Traumfrau oder unseres Traummannes zu bekommen, oder wir bewerben uns um einen neuen Job oder versuchen, auf andere Weise dem ersehnten Jemand-Sein näher zu kommen – indem wir reicher, berühmter, beliebter oder attraktiver werden.

Und jedes Mal wenn wir uns kratzen, kratzen wir in der Hoffnung, es danach nie mehr tun zu müssen.

Wir alle wissen, was als Nächstes geschieht. Es verhält sich damit wirklich genauso wie mit den nervtötenden Mückenstichen: Je mehr man an der Einstichstelle kratzt, umso sicherer stellt sich das Jucken wieder ein. Die Linderung infolge des Kratzens ist bestenfalls zeitweilig, und nach einer kurzen Atempause lebt das Kratzbedürfnis in voller Stärke wieder auf oder wird sogar noch stärker als vorher.

Wir könnten also sagen, Freiheit sei nichts weiter als der erhebende »*juckfreie*« Zustand – in dem wir mit allem, was wir haben, zufrieden sind und es für uns »nichts mehr zu verlieren gibt«, »*nothing left to lose*«, wie Janis Joplin es in ihrem berühmten Song ausdrückt, und auch nichts mehr zu gewinnen.

Die Befreiung, die wir durch all unser Kratzen zu erlangen versuchen, besteht einfach darin, dass wir nicht mehr ständig von neuen und immer stärkeren Juckanfällen bedrängt werden. Dies wird »Zufriedenheit« genannt und ist das, was wir durch jeden Versuch, unsere Begierden zu erfüllen, erzielen möchten. Wir hoffen, nach der Befriedigung dieses konkreten Verlangens nichts anderes mehr zu wollen. Wir hoffen bei jedem Kratzen, dass es das letzte sein wird; dass dieses letzte Kratzen uns endlich zufriedenstellen wird.

Vielleicht finden wir am Ende unserer spirituellen Reise mehr als nur Zufriedenheit. Vielleicht finden wir den Himmel oder ein Reines Land mit allen möglichen Regenbögen, und Einhörner springen um uns herum. Vielleicht sind wir dann auch alle Engel mit übernatürlichen Fähigkeiten und Superkräften und fliegen glückselig umher. Ehrlicherweise kann ich nicht definitiv behaupten, dass all dies *nicht* so sein wird.

Ich weiß aber, dass all dies, wenn wir uns um Zufriedenheit – um den Großen Juckfreien Zustand – bemühen, keine Rolle spielt. Sobald wir zufrieden sind, können wir mit unserem Leben und uns selbst nicht mehr unzufrieden sein – ob mit vergoldeten Straßen und Gotteskörpern aus wundervollem Licht oder ohne all dies. Durch Zufriedenheit entsteht eine Art Win-win-Situation: Gibt es über sie hinaus noch mehr, wunderbar; wenn nicht, ist das auch okay, *denn wir werden weiterhin zufrieden sein!*

Natürlich findet all das Jucken und Kratzen im Dienste des *Jemand-Seins* statt. Wir glauben, durch das Kratzen zu einem höheren Status und zu persönlicher Erfüllung zu gelangen – dass wir dadurch etwas erlangen, was wir noch nicht besitzen, oder dass wir uns auf diese Weise mehr (oder weniger) von dem, was wir schon haben, aneignen können.

Dies alles wäre viel verständlicher, wenn es uns am Lebensnotwendigsten mangeln würde. Aber ich möchte wetten, dass es bei den Lesern dieses Buches nicht darum geht, genug zu essen zu haben, ebenso wenig um ein Dach über dem Kopf, ausreichende Kleidung, eine gute Ausbildung oder die Möglichkeit, sich einen akzeptablen Lebensstandard zu sichern; und wahrscheinlich ist auch nicht der Mangel an Freunden und engen Beziehungen zu anderen Menschen der Grund für ihre anhaltende Unzufriedenheit mit ihrem Leben.

Wir alle gehören nicht zu den drei Milliarden Menschen, die von zwei Euro täglich oder weniger leben müssen, und wir können uns auch nicht den achtzig Prozent der Erdbevölkerung zurechnen, die weniger als acht Euro pro Tag zur Verfügung haben, und ebenso wenig zu der Milliarde der Slumbewohner oder zur ähnlich großen Gruppe der Analphabeten.[1]

Was wir uns wirklich wünschen, ist die Freiheit von unseren nie endenden Wünschen und Begierden, insbesondere wenn wir zur Gruppe derjenigen gehören, die schon so vieles haben. Es geht uns um die Befreiung von unserem ständigen Jammern darüber, dass wir nicht genug haben oder nicht genug ein Jemand sind. Hinsichtlich des ersten Punktes gibt es für Menschen wie uns im Grunde keine Entschuldigung, was Wohlstand, Konsumgüter, Freizeit, Ausbildungs- und Informationsmöglichkeiten betrifft – die konkreten Grundlagen eines guten Lebens. Wir vergessen die reale Basis unseres Lebens: Wir sind einfach total verpeilt. Sprechen Sie folgendes Mantra:

Ohm, ich habe genug, ah hum!

Unsere Probleme – das, was uns juckt – sind »Erste-Welt-Probleme«, die es kaum verdienen, »Probleme« genannt zu werden. Denn unsere »Probleme« sind – soweit es um unseren Besitz und die materielle Seite unseres Lebens geht – so völlig anders geartet als die, mit denen sich andere herumschlagen müssen, dass wir mit unserer materiellen Lebenssituation wirklich zufrieden sein könnten.

Doch wenn es um das geht, was »Selbstverwirklichung« genannt wird, nun, dann könnten Sie sagen, dass das etwas völlig anderes ist.

Wir werden uns nun der zweiten unser großen »Geistesplagen« zuwenden, der Verblendung. Wir werden sehen, dass es ein grundlegendes Missverständnis bezüglich dessen gibt, wer wir zu sein glauben, und dass dieses Missverständnis das Zentrum unseres Problems ist.

Die Wurzel allen Übels

In den spirituellen Traditionen des Ostens hat die Verblendung die gleiche Bedeutung bezüglich unseres Unglücklichseins wie der Ungehorsam in der westlichen Welt. In westlichen Gesellschaften aufgewachsene Leser kennen die Geschichte: Am Anfang war alles prima. Adam und Eva lebten im Garten Eden und ließen es sich den ganzen Tag lang in der Hängematte gutgehen. Wenn sie Hunger bekamen, pflückten sie geruhsam Früchte von den Bäumen, die Gott ihnen großzügig zur Verfügung gestellt hatte. Doch es gab einen Baum, dessen Frucht sie nicht essen durften, weil Gott es ihnen verboten hatte. Wir alle wissen, wie die Geschichte weitergeht: Natürlich taten sie genau das, was sie nicht hätten tun sollen. Der Rest ist Geschichte. Adam und Eva wurden verflucht und aus dem Paradies vertrieben und mussten sich fortan allein durchschlagen. Und damit beginnt nach dem alttestamentarischen Mythos unsere Leidensgeschichte.*

In den religiösen Traditionen, die aus Indien stammen, wird nicht die Weigerung, sich Gottes Willen zu unterwerfen, sondern die Verblendung als Wurzel aller unserer Probleme angesehen. Und in der Regel gibt es in diesen östlichen Traditionen

* Überambitionierte, von ihrem beruflichen Erfolg besessene Typ-A-Persönlichkeiten sollten sich vielleicht vergegenwärtigen, dass Gottes Fluch nach der Vertreibung von Adam und Eva aus dem Garten Eden zur Folge hatte, dass die Menschen für ihren Lebensunterhalt arbeiten und sich um ihre Kinder kümmern müssen, statt sich permanenten Urlaubs erfreuen zu können.

keinen Ursprungsmythos, der erklären soll, wie die Verblendung in unser Leben kam.* Sie begleitet uns von jeher, ohne dass bekannt wäre, wann genau dies angefangen hat, und wir alle sind ganz einfach in diese Situation hineingeboren. Verblendung ist ein Aspekt dessen, wie wir als menschliche Wesen beschaffen sind (einmal ganz abgesehen von anderen Lebensformen).

Die Verblendung verleitet uns zu fundamentalen Fehlern bezüglich dessen, wer wir sind und wie wir ein gutes Leben führen können. Wir verstehen im Grunde nicht, worum es wirklich geht, und weil wir es nicht verstehen, sind wir so fanatisch auf die Geistesplagen fixiert.

Verblendung (sanskr.: *avidya*) ist weniger *Nicht-Wissen* als *Falsch-Wissen*. Unser Geist stellt die Dinge auf den Kopf. Wir glauben an eine bestimmte Beschaffenheit der Dinge, obwohl sie in Wahrheit eine andere haben. Im Yoga-Sutra heißt es, Verblendung sei (und das gilt im Grunde für alle südasiatischen Schriften) das »Feld« oder die »Brutstätte«, wo alle anderen Geistesplagen heranwachsen. Solange es nicht gelingt, die »Wurzel« dieser negativen Emotionen abzuschneiden, durchleiden wir das Leben weiter, statt wahres Glück zu finden.[2]

Interessant ist auch, wie das Yoga-Sutra diese »Mutter aller Geistesplagen« definiert:

> *Verblendung ist der Glaube, dass etwas in Wahrheit Unbeständiges beständig sei, dass das Unreine rein sei, dass das, was Leiden bringen wird, in Wahrheit Glück bringe, und dass das ohne Essenz eine Essenz habe.*[3]

* Es gibt ein paar Ausnahmen. Geschichten über den Ursprung der Verblendung, so wie er in den hinduistischen und buddhistischen Schriften beschrieben wird, werden in Wendy Doniger O'Flahertys Buch *The Origins of Evil in Hindu Mythology* (Berkeley: University of California Press, 1980) wiedergegeben.

Mir ist klar, dass das jetzt ziemlich viel war. Aber ich kann Ihnen versprechen, dass es sich unmittelbar auf die wahre Ursache unseres Unglücklichseins und auf unsere katastrophal falsche Sicht unserer individuellen Identität auswirkt.

Schauen wir uns also einmal sorgfältig an, was mit diesen vier Arten, auf die Verblendung in unserem Leben die Dinge auf den Kopf stellt, gemeint ist:

1. *Wir halten für dauerhaft, was nicht von Dauer ist.*

Was meinen Sie: Passiert uns so etwas wirklich? Aber sicher! Und zwar ständig! Wir sind permanent auf dem besten Weg, uns eine Ohrfeige einzufangen, wenn Dinge, von denen wir gedacht hatten, sie würden sich nicht verändern, dies doch tun – oder wenn sie sich nicht genau so verändern, wie wir es uns gewünscht hatten.

Unsere Beziehungen, unsere finanzielle Situation, unsere Arbeit, unser Besitz, sogar unser Körper, unsere Gedanken und Gefühle – alles in unserem Leben ist vergänglich und im Fluss. Wenn sich unser Partner verändert (Billy Joel singt: *»Don't go changing«* – aber wie könnte dies irgendjemand verhindern?), wenn unser vorher funktionierender Computer plötzlich nicht mehr läuft, wenn unser Chef uns auf einmal eine völlig andere Aufgabe als bisher überträgt, wenn wir depressiv, krank oder alt werden oder sterben – was anders ist all dies als die Unbeständigkeit, die uns trifft? *Wach auf! Hast du geglaubt, deine Situation würde für alle Zeiten so bleiben, wie sie war?*

Nein, werden Sie vielleicht protestieren, *ich weiß, dass Dinge und Menschen sich verändern. Aber ich wollte, dass sie sich in* diese *Richtung verändern würden, und nun verändern sie sich stattdessen in* jene *Richtung!* Nun, willkommen in der Realität! Wir haben ebenso wenig Einfluss auf die konkrete Beschaffenheit äußerer Dinge und darauf, wie andere Menschen sich verändern werden, wie wir durch Magie bewirken können, dass Veränderungen stattfinden.

Wir werden später auf die Fantasie des »kontrollfähigen Selbst« zurückkommen, auf jenes verblendete Empfinden, dass wir in einem konkreten Augenblick unser Leben und die Ereignisse und Menschen in ihm so beeinflussen können, wie es uns gerade am besten passt. Das Entscheidende aber ist: *Veränderung findet statt*, und wie genau sie stattfindet, unterliegt nicht unserer Kontrolle. Wenn wir denken, dass veränderliche Dinge sich nicht verändern werden, oder wenn wir glauben, dass wir vorhersagen können, in welche Richtung eine Veränderung erfolgen wird, laufen wir Gefahr, einen tiefen Sturz zu erleben, sobald sich die Realität zu Wort meldet.

2. *Wir halten für rein, was in Wahrheit unrein ist.*

Ein klassisches Beispiel für dieses Missverständnis ist die Art, wie wir in der Regel über den menschlichen Körper denken. In unserer Eingebildetheit bewundern wir unseren Körper manchmal wegen seines guten Aussehens, und noch häufiger begehren wir die attraktiven, »makellosen« Körper anderer Menschen.

Doch Schönheit reicht, wie es heißt, nur so tief wie die Haut, und nicht einmal das trifft wirklich zu. Sogar hinsichtlich unserer Haut sind wir einander alle ziemlich ähnlich, und was wir sehen, ist nicht besonders attraktiv. Ganz gleich, ob es sich um die Haut von Ihnen, mir, Angelina Jolie oder Johnny Depp handelt, sie ist gleichermaßen haarig, pockennarbig, schuppig und mit Leberflecken, Pickeln und Sommersprossen übersät.

Und wenn wir uns unter der Haut umschauen, also in einem Bereich, der tiefer liegt als die Haut, nun ja, was wir dann sehen, ist fast schon eine Art Horror-Show. Ein buddhistischer

Text beschreibt den »reinen« Körper, der uns so fasziniert, als ein Konglomerat aus »Haaren, Nägeln, Zähnen, Haut, Muskeln, Sehnen, Knochen, Mark, Nieren, Herz, Leber, Schleimhäuten, Milz, Lunge, Magen, Eingeweiden, Gedärmen, Exkrementen, Gallenflüssigkeit, Schleim, Eiter, Blut, Schweiß, Fett, Tränen, Serum, Speichel, Synovialflüssigkeit [was auch immer das sein mag – ich nehme an, wir alle wollen es gar nicht wissen!] und Urin.«[4]

Kein besonders schönes Bild, wenn wir einmal darüber nachdenken – was wir ganz sicher nicht gern tun, insbesondere nicht in der Agonie narzisstischer Selbstbewunderung oder sexuellen Verlangens nach einem anderen Menschen.

Einer meiner Lehrer hat manchmal gesagt, er finde, dass Supermodels, die auf dem Laufsteg promenieren und ihre äußeren Vorzüge zur Schau stellen (*Das bin ich von außen!*) dazu verpflichtet werden sollten, einen Kolostomiebeutel zu tragen (*Und das hier bin ich von innen!*). Doch das würde wohl die Show verderben. Unsere Vorliebe für den physischen Körper als etwas »Makelloses« und Begehrenswertes erfordert ein gewisses Maß an Fantasie und die Bereitschaft, über ein paar weniger ansehnliche Details hinwegzusehen.

Natürlich ist es wichtig, den eigenen Körper zu akzeptieren, und natürlich ist auch grundsätzlich nichts dagegen einzuwenden, dass man die physische Schönheit eines anderen Menschen schätzt und sich von ihr angezogen fühlt. Doch wenn es darum geht, was der menschliche Körper tatsächlich ist, spielt unsere Verblendung eine wichtige Rolle. Wir leiden wegen unserer Illusionen über unsere Körperlichkeit. Und diese Illusionen bestehen darin, dass wir denken, Schönheit, jugendliches Aussehen, Stärke und Flexibilität seien bei uns selbst und bei anderen Menschen Wesenszüge und somit unveränderlich. (Mit unserer Neigung, Vergängliches und Beständiges zu verwechseln, haben wir uns schon weiter oben befasst.)

3. *Wir glauben, dass uns etwas glücklich machen wird, das uns in Wahrheit Leiden bringt.*

Dies ist eine Art Sammelkategorie in Bezug auf unsere Verblendung hinsichtlich all dessen, wovon wir glauben, dass es sich für uns wirklich auszahlen wird. Wir mühen uns in unserem ganzen Leben damit ab, Geld, Besitztümern, Erlebnissen und anderen Menschen nachzujagen, weil wir hoffen, dadurch glücklich zu werden. Doch wir werden immer wieder enttäuscht, und unsere Wünsche gehen nicht in Erfüllung. Das, wovon wir uns erhofften, es werde uns glücklich machen, hinterlässt uns unerfüllt und unzufrieden.

Für diese Enttäuschung sind wir selbst verantwortlich. Äußere Dinge und Wesen können uns nicht glücklich machen; bestenfalls können sie uns das Leben eine Weile angenehmer machen. Nur wir selbst können in uns und in unserem Leben echte, tiefreichende und dauerhafte Zufriedenheit schaffen.

Wahres Glück kann nur von innen kommen. Es befindet sich nicht irgendwo »da draußen« oder quillt aus etwas oder jemandem heraus. Wenn wir bei anderen Menschen oder in äußeren Dingen danach suchen, finden wir kein Glück, sondern werden enttäuscht, entmutigt und manchmal zur Weißglut gebracht.

4. *Wir glauben, dass etwas eine Essenz hat, was keine Essenz hat.*

Hinsichtlich der Verblendung ist dieser Punkt eine Art »Wurzel der Wurzel« und führt uns direkt zu unserer falschen Selbstsicht: Wir glauben, dass Dingen ohne »Essenz« (das Sanskrit-Wort hierfür ist *anatman*, das oft als »Nicht-Selbst« übersetzt wird) irgendeine dauerhafte und definitive Qualität oder Eigenart innewohnt (ein essenzielles »Selbst« oder *atman*).

Es folgt ein Beispiel für diesen Fehler. Stellen Sie sich vor, es gibt in Ihrem Leben einen sehr unangenehmen Menschen – einen zornigen Chef, eine(n) ekelhafte(n) Ex oder einen Verwandten, der Sie ständig auf die Palme bringt. Wenn wir mit solchen Leuten zusammentreffen (oder wenn wir auch nur an sie denken), halten wir es für eine ausgemachte Sache, dass sie die Charakterzüge, die wir ihnen zuschreiben, tatsächlich *haben*: Sie *sind* unangenehm, ekelhaft oder lästig (oder provozierend, gemein und verletzend – entscheiden Sie selbst, welches Adjektiv auf die Person, die Sie im Blick haben, am besten passt). Das sieht doch jeder Idiot! So *ist* dieser Mensch – die Eigenschaften, die uns so nerven, entsprechen seinem *Wesen.*

Der Beweis dafür, dass es keine *wesenhaft* zornigen, ekelhaften oder lästigen Menschen gibt, liegt auf der Hand, auch wenn wir ihn ständig ignorieren: Diese Menschen haben Freunde. Es gibt Menschen, die sie lieben. Es gibt in ihrem Leben viele andere Menschen, die sie *nicht* für zornig, ekelhaft und lästig halten.*

Einige empfinden dies als *so* unverständlich, dass sie Freunde, Familienangehörige und Verwandte der für sie unangenehmen Person davon zu überzeugen versuchen, dass diese mit ihrer Einschätzung völlig falsch liegen. *Wie* könnt *ihr mit so einem Menschen befreundet sein? Ich muss euch wohl einmal erklären, was* wirklich *mit diesem Kerl los ist!* Aber merkwür-

* Ein weiterer Hinweis darauf, dass Menschen nicht *essenziell* so sind, wie sie manchmal erscheinen, ist, dass sie nicht *immer* so zu sein scheinen. Zornige Menschen wirken in manchen Situationen zorniger als in anderen, und gelegentlich wirken sie auch ganz und gar nicht zornig. Wäre ein zorniger Mensch *essenziell* zornig, müsste er *immer* zornig sein, und zwar immer genau gleich stark. Denn ein »zorniger Mensch« wäre immer zornig und könnte nicht essenziell einerseits dies und andererseits gleichzeitig jenes sein. Ist dies denn nicht die Bedeutung des Wortes »essenziell«?

digerweise beharren die Freunde, Familienangehörigen und sonstigen Verwandten oft auf ihrem Irrtum.

Ich hatte einmal einen Studenten, der im Kurs seine Hand erhob und das sagte, was wir alle denken, bevor der Filter aktiv wird, der bei uns allen verhindert, dass irgendwelche »dummen« Dinge aus unserem Mund kommen. Er sagte: »Ich kenne aber jemanden, den *jeder* als unangenehm empfinden würde.« Wie könnte man sich das vorstellen? Wir müssten alle zusammen in einen Bus steigen und gemeinsam diesen einen *essenziell* unangenehmen Menschen, den es auf der Welt gibt, besuchen. Und dann würden wir alle an diesem von Natur aus unangenehmen Menschen vorüberziehen und im Chor bestätigen: »Ja, das stimmt wirklich ... so ein unangenehmer Mensch!« Wie ein Leuchtturm sein Licht ausstrahlt, hat dieser unangenehme Mensch eine unangenehme Ausstrahlung, und jedes Mal wenn wir dieser Essenziell Unangenehmen Person nahekommen, können wir gar nicht anders, als uns *unwohl* zu fühlen.

Dies ist eine sich selbst rechtfertigende Fantasie, die oft noch verstärkt wird, wenn wir andere Menschen finden, die unserem Urteil über den Betreffenden zustimmen. *Schau doch nur*, reden wir uns ein, *er ist wirklich unerträglich. Offensichtlich sehen das alle so; es gibt eine regelrechte Bewegung Gleichgesinnter, die meiner Meinung sind!*

Nun, in Wahrheit ist es *nicht* so. Es ist nicht wahr, dass Sie und Ihre Mitreisenden eine definitiv unangenehme Essenz korrekt sehen, die der Wahrnehmung anderer entgeht. Vielmehr reagieren Sie (und vielleicht auch noch einige andere) auf eine bestimmte unfreundliche Art auf einen Aspekt der Persönlichkeit eines anderen Menschen. Es geht nicht darum, dass *jemand sich irritierend verhält*, sondern darum, dass *Sie verärgert sind.*

Wir sehen die Welt und die Menschen in ihr nicht so, *wie sie sind*; wir sehen sie, wie *wir* sind. Es gibt keine an und für sich schwierigen Menschen, sondern einige Menschen, die Sie persönlich als schwierig empfinden.

Wenn uns diese grundlegende Tatsache nicht klar ist, leiden wir. Statt dass wir versuchen, uns darüber klar zu werden, was die vermeintlich unangenehme Person in uns selbst angerührt hat, statt es zu orten und dann an dem wunden Punkt in uns selbst zu arbeiten, der uns aufgrund der Gegenwart dieser Person schmerzt, nehmen wir selbstgefällig an, die Schwierigkeiten, die wir mit diesem Menschen haben, seien ihm zuzuschreiben – denn »unangenehm« sei, *wie er ist*, nicht, was er in unseren Augen zu sein scheint.

Den gleichen Fehler kann man aber auch umgekehrt machen. Nehmen wir einmal an, Sie mögen Ben & Jerry's Eiscreme besonders, so wie ich, und die Sorte »Chunky Monkey« ist Ihr Favorit. Schmeckt sooo köstlich! *Diese Eiscreme schmeckt sehr gut,* und jeder, der bei Verstand ist, müsste das nach Ihrer Meinung bestätigen!

Und dann treffen Sie jemanden, der Chunky Monkey *nicht* mag! Vielleicht mag der Betreffende das Eis von Ben & Jerry's grundsätzlich nicht. Oder *ihm ist Eiscreme einfach ziemlich unwichtig!*

Wäre der Sorte Chunky Monkey von Ben & Jerry's die Essenz, köstlich zu sein, eigen, würde jeder Mensch mit funktionierendem Geschmackssinn, sofern er bei Trost ist, das auch so empfinden. Nun gibt es aber Menschen, die allem Anschein nach bei klarem Verstand sind und einen funktionierenden Geschmackssinn haben, aber keinen Gefallen an Chunky Monkey finden (was Menschen wie wir, die diese Eissorte von Ben & Jerry's mögen, absolut nicht verstehen können).

Die Eigenschaften, von denen wir annehmen, sie seien Menschen, Objekten und Erlebnissen ureigen, sind es *in Wahrheit nicht.* Wir projizieren diese Eigenschaften *in die äußeren Phänomene hinein, sie kommen nicht von außen auf uns zu.* Wir nehmen sie also nicht, wie wir glauben, wahr, weil sie unabhängig von uns da sind. Natürlich haben wir unsere Gründe für diese Projektionen. Jemand sagt oder tut etwas, das uns ankotzt. Doch andere hören oder sehen das gleiche, und es kotzt sie *nicht* an. Wir empfinden einen Menschen als »schwierig«, nur weil *wir* mit ihm Schwierigkeiten haben. Der Betreffende ist nicht wesenhaft oder essenziell »schwierig« – auch wenn wir dies glauben mögen.

Dies anders zu sehen ist ein schwerer Fehler, den wir zu unserem eigenen Schaden ständig machen. Er bildet die Grundlage für die Entstehung jener urteilenden Haltung, mit der wir uns in Kapitel 2 befasst haben, und für all die aus ihr resultierenden Scheußlichkeiten.

Dies ist letztlich auch, was Verblendung ausmacht. Die Quintessenz der obigen Erläuterungen ist, dass wir bisher alles völlig falsch verstanden haben.

Die »Wo ist Walter?«-Suche in der Höllenversion

Es gibt eine noch grundlegendere Auswirkung unserer Neigung, uns bezüglich unserer Wahrnehmung der Beschaffenheit von Dingen und Menschen zu irren, und sie liegt noch tiefer verborgen als die fälschliche Annahme, dass ein Mensch, den wir als unangenehm empfinden, tatsächlich unangenehm *ist* oder dass die Eiscreme von Ben & Jerry's ohne jede Einschränkung köstlich *ist*.

Wenn die Mutter aller Geistesplagen Verblendung ist, ist die Mutter aller Verblendung der Glaube an ein »Selbst«, das niemals existiert hat. Was wir als »Wurzel der Wurzel« bezeichnet haben, hat, bezogen auf Verblendung – dass Phänomene eine ihrem Wesen eigene Essenz haben, was nicht zutrifft – eine eigene Wurzel: die »Wurzel der Wurzel der Wurzel« ist die Verblendung hinsichtlich der Selbstnatur.

Wir glauben, wir hätten eine feste, inhärente und definitive Essenz, ein Selbst (*atman*),* obwohl es so etwas in Wahrheit nicht gibt (*anatman*). Und auf diesem fundamentalen Irrtum basieren im Grunde nicht nur alle unseren falschen Wahrnehmungen, sondern er macht auch jede Chance zunichte, zu wahrem Glück und authentischer Selbstkenntnis zu gelangen.

Das »Selbst«, um das es hier geht, ist nicht, was wir als *wahres* oder *höheres* Selbst bezeichnet haben (das Selbst, die Buddha-Natur oder die Seele), zu dem wir in Kontakt treten können, wenn wir nicht mehr denken, dass wir *jemand* sind, und wir uns in das Niemand-Sein hinein entspannen. Hier geht es um ein individuelles, partikulares niederes Identitätsempfinden – um das Ich-Sein, das *Jemand-Sein*, die kleine Stimme in unserem Kopf.

Von »Ihnen« (setzen Sie an dieser Stelle Ihren Namen ein) ist hier die Rede. Von der Instanz, die sich zu Wort meldet und sich verteidigt, wenn sie fälschlich angeklagt wird – »*Du* hast mein Auto gestohlen!« – »Nein, nein, *ich* habe das nicht getan« – um dieses »Ich« geht es uns hier. Es geht um das, was einen Geburtstag hat und folglich auch einen Todestag haben wird, das von Juckreizen geplagte Selbst, das unglücklich, missmutig und unzufrieden ist und zu unser aller Glück nicht wesenhaft existiert.

Solange wir in dieser Raupe nicht die Chimäre erkennen, die sie wirklich ist, kennen wir unsere wahre Schmetterlingsnatur nur oberflächlich, jenen Teil von uns, der frei, weiträumig und unbegrenzt ist, das wahre Selbst, das nie geboren wurde und deshalb auch nie sterben wird.

* In einigen indischen Schriften wird das Sanskrit-Wort *atman* anders benutzt als hier im Yoga-Sutra und in vielen buddhistischen Schriften. Es wird dort im Sinne des Begriffs »wahres Selbst« verwendet – im Gegensatz zum individuellen, ichhaften Selbst (das manchmal *jiva* genannt und als Gegensatz zu *atman* dargestellt wird).

Wenn wir versuchen, das individuelle Selbst, das »Jemand-Sein«, dessen wir uns in unserer Verblendung so sicher sind, zu lokalisieren, dann ist das so, als würden wir den kleinen Brillenträger mit rotweiß gestreiftem T-Shirt und entsprechender Mütze, der unter dem Namen Walter bekannt ist, in einer schwer überblickbaren riesigen Menschenmenge zu finden versuchen.

Allerdings ist die Situation in Wahrheit noch schlimmer, denn »Walter« ist in unserem Fall gar nicht da. Es gibt die sprichwörtliche Nadel in diesem Heuhaufen also nicht einmal. Der Versuch, das Selbst zu finden, von dessen Existenz wir so fest überzeugt sind, das wir aber einfach nicht finden, gleicht dem Spielen einer Art »Wo ist Walter?«-Version für die Hölle!

* * *

Wenn wir über uns nachdenken, wer ist dann derjenige, über den wir nachdenken?

Wessen Kopf steckt hinter der Vorlage für die Fotomontage? Die Gruppen, mit denen wir uns identifizieren, die Tätigkeiten, über die wir uns zu definieren versuchen, die Rollen, die wir in unseren Beziehungen spielen (Vater, Mutter, Bruder, Schwester, Sohn, Tochter, Freund, Feind)? Wer ist es, den wir für wütend, eifersüchtig, neidisch oder deprimiert halten?

Wer verbirgt sich unter den vielen Schichten der Persönlichkeitsstruktur, der Erinnerungen, Emotionen, Konditionierungen und Rollen? Welches Ich hat eine Persönlichkeit, eine Vergangenheit, Geistesplagen, einen Beruf und bestimmte Beziehungen und spielt all die verschiedenen Arten von Rollen?

In den buddhistischen Schriften heißt es, dass das Selbst, an dessen Existenz wir glauben, obwohl es in Wahrheit *nicht* existiert, *wenn* es existieren würde, drei essenzielle Eigenschaften hätte: Es wäre *eine Einheit, unabhängig und unveränderlich*. Doch tatsächlich ist ein individuelles Selbst – das »du«, auf das sich Ihr Name bezieht – mit einer der drei genannten Eigenschaften absolut *unauffindbar*.*

Und nun, verehrter Leser, möchte ich Sie vorwarnen: Der Beweis für das soeben Gesagte wird Ihnen möglicherweise nicht gefallen. Ihr ichbezogenes, selbstverliebtes, aber letztlich imaginäres Selbst wird sich davor zu schützen versuchen, als das entlarvt zu werden, was es ist. Es wird dagegen protestieren, es wird Langeweile vortäuschen, es wird sagen:

Ach, was soll's!
Jetzt machen wir erst einmal eine Pause mit dem Lesen und besorgen uns etwas zu essen!

Doch Verblendung ist *keine* Glückseligkeit. Nur die Wahrheit macht uns frei. Doch vorher wird sie, wie Gloria Steinem es einmal formuliert hat, »Sie anpissen«.[5]

Also dann …

Einheitlich bedeutet, dass wir glauben, es gebe nur einen von uns. Falls Sie nicht unter einer schweren dissoziativen Identitätsstörung leiden, denken Sie über sich im Singular, nicht im Plural. Wenn wir von uns sprechen, sagen wir »ich«,

* Neueste Erkenntnisse der Neurowissenschaften bestätigen die alten buddhistischen Beobachtungen. Einer kürzlich erschienenen Zusammenfassung aktueller Forschungsergebnisse zufolge sind ein unveränderliches und kontinuierliches Selbst, ein »unifer«-Selbst und ein »agent«-Selbst (ähnlich dem »Captain-Kirk-Selbst«, von dem später in diesem Buch noch die Rede sein wird), »falsche Ansichten« oder »Illusionen«, die »einer genaueren Überprüfung nicht standhalten«. Siehe hierzu das Sonderheft der Zeitschrift *New Scientist* mit dem Titel »The Self: The Greatest Trick Your Mind Ever Played« (Februar 2013). Siehe auch Julian Baggini, *The Ego Trick: What Does it Mean to Be You?* (London: Granta Books, 2011).

nicht »wir« (es sei denn, wir benutzen den *Pluralis Majestatis*). Die klassische Analyse, die bei der Suche nach diesem speziellen »Walter« angewandt wird, heißt »Der Eine oder die Vielen«. Ist das Selbst eins oder viele? Würde es in der Form existieren, wie wir glauben – als reales Ding, etwas Wahrnehmbares –, müsste es entweder eins oder viele sein.

Obwohl wir normalerweise annehmen, dass das ichhafte, persönliche Selbst eins sei, sollten wir uns fragen: »Hat dieses mutmaßlich singuläre Ding Teile?« Und tatsächlich, wir könnten sagen, dass es aus zwei Hauptteilen besteht: dem Bereich des Physischen und dem des Psychischen, dem des Körpers und dem des Geistes,* mit denen wir uns zu unterschiedlichen Zeiten identifizieren.

Würde ich Sie fragen: »Wie alt sind Sie?«, und Sie würden als Antwort eine Zahl nennen, hätten Sie sich nur mit Ihrem Körper identifiziert. Und wenn Sie auf die Frage »Wie geht es Ihnen?« antworten würden: »*Ich bin* aufgebracht, gereizt, erfreut, okay« oder was auch immer, hätten Sie sich mit Ihren Gefühlen identifiziert, mit Ihrem gegenwärtigen mentalen Zustand.

* Einige Neurowissenschaftler sind heute der Überzeugung, dass die Aktivitäten des Geistes – Bewusstsein, Denken, Emotionen usw. – sich auf das Gehirn und das Feuern seiner Neuronen reduzieren lassen. Zwar würden nur sehr wenige Forscher so weit gehen zu behaupten, dass zwischen Geist und Gehirn absolut kein Unterschied besteht (die meisten gehen nach wie vor von der Existenz irgendeiner Art von »Geist in der Maschine« aus), doch scheint es einen Trend hin zu der Auffassung zu geben, dass unser Sein letztlich *nur* physische Bestandteile umfasst. Zwar lässt sich eine solche reduzierende Sicht des Selbst mit den Annahmen keiner der großen spirituellen Traditionen vereinbaren – dies wäre nämlich das *Gegenteil* jeden Glaubens an etwas *Spirituelles* –, doch hat sie keinerlei Auswirkungen auf unsere Argumentationslinie in diesem Buch: Sind wir *ein* Ding (selbst wenn es sich dabei um etwas rein Physisches handelt) oder *viele*?

Damit stoßen wir schon auf das Problem, wie das eine Selbst *sowohl* der Körper (»*Ich bin* zwei Meter groß«) *als auch* der Geist (»*Ich bin* völlig gestresst«) sein kann. Das sind zwei Dinge, nicht nur eines – zwei Arten von Selbst, ein körperliches und ein mental/psychisches, aber kein einheitliches »Ich«.

Und wenn wir uns einen dieser beiden großartigen Teile des angeblich individuellen und unteilbaren Selbst genauer anschauen, stellen wir fest, dass auch sie nicht ungeteilt sind. Was wir »der Körper« nennen, als ob es sich dabei um einen einzigen Organismus handeln würde, besteht in Wahrheit aus vielen Teilen – dem Rumpf, den Gliedmaßen und all den ekligen Dingen im Körperinneren, von denen in diesem Kapitel schon die Rede war. Und jeder dieser einzelnen Teile lässt sich unendlich viele Male in weitere Bestandteile zerlegen. Sogar einen einzelnen Finger können wir bei eingehender Untersuchung weiter aufteilen in den Teil oberhalb des Knöchels und den darunter, den Teil des Fingernagels und den unter dem Fingernagel, die linke und rechte Seite des Fingernagels – und so weiter und so fort.

Es gibt keinen Teil von uns, der sich nicht in weitere Teile untergliedern ließe. Das ist gemeint, wenn wir von »einem Teil« sprechen – es handelt sich dabei um etwas, das eine rechte und eine linke Seite sowie einen Ober- und einen Unterteil (die Teile eines physischen Objekts) hat, durch die es sich von anderen Teilen unterscheidet. Das gleiche gilt auch für einen Augenblick: Ein Gedanke taucht auf, bleibt eine Weile bestehen und endet schließlich, und jeder dieser drei Teile des Augenblicks hat seinerseits einen Anfang, eine Mitte und ein Ende.

Wenn wir etwas als »rechte Seite« oder »Anfang« bezeichnen, können wir auch diese Teile von Teilen immer noch weiter unterteilen: »die rechte Seite der rechten Seite, die linke Seite der rechten Seite, der obere und untere Teil der rechten Seite«

oder »der Anfang des Anfangs, die Mitte des Anfangs und das Ende des Anfangs«.

Wenn wir also glauben, wir *sind* der Körper und/oder der Geist, kann das Selbst keine Einheit sein, da es sich in unendlich viele Teile untergliedern lässt.

Ach komm schon! Ich habe doch gar nicht geglaubt, dass ich meine Teile bin.
Ich *bin* nicht mein Körper und mein Geist;
ich *habe* einen Körper und einen Geist.
Können wir jetzt aufhören, uns den Kopf mit diesen Gedanken zu zermartern und uns etwas zu essen besorgen?

Also gut. Wir mögen uns zwar manchmal versehentlich mit einem der verschiedenen Bestandteile des Selbst identifizieren, aber das Ich, das wir zu sein glauben, lässt sich von diesen Teilen *trennen*. Damit wären wir bei der zweiten der drei Eigenschaften, die wir dem persönlichen Selbst zuschreiben: bei der *Unabhängigkeit.*

Die Untersuchung, die bei dieser zweiten Art von Missverständnis angewandt wird, heißt: »Das gleiche wie oder anders als?« Sie wird wie folgt durchgeführt: »Ist das Selbst *das gleiche* wie die Teile, aus denen es besteht, oder ist es *anders als* diese Teile (d.h. unabhängig von ihnen)? Und ebenso wie im Falle »Das Eine und die Vielen« kann das Selbst, wenn es wirklich und wahrhaftig so existiert, wie wir glauben, logischerweise nicht beides sein, sondern nur das eine oder das andere.

Also schauen wir doch einmal: Wäre das Selbst *das gleiche* wie seine Teile, könnte es nicht einheitlich sein, denn wie wir gesehen haben, gibt es Unmengen von Teilen, körperliche wie geistige, aus denen ein Selbst, das seinen Teilen gleich wäre, bestehen würde. Wäre ich mit meinen Teilen identisch, wäre ich so viele »Ichs«, wie es Teile von mir gibt.

Damit bliebe nur noch die Möglichkeit, dass es ein Selbst gibt, das sich von den Teilen *unterscheidet*. In diesem Falle müsste das Selbst von den Teilen unabhängig sein; es müsste einen Körper und einen Geist *haben*. Und »unabhängig« bedeutet: »braucht sie nicht«. Körper und Geist könnten zusammen in London sein, während sich das Selbst irgendwie separat in New York City aufhielte.

Aber das ist ja wohl unmöglich, oder? Denn zum einen müsste man sich fragen, wessen Geist da über ein Selbst nachdenkt, das unabhängig von dem Geist, der über es nachdenkt, existiert. Und ganz sicher handelt es sich dabei nicht um das (Setzen-Sie-Ihren-Namen-ein)-Selbst, von dem wir so sicher zu wissen glauben, dass es sich irgendwo im Geist-Körper-Komplex befinden muss.

Ein Raum *hat* vier Wände, aber wo *ist der Raum*, der vier Wände hat? Ein Selbst, das nach unserer Vorstellung Körper und Geist hat, ist ebenso unauffindbar wie ein einheitliches Selbst, das Körper und Geist *gleich* ist. »Das Selbst« kann ebenso wenig wie »der Raum« wirklich unabhängig von den Teilen existieren, die sein geheimnisvolles Erscheinen möglich machen.

Jetzt reicht es aber allmählich!
Warum kann er uns nicht endlich in Ruhe lassen?
Was ist denn nun mit dem Snack?

Zum Abschluss wenden wir uns nun der dritten Unmöglichkeit, die wir bezüglich unserer selbst glauben, zu: der Vorstellung, es gebe eine *unveränderliche* Persönlichkeit. Manchmal wird dieses Phänomen »der Zeuge« genannt – ein unveränderliches »Ich«, das »mich« dabei beobachtet hat, wie ich als Kind aufgewachsen bin, den Schulabschluss gemacht, geheiratet und eine Familie gegründet habe und von einem Haus in ein anderes umgezogen bin, und das mich zurzeit dabei beobachtet, wie ich älter werde und dem Tod immer näher komme.*

Wir alle haben das Gefühl, es gebe eine unveränderliche Zeugeninstanz, die stets bestehen bleibt, während alles andere – das gesamte Leben, die eigenen Gedanken und Gefühle und jeder Teil des Körpers – sich ständig verändert. Wo also ist Walter? Haben wir wirklich einen guten Grund zu glauben, dass es ein greifbares, wahrnehmbares gegenwärtiges Selbst gibt, das auf irgendeine Weise wirklich und wahrhaftig unserem Selbst im Alter von drei Jahren gleich ist?

Ja, wir können das glauben, solange wir nicht darüber nachzudenken brauchen. Also lassen Sie es einfach mal gut sein damit! Wie Popeye sagte: »I y'am what I y'am!« Warum schlagen wir uns mit diesen Dingen herum? Lasst uns aufhören, uns mit diesen Dingen den Kopf zu zermartern, okay? Ich hab Hunger …

Den beiden Analysearten unserer »Wo ist Walter?«-Suche in der Hölle – »Das Eine oder die Vielen« und »Das gleiche wie oder anders als« – können wir nun eine dritte hinzufügen: »Veränderlich oder unveränderlich?« Wo ist das individuelle, partikulare Selbst, das sich gleich bleibt, während sich alles andere in uns und um uns verändert? Oder, subtiler ausgedrückt:

* Das »Zeugen-Selbst«, von dem hier die Rede ist, lässt sich von einem der beiden »Vögel« unterscheiden, denen wir in der am Ende von Kapitel 1 zitierten Passage aus den Upanischaden begegnet sind. Der »Vogel«, der passiv zuschaut, während der andere »Vogel« (das individuelle Selbst) frisst und in der Welt aktiv ist, ist das wahre Selbst – das Meer im Gegensatz zur einzelnen Welle, unsere namenlose wahre Natur, nicht das Setzen-Sie-Ihren-Namen-ein-Selbst.

Wo ist das Selbst, das eine Veränderung *durchläuft*? Wenn es nur ein sich ständig veränderndes Selbst gibt, kann es nicht auch noch einen unveränderlichen Zeugen geben, ganz zu schweigen von einem sich ebenfalls ständig verändernden unveränderlichen Selbst.

Damit ist die Übung abgeschlossen. Sie fühlen sich desorientiert? Verwirrt? Haben viele Einwände? Das ist nicht verwunderlich. Ich habe Sie ja davor gewarnt, dass das Ich dieses »Wo ist Walter?«-Spiel nicht mag! Wenn wir das »Jemand-Sein« zu finden versuchen, von dem wir annehmen, dass wir selbst es sind, melden sich natürlich alle möglichen Arten von Widerstand!

**Aber ich weiß ganz genau, dass ich jemand bin.
Wahrscheinlich ist das hier irgend so ein Trick.
Wie kann es denn sein, dass ich tatsächlich niemand bin,
wo es sich doch ganz offensichtlich so anfühlt,
als ob ich jemand wäre? Und meinen Snack habe ich
auch immer noch nicht bekommen!**

Es geht hier übrigens tatsächlich um einen Trick. Man kann sich das Selbst *sowohl* als eine Einheit *als auch* eine Vielzahl vorstellen, *sowohl* gleich *als auch* von seinen Teilen verschieden, *sowohl* veränderlich *als auch* beständig – denn das Selbst *ist nur eine Idee, kein Ding*. Aus einer bestimmten Perspektive kann man sich das Selbst als einzigartig, unabhängig und unveränderlich vorstellen, und aus einer anderen Perspektive betrachtet erscheint es als vielfältig, veränderlich und fluktuierend. Wie es erscheint, hängt von Ihrer Sichtweise ab – denn das »Jemand-Sein« ist im Grunde nicht da, auch wenn wir dies denken mögen.

Sofern es um das kleine, individuelle, partikulare Schneeflocken- oder Raupen-Selbst geht, gibt es keine auffindbare einheitliche, unabhängige, unveränderliche Wesenheit, weder im Körper und Geist noch unabhängig von ihnen. Das »Jemand-Sein« ist kein selbstständiges, unterscheidbares Objekt, sondern nur ein Vorstellungsbild.

Zu sagen, dass wir ein »Selbstbild« oder eine »Selbstvorstellung« haben, ist deutlich akkurater, als zu sagen, dass wir ein Selbst haben, oder von uns zu behaupten, dass wir jemand *sind.*

Der »Walter«, den wir zu finden versuchen, erweist sich als rein imaginär. Erinnern Sie sich noch an den Film *Mein Freund Harvey* mit James Stewart, in dem der Hauptdarsteller ständig von einem unsichtbaren zwei Meter großen Kaninchen begleitet wird? Das Selbst, das wir zu sein glauben, ist ebenso imaginär wie Stewarts Freund Harvey, das Kaninchen.

Doch imaginäre Dinge können sich sehr real anfühlen und uns in unserem Leben große Schwierigkeiten bereiten. Die Mutter der Mutter aller Geistesplagen – Verblendung hinsichtlich unserer Vorstellung darüber, welche Art von Selbst wir zu haben glauben – führt zu den unterschiedlichsten Problemen.

Unser Glaube an die Existenz eines individuellen Selbst – das Gefühl, dass Walter (oder Harvey) *wirklich da* ist, dass wir dies also *nicht nur denken* – erzeugt unvermeidlich das, was in buddhistischen Schriften »Selbstüberschätzung« genannt wird. Wir lassen uns von der Illusion eines individuellen Selbst verzaubern und halten uns an dieser dann fest, als stünde unser Leben auf dem Spiel.

Alle anderen Geistesplagen – Begehren, Zorn, Lust, Stolz, Eifersucht, Neid und Gier – manifestieren sich, um etwas zu verteidigen oder zu fördern, was am Ende des Tages nichts weiter als eine irrige Vorstellung ist. Im Grunde halten uns nicht diese negativen Emotionen gefangen, sondern das imaginäre Selbst, das durch sie nachteilig beeinflusst wird, ist der Übeltäter.

Das Captain-Kirk-Selbst

Wir können aber auch noch eine andere falsche Vorstellung über uns selbst haben, auf die wir hier bisher noch nicht zu sprechen gekommen sind. Gemeint ist unser Gefühl, es gebe eine Instanz, die den Überblick über die gesamte Gegenwart habe, ein »Master-Selbst«, das den gegenwärtigen Zustand des Körpers, des Geistes und aller übrigen Aspekte unseres Lebens im Blick hat und steuert.

Ich nenne diese Version von »mir« gern »Captain-Kirk-Selbst«.

In der ursprünglichen Fernsehserie *Star Trek* unterstand das Raumschiff Enterprise dem Befehl von Captain Kirk, den William Shatner spielte. Er wurde oft auf seinem Kommandantensitz gezeigt – ich habe irgendwo eine Kopie dieses Möbels zum Preis von über 2000 Dollar angeboten gesehen! –, auf dem oberen Deck des Raumschiffs, wie er durch eine schicke Panoramascheibe in den Kosmos schaut. Natürlich bellte Captain Kirk seine Befehle, die seine Crew dann umgehend ausführen musste: »Scotty, fahr die Deflektoren hoch!« Worauf Scotty den Befehl ausführte und pflichtschuldigst antwortete: »Aye, aye, Sir! Deflektoren sind hochgefahren.«

Irgendwo im Kopf versteckt, direkt hinter den Augen (dem Panoramafenster unseres persönlichen Raumschiff-Ichs) lokalisieren wir gewöhnlich das Captain-Kirk-Selbst. Und genau wie der gute alte Kirk bellt auch unser Kommandanten-Selbst seine Befehle: »Beine, bereit machen zum Gehen!« – »Mund, anfangen zu sprechen!« – »Geist, denk dran, Milch zu holen!«

Und oft genug gehorcht unsere Lakaien-Crew. Die Beine bewegen sich, wenn sie den Befehl dazu erhalten; der Mund plappert, wenn er die Anweisung zu reden erhält (manchmal sogar schon, bevor der Geist den Befehl zu denken erhalten hat!), und oft denken wir tatsächlich daran, Milch zu holen, wenn Captain Kirk uns dazu ermahnt.

Durch Erlebnisse dieser Art entsteht in uns die Überzeugung, dass das Master-Selbst nicht nur dafür verantwortlich ist, was der Körper tut und was der Geist denkt, sondern auch für alle anderen Ereignisse in unserem Leben. Wenn wir dann mit unumstößlichen Beweisen konfrontiert werden, die das, wovon wir überzeugt sind, widerlegen, ist das für uns meist ziemlich ärgerlich. Wenn *wir nicht unseren Willen bekommen*, rastet der gute alte Captain gewöhnlich aus!

Gäbe es tatsächlich solch ein Selbst, das alles und jedes im Blick hätte und steuern könnte, warum sollte dieser Herrscher dann jemals anordnen, dass wir einen schlechten Tag haben, oder warum sollte er sich über eine unangenehme Person ärgern, warum Kopfschmerzen bekommen oder krank oder alt werden oder sich für etwas anderes entscheiden als dafür, ständig glücklich und zufrieden zu sein? Würde unser persönlicher Captain Kirk tatsächlich existieren, erschienen uns dann nicht einige seiner Befehle als völlig verrückt? »Scotty, lass es uns heute mal so richtig düster machen. Fahr die Depressoren hoch!« Würde Scotty daraufhin nicht klipp und klar antworten: »Captain, sind Sie wahnsinnig? Sind Sie völlig verrückt geworden?«

In Wahrheit gibt es ebenso wenig ein Captain-Kirk-Selbst wie ein einheitliches, unabhängiges oder unveränderliches persönliches Selbst. Und das hier ist der entscheidende Beweis dafür: *Wir können die Gegenwart nicht in der Gegenwart verwandeln.* Gäbe es ein Captain-Kirk-Selbst, würden wir alles in unserem Leben genauso befehlen, wie wir es uns wünschen. Und das klappt ja offensichtlich nicht – ist Ihnen doch sicher auch schon aufgefallen, oder?

Wahrscheinlich haben Sie aufgrund der Beispiele, die ich hier anführe, schon gemerkt, dass ich als Kind ziemlich viel vor der Glotze gehockt habe. Leser dieses Buches in einem bestimmten Alter erinnern sich vielleicht an zwei Fernsehshows, die ich in den 1960ern immer gern gesehen habe: *Verliebt in eine Hexe* und *Bezaubernde Jeannie*. In der ersten spielte Elizabeth Montgomery Samantha, eine ausgewachsene Hexe, die über alle möglichen übernatürlichen Kräfte verfügte und die mit einem unglücklichen gewöhnlichen Sterblichen namens Darrin verheiratet war. Wenn Samantha in einer Situation etwas verändern wollte (oft um etwas, das der arme Darrin vermasselt hatte, wieder in Ordnung zu bringen), wackelte sie einfach mit ihrer Nase und – *voila!* – beugte sich die Welt ihrem Willen.

Verliebt in eine Hexe war recht erfolgreich – diese Sendung hatte im Jahre 1964 die zweitbeste Einschaltquote, und fast vierzig Jahre später zählte die Zeitschrift *TV Guide* sie zu den »fünfzig besten TV-Shows aller Zeiten« –, weshalb es nicht lange dauerte, bis ein ähnliches Programm produziert und ausgestrahlt wurde. Auch in diesem ging es um eine Frau, die zaubern konnte (diesmal ein Flaschengeist), und einen normalen Mann (der allerdings Astronaut war und den seine ihm treu ergebene Frau »Meister« nannte – eine patriarchale Fantasie, die jedoch durch die zwischen beiden völlig ungleich verteilte tatsächliche Macht an Bedeutung verlor).

Abgesehen davon, dass in diesem Fall statt einer Hexe in der Hauptrolle ein Geist auftrat, gibt es noch einen anderen wichtigen Unterschied zwischen den beiden Serien (Produktdifferenzierung!), nämlich dass Jeannie nicht mit der Nase wackelte, um durch Zauberkraft die Wirklichkeit zu verändern, wann immer sie es wünschte. Stattdessen entfaltete sie ihre Kräfte, indem sie ihre Arme verschränkte und heftig mit dem Kopf nickte, sodass ihr langer Pferdeschwanz ein wenig umherhüpfte. Das reichte, um alles so zu verändern, wie sie es sich wünschte, an Ort und Stelle und im gleichen Augenblick.

Die meisten von uns versuchen die Gegenwart in der Gegenwart zu transformieren, indem sie mit ihrer Nase wackeln und ihren Pferdeschwanz fliegen lassen. Aber leider funktioniert das nicht, weil wir ganz offensichtlich keine Hexen und Geister sind. Staus im Straßenverkehr lösen sich nicht auf, weil wir es uns wünschen; Kopfschmerzen verschwinden nicht, weil wir sie nicht haben wollen; und unangenehme Menschen hören nicht auf, unangenehm zu sein, weil wir mit der Nase wackeln oder unseren Pferdeschwanz fliegen lassen. Wir können uns nicht selbst aus der Patsche helfen, indem wir mit herausragenden Körperteilen wackeln!

Der Wunsch, die Gegenwart in der Gegenwart zu verwandeln, ist vielleicht der stärkste und häufigste Juckreiz von allen und einer, den wir durch »magisches Kratzen« definitiv nicht lindern können. Dieser Talisman bringt nichts. Das Captain-Kirk-/Samantha-/Jeannie-Selbst ist in Wahrheit (um eine weitere Größe unserer Populärkultur heranzuziehen) der Zauberer von Oz: nichts anderes als ein Schwindel hinter dem Vorhang, ein ineffektives Betätigen nicht funktionierender Hebel und Flaschenzüge.

Sie sind, wer Sie zu sein glauben

Die Erkenntnis, dass »Jemand-Sein« *nur eine Vorstellung* ist, sollten wir als ausgesprochen positive Nachricht auffassen. Gäbe es ein *essenziell* einheitliches, unabhängiges und unveränderliches individuelles Selbst, so wäre es, nun ja, unveränderlich. Doch wie wir nun wissen, gibt es ein solches Selbst glücklicherweise nicht. Und deshalb ist es gut, dass *wir nicht der Jemand sind, der wir zu sein glauben.*

Andererseits könnte man mit gleichem Recht von uns behaupten, dass *wir genau der Jemand sind, der wir zu sein glauben*, und dass das »Jemand-Sein« bei uns allen nichts weiter als das ist. Die Vorstellung von einem Jemand zu haben macht uns zu diesem Jemand – und zu nichts weiter als dazu. In einem alten indischen Text heißt es: »Derjenige, der denkt, er sei frei, ist frei; derjenige, der denkt, er sei gefesselt, ist gefesselt. Es trifft zu, was gesagt wird: *Du wirst zu dem, was du denkst.*«[6]

Zu sagen, dass das »Jemand-Sein«, an dem wir uns gewöhnlich so verzweifelt festhalten, illusionär ist, bedeutet nicht gleichzeitig, dass es gar nicht existiert. Natürlich existiert das individuelle Selbst ... allerdings nur als Idee, als Konzept, als Etikett. Der Philosoph Julian Baggini schreibt: »Die Idee, dass das Selbst eine Konstruktion ist, akzeptieren viele nicht, weil sie glauben, es bedeute, dass das Selbst nicht real sei. Aber Konstruktionen können natürlich durchaus völlig real sein.«*

Im Übrigen gibt es verschiedene Arten von Konstruktionen oder Konzepten bezüglich des Selbst, von denen einige nützlicher sind als andere. Der Glaube an ein einheitliches, unabhängiges und unveränderliches Selbst und die Überzeugung, es gebe wirklich ein allmächtiges Captain-Kirk-Selbst, sind keine nützlichen Konzepte. Abgesehen vom völligen Fehlen eines auffindbaren »Walter« versetzt uns schon die bloße Vorstellung von der Existenz eines solchen Selbst entweder in einen gelähmten (Wie könnten wir so ein unveränderliches Selbst verändern?) oder einen frustrierten Zustand (Captain Kirks Befehle werden so oft nicht befolgt!).

* Baggini hat den Begriff »Ego-Trick« geprägt, um das Spiel zwischen dem Selbst, an dessen Existenz wir glauben, und der Vorstellung von einem existierenden Selbst zu beschreiben: »Der Ego-Trick besteht nicht darin, uns davon zu überzeugen, dass wir existieren, obwohl dies nicht der Fall wäre, sondern er will uns glauben machen, dass wir substanzieller und dauerhafter sind, als wir tatsächlich sind. Es mag eine Illusion geben, die betrifft, *was* wir wirklich sind, aber nicht im Hinblick darauf, *dass* wir wirklich sind«. Julian Baggini, *The Ego Trick*, S. 41, 152.

Das »Jemand-Sein« gleicht dem Raum, mit dem wir uns weiter oben beschäftigt haben. Der Raum hat vier Wände, und ohne diese vier Wände gäbe es keinen Raum, doch »Raum« ist andererseits nur eine Bezeichnung und ein Konzept, das sich aus dem leeren Raum, der in die Mauern eingeschlossen ist, ergibt. Ebenso verhält es sich mit dem individuellen Selbst: *Niemand macht Jemand möglich.*

Wir sind niemand und denken, wir seien jemand; und wenn wir nicht mehr denken, dass wir jemand sind, bleibt uns wirklich nur niemand. Diese Beobachtung deutet auf die Methoden echter »Selbstverbesserung«, mit denen wir uns im nächsten Kapitel ausführlich beschäftigen werden.

Fraglich ist nicht, *ob* unser individuelles Identitätsempfinden existiert. Natürlich existiert es; wir hören seine leise Stimme praktisch ständig in unserem Kopf. Entscheidend ist, *wie* solch ein Selbst existiert – und wie wir es verbessern können.

Wenn wir erkennen, dass wir niemand sind (dass wir kein »fest verdrahteter« Jemand sind, der essenziell und unveränderlich existiert), können wir uns als *bessere Jemande* vorstellen – als zufriedenere, glücklichere und erfülltere Menschen.

Und indem wir dies tun, nähern wir uns allmählich dem Großen Juckfreien Zustand, nach dem wir alle uns sehnen.

AKTIONSPLAN:
Kratzen, wo es juckt

Halten Sie jeden Tag fünf oder zehn Minuten lang inne, und stellen Sie fest, was Ihre größten Wünsche sind: die Punkte, wo Sie am hartnäckigsten Juckreiz verspüren. Finden Sie zunächst heraus, was genau Sie wollen. Mehr Geld? Ein besseres Haus oder Auto? Oder ein neues iPhone? Oder wünschen Sie sich eine Verbesserung Ihrer Beziehung zu Ihrem Partner, zu den anderen Mitgliedern Ihrer Familie oder zu einem Arbeitskollegen? Vielleicht wünschen Sie sich auch mehr Anerkennung oder Beliebtheit oder einen Urlaub auf den Bermudas. Oder Sie möchten ein paar Kilo abnehmen und sich gesünder fühlen.

Sobald Sie herausgefunden haben, was Sie ganz besonders »juckt«, konzentrieren Sie sich auf das Resultat, das Sie sich vom Kratzen der juckenden Stelle erhoffen – darauf, was Ihrer Meinung nach geschehen wird, wenn Ihr Wunsch in Erfüllung geht. Versuchen Sie herauszufinden, ob das, was Sie sich wünschen, im Grunde Zufriedenheit ist – das Ende allen Juckens.

Kehren Sie anschließend zu dem zuvor identifizierten konkreten Wunsch zurück. Brächte es Ihnen wirklich die erhoffte Zufriedenheit, wenn Sie bekämen, was Sie sich wünschen? Vielleicht gelingt es uns nicht, sofort zur Zufriedenheit zu gelangen, aber zumindest können wir mithilfe dieses Aktionsplans genauer klären, was wir uns wirklich wünschen.

4. NIEMAND MACHT EINEN BESSEREN JEMAND MÖGLICH

Es gibt nur einen Bereich im Universum,
den Sie ganz sicher verbessern können,
und das sind Sie selbst.
ALDOUS HUXLEY

Ein besserer Jemand werden

Wenn das individuelle Selbst letztlich nichts als eine Vorstellung ist, muss ein wichtiger Teil der spirituellen Suche darin bestehen, diese Vorstellung, die wir von uns selbst haben, zu verbessern. Auch wenn es unmöglich sein könnte, ein *essenzielles* »Jemand-Sein« aufzufinden, das sich verbessern ließe – denken Sie daran, dass das wahre, ozeanische »Niemand-/Alle»-Schmetterlings-Selbst keiner Verbesserung bedarf –, kann und sollte das zweifellos existierende persönliche Selbst weiterentwickelt und verbessert werden.

Wie schon gegen Ende des vorigen Kapitels festgestellt wurde, können wir uns eben deshalb zu einem für uns selbst befriedigenderen Zustand weiterentwickeln, *weil* wir es nicht bei dem Jemand zu belassen brauchen, der wir momentan zu sein glauben.

Es ist auch nichts dagegen einzuwenden, dass wir ein besserer Jemand werden wollen. Ohne einen solchen Wunsch würden wir nie den Punkt erreichen, an dem der Große Juckfreie Zustand möglich wird und wo wir den Frieden und die Gelassenheit des Niemand-Seins vollständig erleben und würdigen können.

Weil es möglich ist, sollten wir uns unbedingt um Selbstverbesserung bemühen. Weil wir tief innerlich in Wahrheit niemand sind, *verfügen wir alle über das Potenzial, ein anderer Jemand zu werden.* Wir können uns dafür entscheiden, weiterhin ein depressives, unzufriedenes und ständig von Juckreizen geplagtes Selbstempfinden zu pflegen; wir können aber auch auf die Schaffung einer freudigen und erfüllten persönlichen Identität hinarbeiten, die aus den tiefen Reservoiren unserer wahren Identität gespeist wird.

Wir können uns verändern. Wir können uns verbessern. Wir können eine glücklichere Version von uns schaffen und sie an die Stelle der bedürftigen, gierigen und verzerrten Version setzen, die uns verrückt macht. Doch eine solche Selbstverbesserung erreichen wir nicht, wenn wir versuchen, *»noch besonderer«* als andere zu sein – ob durch törichten Stolz oder indem wir aufgrund unseres Leidens für uns einen Sonderstatus beanspruchen.

Um es noch einmal zu wiederholen: Grundsätzlich ist nichts dagegen einzuwenden, wenn wir etwas tun, das uns selbst nützlich ist. Dies müssen wir sogar, wenn wir ein gutes, gesundes individuelles Selbstempfinden entwickeln wollen – auch wenn das nicht das Endziel ist, sondern als Plattform fungiert, von der aus die Arbeit an einem höheren Ziel, nämlich dem der freudigen Selbsttranszendenz und der Einswerdung mit der Welt, die uns umgibt, erst möglich wird. *Erleuchtetes* Interesse an uns selbst bedeutet, sich darüber klar zu werden, was wirklich zur Entwicklung einer gelassenen und zufriedenen Persönlichkeit beiträgt, die bereit, willens und in der Lage ist, weniger stark von sich selbst besessen und weniger egozentrisch zu sein.

Denken Sie stets daran, dass es sich kaum um »Selbstverbesserung« handeln kann, wenn es einzig und allein um Sie geht.

* * *

Das »Jemand-Sein« resultiert aus unserer Selbstsicht im Augenblick. Und diese wieder hängt von der Vergangenheit ab, die wir gehabt zu haben glauben (denn *wir sind, wer wir einmal gewesen zu sein glauben*), sowie von unseren Erwartungen, Hoffnungen, und Zukunftsängsten *(wir sind, wer wir einmal zu werden glauben)*. Unser vorgestelltes »Jemand-Sein« lässt sich am Punkt der Begegnung zweier Zeiten – der Vergangenheit und der Zukunft – verorten, die selbst im gegenwärtigen Geist nur als Ideen existieren.

Dieses »Jemand-Sein« ist das Ergebnis moralischer Schulung und positiver Selbstentwicklung – oder von deren Fehlen. Zwischen der Selbstwahrnehmung eines Menschen, der Demut, Bescheidenheit und eine selbstlose und großzügige Einstellung anderen gegenüber entwickelt hat, und der Selbstwahrnehmung von jemandem, der von seiner angeborenen (und verstärkten) Selbstsucht sowie von Eitelkeit, Stolz und aggressivem Wettbewerb mit anderen angetrieben wird, besteht ein gewaltiger Unterschied.

Im vorigen Kapitel wurde festgestellt, dass wir *die Gegenwart nicht in der Gegenwart verwandeln können*. Captain Kirk kann nicht einfach befehlen, dass Dinge sich kraft seines Wollens im gleichen Augenblick verändern, und auch keine innere Hexe und kein Flaschengeist kann dies herbeizaubern. Demnach kann man sich nicht einfach *im Augenblick* dafür entscheiden, irgendjemand zu sein; jemand kann sich nicht *auf der Stelle* in jemand anderen verwandeln. Wir können nicht in wenigen Sekunden von Null (selbstsüchtig, egoistisch und unzufrieden) nach Hundert (bescheiden, altruistisch und sorglos) wechseln, nicht einmal in ein paar Tagen, Wochen oder Monaten.

Das niedere, individuelle Selbst ist eine Vorstellung, doch unsere Vorstellung von uns selbst ist ständig im Fluss. Wir könnten auch sagen, dass dieses Selbst ein *Prozess* ist, kein Ding. Einen sehr bekannten und uralten Vergleich bemühend, können wir sagen, das Selbst gleiche einem Fluss – beispielsweise dem Mississippi. Was wir »den Mississippi« nennen, ist keine Wesenheit und kein Ding, sondern nichts weiter als ein Name, den wir einem bestimmten fließenden Gewässer geben – also einem Prozess in dem Sinne, wie Paul Robeson so wunderbar singt: »*Ol' Man River just keeps rolling along*«.

Wir verwechseln Dinge, die sich verändern, mit Dingen, die sich nicht verändern. Wir nehmen an, weil wir *einen Namen* oder *ein Konzept* »der Mississippi« entwickelt hätten, müsse sich dieses Wort und die mit ihm verbundene Idee auf ein Ding beziehen, obwohl es sich in Wahrheit um einen fließenden Strom, eine Bewegung, eine Aktivität handelt.

Auch unser Empfinden einer persönlichen Identität gleicht einem Fluss. Jeder Teil von dem, was wir in unsere Vorstellung von »ich« einschließen – jede physische und mentale Komponente des Selbst –, verändert sich von Augenblick zu Augenblick. Die Vorstellung, die ich über »mich« habe, täuscht mich. Ich glaube, dass sich meine Vorstellung von »mir« auf eine einheitliche, unabhängige und unveränderliche Wesenheit bezieht, doch tatsächlich bezeichnet sie ein Fließen.

Sogar was ich unter »ich«, »mein«, »mich« verstehe, verändert sich im Laufe der Zeit – nicht wahr? Was Julian Baggini »autobiographisches Selbst« nennt, ermöglicht uns, ein Gefühl der Kontinuität des Selbst-Seins zu entwickeln: »Die Einheit und Permanenz, die wir im Zeitkontinuum empfinden, hängt von unserer Fähigkeit ab, eine autobiographische Erzählung zu konstruieren, die das, was wir im Laufe der Zeit erleben, zu einer Kontinuität verbindet.« Baggini fährt fort: »Doch individuelle Erlebnisse und das Selbstempfinden zu jedem konkreten Zeitpunkt können stark variieren. Hinzu kommt, dass das autobiografische Selbst sehr begabt darin ist, sich zu verändern. Wir sind ständig damit beschäftigt, unsere Lebensgeschichte umzuschreiben, um die Kohärenz unserer inneren Autobiografie zu wahren.«[1]

Das Selbst ist *veränderlich* und somit *veränderbar*. Worin könnte andernfalls der Sinn spiritueller Übung bestehen? Wenn wir nicht *veränderbar* wären, könnten wir uns nicht *verändern*! Alle authentischen spirituellen Traditionen haben zu allen Zeiten angenommen, dass sich jener Prozess, den wir »ich« nennen, in eine andere Richtung lenken lässt, weil das »Jemand-Sein« nur ein Prozess und kein Ding ist.

Wir können unsere Sicht der Dinge und unsere Einschätzungen verändern – nicht nur die uns selbst betreffenden, sondern auch die auf andere Menschen und unser gesamtes Leben bezogenen. Wir können uns darin üben, unsere geistigen Aktivitäten zu verändern – natürlich nicht auf der Stelle, aber im Laufe der Zeit. Wir können lernen, über das, was in unserem Inneren und um uns her vor sich geht, anders zu denken, als wir es bisher gewöhnt waren.

Gegen Ende dieses Kapitels werden wir sehen, dass zwischen diesen beiden unterschiedlichen Sichtweisen unserer Wirklichkeit – der inneren und der äußeren – eine symbiotische Beziehung besteht.

Indem wir Weisheit entwickeln, lernen wir, anders als bisher sowohl über uns als auch über die Menschen und Dinge in der äußeren Umgebung zu denken (vergessen Sie nie, dass es *da draußen* keine per se unangenehmen Menschen und keine essenziell köstliche Eiscreme gibt). Wenn wir die veränderliche Natur des »autobiografischen Selbst« besser wahrnehmen, lernen wir auch, diese Veränderlichkeit in eine positivere Richtung zu lenken. Wissen über Äußeres hilft uns, durch die Art, wie wir handeln, sprechen und denken, unser Selbstempfinden zu verbessern – und dadurch wird unsere Sicht der Welt und der anderen Menschen, die in ihr leben, transformiert.

Wie Karma tatsächlich wirkt

Wie im vorigen Kapitel erläutert wurde, leiden wir unter einem schweren Fall von »Wenn nur«-Syndrom. Wir glauben, *wenn wir nur* die äußeren Ereignisse in unserem Leben zu unserer Zufriedenheit verändern könnten …

Wenn ich nur eine bessere Arbeit, mehr Geld, ein schöneres Zuhause, ein neues iPhone, einen Urlaub auf den Bermudas hätte, …

Und *wenn wir nur* herausfänden, wie wir andere Menschen in unserem Leben dazu bringen könnten, sich nach unseren Vorstellungen zu verändern:

Wenn mein Mann/meine Frau nur netter zu mir wäre …
wenn mein Chef nur nicht so anspruchsvoll wäre …
wenn ich diese unangenehme Person nur dazu bringen könnte, weniger unangenehm zu sein …

… dann wären wir endlich glücklich. Es juckt uns ziemlich stark, und zwar ziemlich die meiste Zeit.

In unserem verblendeten und egozentrischen Verlangen, der Welt unseren Willen aufzuzwingen, schicken wir gewöhnlich einfach Captain Kirk los, damit er die Sache regelt. Wir hoffen, dass der gute alte Käpt’n es schafft, die äußere Welt und die Menschen in ihr so zu beeinflussen, dass alles angenehm wird, statt so problematisch wie zurzeit. Doch wie wir gesehen haben, ist das Captain-Kirk-Selbst ein unwirksamer Schwindel. Insofern sollte es uns nicht überraschen, dass es die Veränderungen, die wir uns wünschen, nicht herbeiführen kann. Ereignisse in der äußeren Welt verändern sich nicht, weil wir das gerne hätten, und andere Menschen passen sich und ihre Aktivitäten nicht automatisch unseren Vorstellungen an.

Unsere Versuche, den Zaubertrick anzuwenden, der *die Gegenwart in der Gegenwart* verwandelt, scheitern immer wieder.

Es gibt allerdings eine wirksamere Methode, unser Leben in einem positiven Sinne zu transformieren. Wir können auf eine glücklichere Zukunft hoffen, müssen aber akzeptieren, dass zwischen dem Zeitpunkt der Verursachung und dem der Wirkung ein gewisser Abstand besteht. Diese Methode allmählicher Transformation würden die östlichen Traditionen »Verändern des Karmas« nennen, und Jesus hätte von »säen, was man ernten will« gesprochen. In unserem heutigen Sprachgebrauch nenne ich es »*What goes around, comes around*«: »Was die Runde macht, kommt auch wieder zurück.«

Man kann die grundlegenden »Gesetze des Karmas« kurz und bündig wie folgt zusammenfassen: »Keine Handlung in dieser Welt bleibt ohne Auswirkung oder führt zum gegenteiligen Resultat«, wie es in einer alten indischen Schrift sehr prägnant heißt.[2]

Das erste Prinzip – »Keine Handlung bleibt ohne Auswirkung« – beinhaltet, dass jede Handlung Folgen hat; alles, was wir tun, sagen oder denken, wirkt sich in der Zukunft aus. Das zweite Gesetz – »Keine Handlung führt zum gegenteiligen Resultat« – besagt, dass die Art des Resultats, das man erlebt, von der Art der Handlung abhängt. Keine Ursache führt zu einem »gegenteiligen Resultat«: Etwas Gutes kann nichts Schlechtes zur Folge haben und etwas Schlechtes nichts Gutes.

Diese Prinzipien wurden nicht in einer bestimmten religiösen Tradition entwickelt, sondern sie sind in der einen oder anderen Form in vielen Traditionen und an den verschiedensten Orten zu finden. Im Yoga-Sutra heißt es: »Es gibt eine Kausalbeziehung zwischen verdienstvollen und tadelnswürdigen Handlungen und ihren jeweiligen kühlen und angenehmen oder heißen und unangenehmen Wirkungen.«[3] Jesus hat das gleiche karmische Gesetz metaphorischer zum Ausdruck gebracht, indem er darauf hinwies, dass man von Dornengewächsen keine Trauben und von Disteln keine Feigen ernten kann:

> *An ihren Früchten sollt ihr sie erkennen. Kann man denn Trauben lesen von den Dornen oder Feigen von den Disteln? So bringt jeder gute Baum gute Früchte; aber ein fauler Baum bringt schlechte Früchte. Ein guter Baum kann nicht schlechte Früchte bringen, und ein fauler Baum kann nicht gute Früchte bringen.*[4]

Wodurch wird eine Handlung »gut« oder »schlecht«? Eine Handlung (womit nicht nur physische Handlungen gemeint sind, sondern auch sprachliche und gedankliche), die einer guten Absicht – einer selbstlosen, gütigen, altruistischen, mitfühlenden Motivation – entspringt, führt zu einem guten (d.h. angenehmen) Resultat. Eine schlechte Handlung hingegen ist deshalb »schlecht«, weil sie einer Absicht entspringt, die von einer den Geist trübenden Eigenschaften gespeist wird, deren Wurzel letztlich immer der Egoismus ist. Eine solche negative Handlung – durch Verblendung, Selbstverherrlichung oder den Wunsch, anderen zu schaden, motiviert – zieht in der Zukunft unangenehme Konsequenzen nach sich.

Alle authentischen spirituellen Traditionen lehren in der einen oder anderen Form, was Karma beinhaltet. Dessen Grundprinzipien, mit denen wir uns soeben befasst haben, bilden

Herz und Seele jedes Moralsystems. Es kann kein »System« – und folglich auch keine Hoffnung auf willensgesteuerte Selbstverbesserung – geben, wenn dieses Bestreben nicht auf folgenden Annahmen basiert:

1. Jede Handlung hat eine Folge, und
2. die Art des Resultats (ob angenehm oder unangenehm) hängt grundsätzlich von der Art der Ursache ab (Güte oder Lieblosigkeit, Egoismus oder Selbstlosigkeit).

Das erste dieser beiden Prinzipien bestreitet, dass etwas zufällig geschieht, und spricht uns damit Macht zu. Das zweite Prinzip beschreibt die grundlegende Methode, mit deren Hilfe wir die Entwicklung unseres Karmas steuern können, was uns wiederum ermöglicht, unser Leben im positiven Sinne zu beeinflussen.

So weit, so gut. Doch obgleich die grundlegenden Gesetze des Karmas sowohl leicht zu verstehen sind als auch von jedem ethischen System bestätigt werden, wirkt Karma tatsächlich auf einer anderen Ebene, als wir gewöhnlich annehmen. Ob wir herausfinden, wie wir das »Jemand-Sein« verbessern können, hängt einerseits von unserem Glauben an moralische Verursachung ab (die uns darauf vertrauen lässt, dass eine Verbesserung möglich ist) und andererseits davon, ob wir verstehen, *wie* eine solche positive Transformation vonstattengehen kann.

Ein zuträglicher Umgang mit Situationen im Sinne der karmischen Gesetze – die Schaffung von Ursachen, die ein angenehmeres zukünftiges Leben ermöglichen – kann leicht als neuartiger Versuch missverstanden werden, die Welt und andere Menschen mit magischen Mitteln nach unseren egozentrischen Vorstellungen zu formen. Ein nur oberflächliches Verständnis der karmischen Prinzipien leistet der Auferstehung des Captain-Kirk-Selbst Vorschub, auch wenn dieses sich dann in einer etwas anderen Verkleidung als vorher präsentiert:

Okay, jetzt hab ich's kapiert!
Ich kann mit der Welt und mit anderen Menschen weiterhin so umspringen, wie es mir passt ...
Ich muss nur ein bisschen geduldiger sein!
Wenn ich niemanden verletze, wird auch mich in Zukunft niemand verletzen. Wenn ich großzügig bin, wird der Chef mir eines Tages eine Gehaltserhöhung bewilligen. Wenn ich geduldig bin, wird sich mein unangenehmer Schwager irgendwann in einen freundlicheren Menschen verwandeln.

Diese stark vereinfachte, mechanistische und letztlich engstirnige und selbstsüchtige Sicht des Karmas ist im Grunde nichts anderes als ein Versuch des Ich, sich eine neue und verbesserte Technik zu eigen zu machen, um auch mit ihr seine narzisstischen Zielsetzungen zu verfolgen. Auch hier ist das »Ach wenn nur«-Syndrom am Werk: *Wenn sich die anderen Menschen nur anständig benehmen würden; wenn ich nur mehr Geld hätte; wenn mein Schwager nur ein netter Kerl wäre.*

Der einzige Unterschied zwischen dieser Sichtweise und dem üblichen Wunschdenken ist, dass wir nun versuchen können, mithilfe eines »coolen« spirituellen Werkzeugs namens »Karma« unsere Wünsche zu erfüllen.

Egal, in welcher Verkleidung Captain Kirk auftritt, die egomanischen Voraussetzungen seines Handelns sind immer die gleichen. Wir beschaffen uns von der Welt alles, was wir wollen, und wir bringen andere Menschen dazu, sich unseren Wünschen gemäß zu verhalten, wir müssen nur irgendwie herausfinden, an welchen Fäden wir ziehen müssen, um dies zu erreichen.

* * *

Einige traditionelle Beschreibungen des Karmas entsprechen der soeben erläuterten mechanistischen Auffassung. Doch selbst in diesen Darstellungen karmischer Verursachung sind bestimmte Sicherheitsvorkehrungen eingebaut. Zum einen werden die karmischen Wirkungen in den Schriften des Tibetischen Buddhismus der Ebene des »sehr Subtilen« (im Gegensatz zu den Ebenen des »Offensichtlichen« und des nur »Subtilen«) zugeordnet, die nur erleuchteten Wesen zugänglich ist, welche im Gegensatz zu uns allwissend sein sollen.

Außerdem heißt es, dass die karmischen Wirkungen – etwa durch die Übung von Demut berühmt zu werden oder durch Großzügigkeit zu Geld zu kommen – nur auf eine der drei folgenden Arten reifen können: in diesem Leben (das kann morgen oder in siebzig Jahren sein), im nächsten Leben (in dem Sie dramatisch verändert sein werden) oder (warten Sie ab ...) in jedem Leben danach.

Der genaue Zeitpunkt der Ernte des Gesäten lässt sich ebenso wenig herausfinden wie die exakte Form, in der sich die Reifung manifestieren wird.

Es gibt einen Witz, der auf diesen Aspekt eingeht. George wird magisch in den Himmel befördert und trifft dort mit Gott zusammen. Der Besucher ist verblüfft, weil Gottes Paradies dem Leben auf der Erde kaum ähnelt.

»Wow, das ist wirklich imposant hier! Völlig anders als der Ort, von dem ich komme! Sag' einmal, Gott«, fragt George, »wie viel sind eine Million irdische Dollar in Himmelswährung wert?«

Gott antwortet: »Einen Penny.«

George ist natürlich sehr beeindruckt. Ein Penny von Gott hat den Wert einer Million irdischer Dollar!

Dann fragt er weiter: »Und wie lange sind im Himmel hundert irdische Jahre?«

Gott antwortet: »Eine Minute. Eine Minute hier bei uns sind hundert Menschenjahre.«

George ist zwar einigermaßen geplättet, aber da er nicht auf den Kopf gefallen ist, bringt er noch eine Bitte vor: »Könntest du mir, bevor ich wieder zur Erde zurückkehre, einen von deinen Pennys geben?«

»Klar«, antwortet Gott, »wenn du noch eine Minute Zeit hast.«

* * *

Man sollte die Selbstverbesserung durch gezielte Beeinflussung des Karmas nicht als Möglichkeit verstehen, äußere Ereignisse und andere Menschen zu manipulieren und im Sinne eigennütziger Interessen zu beeinflussen. Positive Handlungen des Körpers, der Sprache und des Geistes ziehen tatsächlich positive Resultate nach sich. Es ist jedoch realistischer, davon auszugehen, dass die Früchte guten Karmas innen reifen, nicht in der äußeren Welt.

Von Tolstoi stammt die Beobachtung »Jeder will die Welt verändern, aber niemand kommt auf den Gedanken, sich selbst zu verändern«.[5]

Karma ist keine magisch-mystische Technik zur genetischen Veränderung schwieriger Menschen oder zur physischen Umwandlung von Ereignissen in der materiellen Welt. Die Beeinflussung des eigenen Karmas besteht in erster Linie in der *systematischen Veränderung der Selbstwahrnehmung*. Am wirksamsten, effizientesten und zuverlässigsten können wir uns selbst transformieren – nicht die Welt, ganz zu schweigen von anderen Menschen, die mit ihrem eigenen Karma fertig werden müssen.

Shantidevas *Anleitung für das Bodhisattva-Leben* erläutert, worauf wir unsere Bemühungen konzentrieren sollten, wenn wir unser Karma verändern wollen:

> *Und da ich äußere Phänomene nicht beeinflussen kann, werde ich mich auf meinen Geist beschränken. Denn was sonst könnte ich wirklich beeinflussen?*[6]

In diesem Vers kommt ein eher alltagslogisches Verständnis von Verursachung und Selbstverbesserung zum Ausdruck. Es geht gar nicht um die Schaffung von Ursachen, die das Verhalten anderer Menschen verändern *(Ich werde nett sein, damit sich mein Mann verändert und aufhört, gemein zu mir zu sein)* oder die Prozesse in der äußeren Welt beeinflussen *(Ich werde großzügig sein, damit mir selbst auch mehr Geld zufließt)*. Es geht nicht um die Veränderung irgendwelcher Informationen. Diese verändern sich von selbst, wenn auch immer auf unerwartete, unvorhersehbare und, wie es im zitierten Text heißt, unbeeinflussbare Weise.

Ob andere Menschen uns als »nett« erscheinen oder ob eine bestimmte Summe Geld »ausreicht«, ist in jedem Fall eine subjektive *Deutung*, kein objektives, messbares Phänomen. Sobald sich unsere subjektive Perspektive verändert, wirkt sich das auch auf unsere Sicht dessen, wie viel Geld uns reich macht und wie nett andere Menschen sind, aus.

Karma ist nicht wie die Schwerkraft, kein unsichtbares äußeres »Naturgesetz«, sondern vor allem ein inneres Gesetz, das unseren mentalen Zustand beeinflusst. Folglich besteht die Karmabeeinflussung im Grunde in der Veränderung unseres Bezugsrahmens – »meinen eigenen Geist davon abhalten«, negatives Karma zu erzeugen –, damit unsere Sicht anderer Menschen und des Lebens insgesamt weniger stark durch unsere Geistesplagen verzerrt wird. Wir müssen versuchen, unsere Wahrnehmung so zu transformieren, dass sie nicht mehr von unseren negativsten Tendenzen, sondern von Tugenden wie Vergeben, Mitgefühl, Liebe, Weisheit und Großherzigkeit bestimmt wird.

Wenn wir uns bemühen, unsere negativen Neigungen zu überwinden und sie durch Güte zu ersetzen, pflanzen wir »karmische Samen« – eine Metapher für das, was wir heutzutage (bewusste, unterbewusste oder sogar unbewusste) »Erinnerungen« nennen. Wie wir wissen, gibt unser Gedächtnis nicht einfach das wieder, was *wirklich* geschehen ist, sondern was wir *denken*, das geschehen ist, und das kann sich im Laufe der Zeit verändern und tut dies auch.

Wovon wir *denken*, dass wir es in der Vergangenheit getan, gesagt oder gedacht haben – mit anderen Worten unser Karma – bestimmt uns in der Gegenwart. Unsere Vorstellung von unserer persönlichen Identität – *wer wir zu sein glauben* – ist eine Funktion dessen, *wer wir einmal gewesen zu sein glauben*. Und sowohl unser gegenwärtiges Selbstempfinden als auch die ihm zugrunde liegenden Erinnerungen verändern sich ständig und sind somit veränderlich.

In den buddhistischen Schriften tobt eine umfangreiche Debatte darüber, wo genau die karmischen »Samen«, die wir in der Vergangenheit gepflanzt haben, »aufbewahrt« werden, bis sie reifen können. Da wir mit jeder »Wo ist Walter?«-Suche nach einem unveränderlichen und beständigen individuellen Selbst erfolglos bleiben, müssen wir uns fragen, wie Karma vom Zeitpunkt seiner Entstehung bis zum Augenblick seines Reifens erhalten bleiben kann.

Die Antwort lautet, dass Karma im »simplen Ich« konserviert wird – in unserem fundamentalen Selbstempfinden in jedem beliebigen Augenblick. Karma ist Erinnerung – noch einmal: bewusste, unterbewusste oder unbewusste –, und die Erinnerung macht unsere gegenwärtige Identität aus. Falls Sie mir nicht glauben, können Sie sich einmal vorzustellen versuchen, wer Sie ohne Vergangenheit wären! Der Regisseur Luis Buñuel hat einmal gesagt: »Ein Leben ohne Erinnerung ist kein Leben. … Unsere Erinnerung ist unser Zusammenhalt, unser Geist, unsere Gefühle, sogar unsere Handlungen. Ohne sie wären wir nichts.«[7]

Das »ich«, das mein in der Vergangenheit entstandenes Karma kreiert hat, existiert schon lange nicht mehr, aber das »ich«, das ich mir zurzeit vorstelle, ist eine Idee, die auf meinen Erinnerungen daran basiert, wer ich einmal war und was ich meine, einmal getan, gesagt oder gedacht zu haben.

Es gibt kein dauerhaftes, beständiges Selbst, das Karma *hat*. Unsere Vorstellung von uns selbst *ist* unser Karma.

Die Erinnerungen, die unser Selbstbild formen, werden im Sanskrit *vasanas* genannt. Sie durchziehen unser Bewusstsein, wie ein Parfümduft auch dann noch in einem Raum verweilt, wenn die Person, die diesen Duft verbreitet hat, schon längst wieder fort ist. Der »Raum« unserer gegenwärtigen Identität ist von dem »Duft« unseres in der Vergangenheit entstandenen Karmas gesättigt und wird durch sein Aroma definiert.

Somit können wir unsere Vorstellung von uns selbst unter anderem verbessern, indem wir die Erinnerungen, die wir mit uns herumtragen, rehabilitieren. *Die Vergangenheit ist nie so, wie sie einmal war.* Sowohl für einzelne Menschen als auch für Gruppen gilt, dass *jede Geschichte eine revisionistische Geschichte ist.* Der Psychologe Mihaly Csikszentmihalyi hat geschrieben: »Die Vergangenheit kann niemals buchstäblich in das Gedächtnis eingehen: Sie muss ständig redigiert werden, und die Frage ist nur, ob wir diesen Vorgang des Redigierens kreativ in die eigenen Hände nehmen oder nicht.«[8]

Weil das, was wir unsere »Vergangenheit« nennen, in Wahrheit nur ein Teil unseres gegenwärtigen Geistes ist und unsere Gegenwart sich ständig verändert, ist auch unsere Sicht der Vergangenheit ständig im Fluss. Statt eine Vergangenheit mit uns herumzuschleppen, die von Bitterkeit, Schuldzuweisungen und Enttäuschungen geprägt ist, und uns auf ihrer Grundlage selbst zu definieren, können wir auch so an der Revision unserer persönlichen Geschichte arbeiten, dass an die Stelle von Zorn die Bereitschaft zu vergeben tritt, Groll durch Dankbarkeit und Gedanken der Trauer und Reue durch unsere Bereitschaft zu akzeptieren ersetzt werden. Menschen, die mit ihrer Vergangenheit Frieden geschlossen haben, sind einen weiten Weg gegangen, der sich auf ihr Selbstwertgefühl in der Gegenwart positiv auswirkt. Nicht nur haben sich ihre Erinnerungen dadurch verändert und positiv entwickelt, sondern Vergeben, Dankbarkeit und Akzeptieren haben auch ihr Selbstempfinden verändert. Statt sich weiter als verbittertes traumatisiertes Opfer zu sehen, kann man sich auch vorstellen, welche Tugenden man gegenüber Personen und Ereignissen in der Vergangenheit praktiziert hat.

In diesem Sinne kann Karma sowohl retroaktiv als auch proaktiv wirken. Indem wir uns hinsichtlich unserer Vergangenheit im Vergeben und Akzeptieren sowie in Dankbarkeit üben, kreieren wir Ursachen, die im Laufe der Zeit zur Entstehung eines besseren Selbstbildes führen. In Zukunft werden wir uns dann an uns selbst als jemanden erinnern, der versucht hat, zu vergeben, dankbar zu sein und zu akzeptieren, was geschehen ist.

Wenn Karma Erinnerung ist und Erinnerung der Stoff, aus dem unser Selbstbild besteht, können wir unser Selbstempfinden verbessern, indem wir so handeln, reden und denken, dass wir auf unser Leben einmal mit Würde statt beschämt zurückschauen können: *Ich war ein Mensch, der versucht hat, ein gutes Leben zu führen, ein von Gewaltlosigkeit, Ehrlichkeit,*

Integrität, Wohltätigkeit und den übrigen Tugenden bestimmtes Leben. Wir üben uns darin, heute ein besserer Mensch zu sein (und zwar nicht nur im Hinblick auf unsere Vergangenheit, sondern in unserer gesamten Interaktion mit der Welt und mit anderen Menschen), sodass wir uns morgen selbst mehr achten können.

Und indem wir sorgsamer darauf achten, ein von ethischen Grundsätzen geprägtes Leben zu führen, transformieren wir sogar unsere momentane Selbstsicht. Wenn es uns gelingt, die Gültigkeit der karmischen Gesetze anzuerkennen, und wir dann anfangen, im Einklang mit dem, was unser Glück mehrt und unser Leiden mindert, zu leben, sehen wir uns auch in der Gegenwart anders als bisher. Wir sehen uns dann als Menschen, die sich von den karmischen Gesetzen leiten lassen, nicht mehr als Zeitgenossen, die ziemlich gedankenlos und »auf Autopilot« durchs Leben gehen. Unser Selbstwertgefühl wird sofort stärker, wenn wir uns der Folgen unserer Bemühungen um die Stärkung unseres zukünftigen Selbstwertgefühls bewusster werden.

Karma beeinflusst unsere Selbstsicht – und unsere Vorstellung von uns selbst ist das einzige Selbst, das wir jemals gehabt haben. Der Versuch, andere Menschen oder äußere Phänomene zu manipulieren oder zu beherrschen, um sich im eigenen Leben besser zu fühlen, ist in der Regel ziemlich unwirksam (ist Ihnen das vielleicht selbst schon aufgefallen?).

Verändern kann ich nur mich selbst. Und wie es in Shantidevas Vers weiter oben heißt: »Was sonst könnte ich wirklich beeinflussen?«

»So ist es jetzt«

Nachdem wir uns nun mit der theoretischen Grundlage des Weges zu einer echten Selbstverbesserung vertraut gemacht haben, müssen wir die Theorie in die Praxis übertragen. Wenn wir uns bezüglich unserer selbst und unseres Lebens besser fühlen wollen, geht es, wie wir gesehen haben, nicht darum, die Erwartung aufzubauen, dass die Welt und andere Menschen sich verändern, sondern wir müssen die Karten akzeptieren, die wir in einem bestimmten Augenblick bekommen, und dann lernen, sie so auszuspielen, dass unser Selbstwertgefühl als Spieler dadurch verbessert wird.

Ich möchte Ihnen nun ein kleines Mantra vorstellen – ein »Wort der Macht« – das mir in meinem Leben sehr geholfen hat, mich auf anstehende Aufgaben zu konzentrieren. Es handelt sich um eine Art Mantra des Akzeptierens – des Annehmens der Wirklichkeit, so wie sie ist, nicht so, wie wir sie uns wünschen. Wir können dieses Mantra »Wirklichkeits-Mantra« nennen, denn es soll uns helfen, uns auf das zu konzentrieren, was in der Wirklichkeit tatsächlich geschieht:

*Om, so ist es jetzt, ah hum.**

Der Laut *Om* steht traditionell am Anfang eines Mantras. Er bedeutet: »Jetzt kommt ein Mantra.« Und *ah hum* zeigt das Ende des Mantras an. »*So ist es jetzt*« sind Worte absoluter Wahrheit, und dies ist ein Aspekt ihrer Wirkmacht.

Denn was der Satz besagt, trifft immer zu. Es ist immer »jetzt so«, nicht wahr? Die Karten, die wir in einem bestimmten Augenblick bekommen, sind die einzigen, die wir zum Spielen zur Verfügung haben.

Das Mantra lautet *nicht*: »So ist es jetzt, und ich wünschte mir, es wäre nicht so.« Das wäre das sattsam bekannte unauf-

* Ich vermute, dass dieses Mantra – zumindest der »So ist es jetzt«-Teil, vom buddhistischen Lehrer Jack Kornfield stammt; allerdings kann es sein, dass dieser die Anregung dazu von jemand anderem hat.

richtige Mantra der Unzufriedenheit und des Nicht-Akzeptierens. Das Mantra lautet auch nicht: »So ist es jetzt, und ich wünschte mir, es würde immer so bleiben.« Dieses Mantra würden wir in den (relativ seltenen) Situationen rezitieren wollen, in denen sich die Dinge exakt nach unseren Vorstellungen entwickeln.

Das Mantra muss also ständig wiederholt werden, weil das »jetzt« in dem Satz »So ist es jetzt« sich ständig verändert. Wenn wir in der Realität bleiben wollen, statt in eine Fantasiewelt abzudriften, dürfen wir die sich ständig verändernde Gegenwart nicht aus dem Blick verlieren.

Der erste Schritt der eigentlichen Übung der Selbstverbesserung besteht darin, zu akzeptieren, *was ist*, statt sich entweder zu wünschen, dass die Realität anders wäre oder dass sie in ihrem momentanen Zustand erstarren und fortan so bleiben würde.

Nun zum nächsten Schritt: *Da es jetzt nun einmal so ist, wie es ist, muss ich mich fragen, wie ich am intelligentesten darauf reagieren kann. Wie kann ich die Karten, die ich bekommen habe, am besten nutzen?* Statt nur unbedacht auf Situationen zu reagieren, versuchen wir, achtsam und rational zu bleiben und zu denken:

Was kann ich in dieser Situation tun, sagen und denken, was mein Selbstbild eher bereichert als schmälert? Werde ich in Zukunft bedauern, was ich tue? Oder kann ich in der Gewissheit, dass ich mein Bestes getan habe, auf meine Handlungen zurückblicken?

Weil wir das Wesen unseres »Jemand-Seins« missverstehen, reagieren wir gewohnheitsmäßig mit unseren ungeschulten Gefühlen auf schwierige Situationen und Menschen, statt auf der Grundlage des Wissens über das Wesen der Existenz des persönlichen, individuellen Selbst – als ständig sich verändernde und sich weiterentwickelnde Idee oder Vorstellung, die auf Karma basiert.

Wir haben eine falsche Vorstellung von uns selbst und sind deshalb ständig bemüht, die Identität, von der wir glauben, sie existiere wirklich als einheitliches, unveränderliches, unabhängiges und Captain-Kirk-Selbst, zu erhalten und zu erweitern. Deshalb reagieren wir, mit schwierigen Situationen oder Menschen konfrontiert, defensiv oder aggressiv. Statt die Rationalität unseres Kopfes und das Mitgefühl und die Liebe unseres Herzens zu nutzen, fügen wir uns unseren egoistischen Instinkten und unseren ungezügelten Gewohnheiten.

Ist jemand auf uns wütend, reagieren wir mit Wut; verletzt uns jemand, haben wir das Gefühl, zurückschlagen zu müssen. Mit einem unerwünschten Ereignis konfrontiert, schlagen wir um uns, versuchen die Situation zu vermeiden oder sie auf der Stelle zu verändern, statt darüber nachzudenken, wie wir unseren gegenwärtigen Geistesfrieden am besten erhalten und bessere Erinnerungen kreieren können, durch die wir unsere Zukunft definieren.

Doch um in jeder beliebigen Situation eine kluge Entscheidung treffen zu können, müssen wir unserer Neigung entgegenwirken, uns unseren selbstbezogenen negativen Gefühlen, unseren Geistesplagen nachzugeben. Wie wir intelligent und mitfühlend auf jede Situation reagieren können, lässt sich ebenso einfach beschreiben wie die Gesetze des Karmas:

- Behandle andere so, wie du von ihnen behandelt werden möchtest.
- Was du nicht willst, das man dir tu, das füg auch keinem anderen zu.

So wie Sie nicht leiden wollen, wollen auch andere Menschen nicht, dass Sie auf Zorn mit Zorn reagieren, auf Verletzungen, indem Sie selbst verletzen, auf Lügen mit Lügen, auf Unzuverlässigkeit mit Unzuverlässigkeit. Um unsere gewohnheitsmäßigen Reaktionen auf Ereignisse und schwierige Menschen in unserem Leben zu verändern, müssen wir den Fokus von dem, was in einem bestimmten Augenblick »für mich gut« (und für andere schädlich) zu sein *scheint*, auf das verlagern, was *wirklich* die beste Art der Verbesserung unseres Selbstempfindens ist – hier und jetzt ebenso wie in Zukunft.

Was aus karmischer Sicht für uns das Beste ist, ist auch für die anderen Menschen in unserer Umgebung das Beste. *Om, so ist es jetzt, ah hum.* Wie also können wir in jedem Augenblick so handeln, sprechen und denken, dass wir glücklicher werden und das Leben der Menschen in unserer Umgebung verbessern, statt es zu verschlechtern?

Die beste Methode zur Verbesserung unseres Selbstbildes, unseres »Jemand-Seins«, besteht darin, zu lernen mit unseren negativen Reaktionen aufzuhören – defensiv oder aggressiv unsere Ichbezogenheit schützend oder fördernd – und stattdessen an der Entwicklung einer Reaktionsweise zu arbeiten, die unser Selbstwertgefühl stärkt.

Wir müssen unser »Bester Freund«-Selbst nutzen, um unser »Schlimmster Feind«-Selbst zu überwinden. Wenn wir unsere Situation wirklich verbessern und uns selbst helfen wollen, müssen wir den Engel in uns, nicht unseren inneren Dämonen, zu unserem Verbündeten machen.

Wer außer Ihnen könnte Ihr unglückliches, deprimiertes und unzufriedenes Selbst überwinden? Wer außer Ihnen könnte Sie zu einem besseren Jemand machen?

Die große Niederlage

Weil Selbstverbesserung möglich ist, ist es unsere Pflicht, alles daranzusetzen, sie zu realisieren. Und das wird uns ganz sicher einiges an Mühe abverlangen. Es wäre naiv anzunehmen, es sei leicht, weise und gütig auf schwierige Situationen oder unangenehme Menschen zu reagieren. Wir sind es gewöhnt, das Gegenteil zu tun, und diese Gewohnheiten sind uns tief eingeprägt. Unsere gewohnheitsmäßigen Reaktionen gleichen einem automatischen Reflex.

Wenn sich die Geistesplagen – Zorn, Eitelkeit, Verlangen, Eifersucht, Groll, Ärger, Selbstzerfleischung usw. – melden, erscheinen sie stets als unvermeidlich. Wir fühlen uns in solchen Momenten *gezwungen*, etwas zu tun, zu sagen oder zu denken, was wir schon bald bereuen (oder zumindest bereuen *sollten*). Wir entschuldigen uns dann, indem wir sagen: *Tut mir leid, aber ich konnte einfach nicht anders!*

Wir alle wissen, wie das läuft. Jemand sagt oder tut etwas, das uns nicht gefällt – etwas, das unser »Jemand-Sein« beleidigt, verletzt oder provoziert. Eine Kraft wird geweckt, eine Energie, die ein Eigenleben zu haben scheint. Wie in den *Alien*-Filmen fühlt sich das, was uns heimsucht, wie ein wütendes Ungeheuer an, das plötzlich aus unserem Bauch springt.

Und dann durchflutet uns die Alien-Kraft. Das negative Gefühl brandet in uns auf. Wird den Geistesplagen nicht wirksam Einhalt geboten, bewegen sie sich vom Solarplexus aufwärts durch die angespannte Brust zur Kehle und kapern blitzschnell unseren Kopf.

Die negative Emotion ergreift uns. Wir »verlieren die Kontrolle« – was im Grunde bedeutet, dass wir zeitweilig verrückt werden. Wir werden zur Marionette unseres negativen Gefühls und tun, sagen und denken unangenehme, verletzende und schädigende Dinge.

Um uns von den negativen Emotionen zu befreien – um diese törichten und selbstzerstörerischen Reaktionen zu verändern –, müssen wir bereit sein, uns auf einen Kampf einzulassen. Es ist schwer, alte Gewohnheiten zu durchbrechen. Wir müssen unsere Lenden gürten und für den großen Kampf gegen unsere Geistesplagen trainieren.

* * *

Als Kind war ich ein begeisterter Wrestling-Fan (und ich meine hier das Profi-Wrestling, nicht das ruhigere College-Wrestling oder das olympische Wrestling, die sich beide stärker an festen Regeln orientieren), ebenso wie mein Großvater. Wir schauten uns damals Fernseh-Showkämpfe zwischen Größen wie »Gorilla Monsoon« und »Dick the Bruiser« an und staunten, zu welchen Gewaltexzessen diese Leute in der Lage waren: Einer der Kämpfer sprang vom obersten Seil der Ringabgrenzung und rammte seinen Ellbogen in die Kehle seines Gegners, der rücklings auf der Matte lag – solche Sachen.

Mein Großvater und ich waren völlig davon überzeugt, dass bei der Art von Kampf, die wir sahen, wirklich alles mit rechten Dingen zuging. Es machte meinen Vater wahnsinnig! Wir sahen, dass ein Kämpfer dem anderen in die Augen stach, wir wurden Zeugen von »Schläfergriffen« (bei denen irgendein »Nerv« an der Schulter gedrückt wurde und der Gegner danach auf der Stelle bewusstlos war), Todesgriffen und Luftröhrenschlägen mit dem Ellbogen – ganz zu schweigen von den völlig illegalen Prügeleien mit Stühlen und den Angriffen mit eingeschmuggelten Totschlägern, Schlagringen und Rasierklingen. All dies, so behauptete mein Vater immer wieder unerbittlich, müsse vorgetäuscht sein.

Haben Sie schon einmal gehört, dass Großeltern und ihre Enkel gewöhnlich so gut miteinander auskommen, weil sie einen gemeinsamen Feind haben? Mein Großvater und ich hatten einen gewissen perversen Spaß daran, dass mein Vater jedes Mal einen Wutanfall bekam, wenn wir darauf beharrten, dass Wrestling ein echter »Sport« und nicht nur sportliches »Theater« sei.

Um unsere Geistesplagen zu überwinden, müssen wir Profi-Wrestlern ähnlich werden. Wir müssen uns auf große Niederlagen gefasst machen. Wir müssen unseren negativen Emotionen gegenüber schonungslos und brutal vorgehen, denn sie sind unsere wahren Feinde. Während unsere menschlichen »Feinde«, wenn sie uns nicht gerade drangsalieren, schlafen, essen, in ihren Beziehungen leben, sich um ihre Geschäfte kümmern und ihren Hobbys nachgehen, brauchen unsere Geistesplagen nichts weiter zu tun, als unser Glück zu zerstören.

Bezüglich der Spiritualität kursiert ein großes Missverständnis. Menschen, die sich einer spirituellen Übung widmen, sollten sich einer weit verbreiteten Annahme zufolge ständig in einer Art jenseitigem und katatonischem Zustand befinden – ruhiggestellt, gedämpft und friedlich träge.

Doch ein echter spiritueller Rebell ist kein verweichlichter Nabelschauer mit verschwommenem Blick, der seinen negativen Emotionen flugs das Friedenszeichen entgegenschleudert. Wahrscheinlich werden sich manche Leser darüber wundern, dass einige der vielen spirituellen Schriften die Sprache der Gewalt und des Krieges benutzen, wenn sie darauf eingehen, wie man die Kontrolle über sich selbst erlangen kann.

Shantidevas klassische buddhistische *Anleitung zum Bodhisattva-Leben* empfiehlt uns beispielsweise, »unerschütterliche Krieger« zu werden, wenn wir überwinden wollen, was in diesem Text als unsere »Geburtsfeinde« bezeichnet wird. Wie Soldaten auf dem Schlachtfeld sollen wir in unserem persönlichen Kampf tapfer sein. Und weil wir wissen, dass dieser Kampf nicht leicht werden wird, sollten wir uns stählen und uns vornehmen, unbedingt durchzuhalten, so schwierig dies auch sein mag:

In der Hitze des Kampfes können unerschütterliche Krieger die Verblendeten und Unglücklichen, die ohnehin sterben werden, rasch töten. Auch wenn zahllose Wunden von Pfeilen und Speeren sie peinigen, lassen sie vom Kampf nicht ab, bis sie ihr Ziel erreicht haben. Wenn ich entschlossen bin, meine Geburtsfeinde zu bezwingen, die Ursachen meines unablässigen Leidens, wie könnte ich dann deprimiert und niedergeschlagen sein, auch wenn ich Hunderte von Schwierigkeiten bewältigen müsste?[9]

Krieger auf dem Schlachtfeld, Boxer im Ring, und, ja, Profi-Wrestler, die Niederlagen erleiden, werden, wenn sie verletzt worden sind, noch kampflustiger. Und auch wir sollten noch entschlossener werden, wenn unsere Gegner in unserem Kampf gegen unsere unzuträglichsten Neigungen Widerstand leisten.

Shantidevas Anleitung mahnt uns, im großen Kampf nicht nur willensstark, sondern auch erbarmungslos zu sein. Noch schlimmer ist, dass wir selbst unsere Geistesplagen verteidigen und rechtfertigen:

Na und, ich bin eben wütend geworden und habe gebrüllt. Sie hat es nicht anderes verdient. Ich musste ihr einfach mal zeigen, was Sache ist!

Das Schlimmste jedoch ist, dass wir uns mit unseren negativen Emotionen identifizieren und uns sogar durch sie definieren:

Ich bin eifersüchtig. Ich bin stolz.

Wenn wir glücklicher leben wollen, dürfen wir die Feinde unseres Geistesfriedens nicht länger verwöhnen, entschuldigen und rechtfertigen und uns nicht mehr mit ihnen identifizieren. Sobald wir die Tür auch nur einen Spalt offen lassen, dringen sie mit Sicherheit ein. Wenn wir diese lästigen Dämonen weiter verhätscheln, fügen sie uns immer wieder Niederlagen zu.

Deshalb drängt Shantideva uns, mit diesen kleinen Mistkerlen »kurzen Prozess« zu machen.

> *Mögen die Eingeweide aus meinem Körper fallen und mein Kopf vom Hals – was immer geschehen mag, ich werde mich vor meinen Feinden, den Geistesplagen, niemals beugen.*[10]

Also, nichts für Weicheier. Auf, in den Kampf!

* * *

Welche Waffen brauchen wir im Kampf gegen die Geistesplagen? Mit welchen Wrestling-Griffen können wir diese Ungeheuer bezwingen, wenn eines davon das nächste Mal sein hässliches Haupt erhebt? Und welche »illegalen« Hilfsmittel können wir in den Ring schmuggeln, um unsere Gewinnchancen beim Kampf gegen unsere schlimmsten Feinde zu erhöhen?

Erkennen

Wenn wir die Geistesplagen zunächst einmal als schädlich erkennen, statt sie für unverzichtbare oder sogar wünschenswerte Bestandteile unseres Lebens zu halten, hilft uns das, sie zu überwinden.

Ein Freund von mir, der raucht, nennt Zigaretten seine »kleinen Freunde«. Schließlich seien sie immer für ihn da. Gleich morgens zum Kaffee, den ganzen Tag über bei der Arbeit, danach zu einem Drink und immer nach den Mahlzeiten oder nach dem Sex – er kann sich in jeder Lebenslage auf seine »kleinen Freunde« verlassen.

Viele Menschen sehen die Geistesplagen als ihre »kleinen Freunde« an, statt zu merken, dass sie ihre schlimmsten Feinde sind. Sie zutreffender zu bezeichnen ist eine gute und wichtige Vorbereitung auf den großen Kampf.

Verstehen

Die Geistesplagen rechtfertigen sich immer selbst. Es ist geradezu typisch für negative Emotionen, dass sie sich als vernünftige Reaktion in einer schwierigen Situation hinstellen. Aber das ist völlig verfehlt. Die Geistesplagen sind keine rationalen Reaktionen, sondern schädliche Emotionsausbrüche, die unsere Selbstwahrnehmung eher noch verschlechtern, als dass sie sie verbessern.

Eine Studentin erzählte mir eines Tages, sie habe Schwierigkeiten, sich ihre Neigung zu Wutanfällen abzugewöhnen. »Ich werde so klar, wenn ich wütend bin«, berichtete sie. »Im Zustand der Wut sehe ich plötzlich alles sehr genau und empfinde eine ungeheure Gewissheit.«

Wir alle wissen wohl, dass starke Emotionen wie Wut mit einem Gefühl der Klarheit verbunden sind. In diesem Zustand erscheint uns alles in kontrastreichem Schwarzweiß: *Ich habe recht, sie haben unrecht.*

Aber wenn der Zauber der Geistesplage schwindet, merken wir oft, dass die mit der negativen Emotion verbundene scheinbare Klarheit in Wirklichkeit eine verzerrte Sicht der realen Situation war. Ein starkes und völlig im Dienste des Ich stehendes Gefühl hatte sich als hyperrationale, objektive Einschätzung maskiert.

Die Geistesplagen bringen uns keine wirkliche Klarheit, und sie basieren nicht auf rationalen, objektiven Erwägungen. Niemand würde bei klarem Verstand den Angriff einer Geistesplage einfach geschehen lassen. Niemand, der mit einem schwierigen Menschen oder einer problematischen Situation konfrontiert ist, würde unvoreingenommen und in aller Ruhe über seine Optionen nachdenken und sich dann dafür entscheiden, einen ausgewachsenen Wutanfall zu bekommen.

Dieser Mensch hat gerade etwas gesagt, das mir nicht gefallen hat. Hmm. Wie sollte ich am besten darauf reagieren, wenn mir jetzt und in Zukunft an meinem Glück und meinem Geistesfrieden liegt? Ach, ich weiß schon! Ich erhöhe meinen Blutdruck und meine Herzfrequenz, verkrampfe mich innerlich möglichst stark, lasse mein Gesicht dunkelrot anlaufen und sage dann Dinge – vielleicht sogar ziemlich laut und mit vielen unflätigen Wörtern garniert –, die ich ein paar Stunden später wahrscheinlich bereuen werde!

Weitere wichtige Waffen, die wir entwickeln und im Kampf gegen die Geistesplagen einsetzen können, sind Weisheit und Verstehen. Eingedenk dessen, wie Karma unser Selbstempfinden bestimmt, vergegenwärtigen wir uns, dass wir, um eine bessere Vorstellung von uns selbst zu entwickeln, dem Sirenengesang der Geistesplagen widerstehen müssen. Nur so können wir deren pseudo-rationalen Zauber entkräften.

Weisheit hilft uns zu verstehen, dass *es niemals in unserem wohlverstandenen Interesse sein kann, anders als kühl, ruhig und gesammelt zu sein.* Es ist nie intelligent, vor einer Geistesplage zu kapitulieren. Wenn wir unseren übelsten Neigungen freien Lauf lassen, so ist das weder rational noch in irgendeiner Weise förderlich.

Selbstverbesserung wird durch Selbstkontrolle ermöglicht, nicht durch Sichgehenlassen.

Auflösung der Identifikation
Wenn es uns gelingt, unser Haften an unseren negativen Emotionen zu lösen, wird unsere Macht über sie größer. Wir sind *nicht* unsere Eifersucht, Wut und Depression oder unser Stolz und Neid. Wenn eine Geistesplage aufgetaucht ist und wir sie als fremde Macht ansehen, wird sie zu etwas, das sich von uns selbst unterscheidet. Wir können dann gegen sie kämpfen, statt sie zu integrieren und uns mit ihr zu identifizieren.

Entschlossenheit … in jedem Fall notwendig
Wir haben schon gesehen, wie wichtig in unserem Kampf gegen unsere negativen Emotionen unerschütterliche Entschlossenheit ist:

Mögen die Eingeweide aus meinem Körper fallen
und mein Kopf vom Hals – was immer geschehen mag,
ich werde mich vor meinen Feinden, den Geistesplagen,
niemals beugen.

Jede andere Haltung gegenüber unseren Geistesplagen erhält und verstärkt diese. Absolute Entschlossenheit ist vielleicht der mächtigste Pfeil, den wir im Kampf gegen unsere inneren Feinde im Köcher haben.

Und genau wie die Berufs-Wrestler, deren Kämpfe ich mir als Kind im Fernsehen angeschaut habe, können wir bezüglich der Methoden, die wir benutzen, nicht zu wählerisch sein. Doppelnelson, Beinschere, Schläge auf den Kopf, aber auch Totschläger, Klappstühle und Rasierklingen – wir müssen alles nutzen, was unsere Siegeschancen erhöht.

Auch in dieser Hinsicht orientieren wir uns an Shantidevas Anleitung. Um unsere guten Absichten, unsere Entschlossenheit, ein besserer, selbstbeherrschterer Mensch zu werden, zu unterstützen, empfiehlt er uns eine wirklich radikale Methode, die alle herkömmlichen Regeln ignoriert. Er erklärt uns, wie wir Schlagringe und Totschläger in den Ring schmuggeln können.

Wir sollen die Geistesplagen durch sie selbst bekämpfen. Wie in einigen Kampfkünsten üblich, nutzen wir die Energie unseres Gegners – und machen Sie sich keine Illusionen: Zorn, Eifersucht, Stolz und starkem Verlangen wohnt eine mächtige Energie inne – zu unserem eigenen Vorteil.

Deshalb unterscheidet Shantideva zwischen den Geistesplagen, wenn sie als unsere Feinde agieren, und den gleichen Energien, wenn wir sie zu unseren Verbündeten machen. Seine *Anleitung zum Bodhisattva-Leben* empfiehlt beispielsweise, die Geduld (die oft als Mittel gegen den Zorn genannt wird) zu verlieren und *auf unseren Zorn zornig zu werden*!

> *Da sie in meinem Geist verweilen, haben sie die besten Möglichkeiten, mich zu vernichten. Und doch werde ich nicht wütend. Zum Teufel mit dieser unangebrachten Geduld!*
> *Ich werde beharrlich und entschlossen Rache nehmen! Ich werde gegen meine Geistesplagen kämpfen – außer gegen diejenigen, die ihresgleichen vernichten können.*[11]

Werde zornig darauf, ... dass du ein Sklave des Zorns bist![12]
Sei stolz ... auf deine Bemühungen, den Stolz zu überwinden.[13]
Sei neidisch ... auf diejenigen ohne Neid!

Und habe ein starkes Verlangen nach dem Sieg über den Gegner im Großen Kampf. Habe Verlangen nach Selbstverbesserung. Habe Verlangen nach einem besseren Selbstbild, dem Lohn der Selbstentwicklung durch Selbstdisziplin und Beeinflussung des Karmas.

Und habe schließlich auch aus ganzem Herzen Verlangen nach dem Versiegen allen Verlangens, nach dem Großen Juckfreien Zustand, dem Ende allen Verlangens, der Zufriedenheit selbst.

* * *

»Ich halte den für tapferer, der seine (negativen, egoistischen) Begierden bezwingt, als denjenigen, der seine (äußeren) Feinde besiegt«, schreibt Aristoteles, »denn der schwerste Sieg ist der des Menschen über sich selbst.«[14]

Mindestens seit der Zeit der alten Griechen ist bekannt, dass es schwierig ist, selbstzerstörerische Gewohnheiten zu überwinden und sie durch förderliche zu ersetzen. Es ist schwer für uns, uns selbst zu überwinden. Doch es ist aller Mühe wert, sich darum zu bemühen – und wir sollten uns inbrünstig wünschen, es zu schaffen –, denn dies ist die einzige Möglichkeit einer echten Verbesserung unseres Selbstwertgefühls. Aber niemand sagt, dass das ein Kinderspiel ist.

Wenn wir durch Beeinflussung unseres Karmas an der Selbstverbesserung arbeiten wollen, müssen wir mit Rückschlägen rechnen.

Wir werden aus dem Großen Kampf nicht immer siegreich hervorgehen. Eine bei uns aktive Geistesplage besiegt uns viele Male, auch wenn wir sehr engagiert kämpfen. Wir können so hartnäckig Widerstand leisten, wie wir wollen, an irgendeinem Punkt werden wir kapitulieren:

Ach, zum Teufel damit! Mir ist egal, ob diese Hindernisse für mich schlecht sind! Und mir ist auch egal, wen ich verletzte, ob mich selbst oder andere!

Und dann geben wir dem Drängen der Geistesplage nach, und die negative Emotion gewinnt diese Runde des Wrestling-Kampfes.

Wenn wir von unseren eigenen schlimmsten Neigungen überwältigt werden und wir dem Drängen von Wut, Verlangen, Eifersucht, Groll und arrogantem Stolz nachgeben, fühlt sich das so an, als wären wir eine Figur in einem Cartoon. Die Geistesplage packt uns an der Kehle, und wir prallen wie eine Stoffpuppe gegen die Wand und taumeln auf und ab und von rechts nach links. Wir sind einer Kraft ausgeliefert, die im Moment stärker ist als die Waffen, mit denen wir sie zu bekämpfen versuchen.

In solchen Situationen müssen wir von einer Angriffs- zu einer Verteidigungsstrategie wechseln. Wir gehen in Deckung und versuchen, uns so gut wie möglich zu schützen.

Die erste Verteidigungsmaßnahme besteht darin, den Griff unseres Gegners so rasch wie möglich abzuwehren. Viele von uns sind es gewöhnt, ihren Geistesplagen Stunden, Tage oder gar Monate und Jahre freien Lauf zu lassen. Ein spiritueller Krieger wartet, bis die überwältigende Kraft der Geistesplagen ein wenig nachlässt. Doch wenn dies eintritt, wehrt er den Angriff sofort ab:

Okay, das reicht jetzt. Ich habe meinem Groll, meiner Arroganz, meiner Wut oder meiner Eifersucht nachgegeben, aber ich werde nicht zulassen, dass diese Plagen noch eine einzige Minute meines Lebens ruinieren! Vielleicht habe ich diese Runde verloren, aber ich werde den Kampf nicht aufgeben!

Wenn wir den Angriff abgewehrt haben, kommen wir wieder auf die Füße und bereiten uns auf den nächsten Ansturm des Feindes vor. Wir kehren in das spirituelle Fitnesscenter zurück, trainieren weiter und verstärken unsere Waffen, um uns auf die nächste Runde vorzubereiten. Wir *erkennen* die Geistesplagen als real und schädlich für unser Glück; wir *verstehen*, dass

Selbstverbesserung die Bekämpfung alter Gewohnheiten und die Entwicklung neuer erfordert; wir *lösen unsere Identifikation* mit diesen lästigen Gewohnheiten auf und bekunden unsere *Entschlossenheit*, die nächste Runde des Großen Kampfes zu gewinnen.

Eine zweite Defensivstrategie, die wir im Falle einer Niederlage im Großen Kampf anwenden können, besteht darin, uns nach einem solchen Rückschlag nicht wieder schlecht zu fühlen. Bedauern und Kummer zu empfinden ist in Ordnung; Schuldgefühle hingegen sind etwas völlig anderes. Wenn wir uns wegen unserer Misserfolge schuldig fühlen – beispielsweise aufgrund einer Depression, die solche Schuldgefühle häufig schürt –, so ist das nur eine andere Form narzisstischer Selbstversunkenheit. Es hilft niemandem und raubt uns sogar die Energie, die wir bräuchten, um uns wohler in unserer Haut zu fühlen.

Bedauern hingegen bedeutet, die Tatsache anzuerkennen, dass wir uns selbst und andere verletzen, wenn wir unseren Geistesplagen nachgeben. Aus Bedauern und Reue erwachsen immer der Wille zu noch intensiverem Bemühen und der Entschluss, in Zukunft einen erneuten Versuch zu wagen. Während Schuldgefühle Kraft rauben, inspiriert Bedauern uns dazu, unsere Willenskraft zu stärken, um auf die nächste Konfrontation besser vorbereitet zu sein.

Es gibt aber auch noch eine dritte Möglichkeit, sich zu verteidigen: Auch hier wieder lösen wir unsere Identifikation mit der Geistesplage, die uns zeitweise besiegt hat. Wir machen uns nicht mit den feindlichen Kräften gemein, unterwerfen uns nicht dem zwischenzeitlichen Sieger und werden keine Kriegsgefangenen.

Selbst Shantideva, der Verfechter »spirituellen Kriegertums«, weiß, dass wir im Kampf gegen unsere schlechten Gewohnheiten nicht immer gewinnen werden. Deshalb lesen wir bei ihm:

»Wenn du versagst, sollten deine Wangen schamrot werden, und du solltest denken: Was kann ich tun, damit dies nicht noch einmal passiert?«[15]

Wenn man vom Pferd fällt, klopft man sich den Staub von der Kleidung und steigt zum nächsten Ritt auf. Dies wird »Übung« genannt. Wir wiederholen unsere Bemühungen und stärken unseren Willen. Dies ist der einzige Weg zu echter Selbstverbesserung, so steinig er auch manchmal sein mag.

Denken Sie an das »Realitäts-Mantra«:

Om, so ist es jetzt, ah hum.

Weil dieses Mantra in jeder Situation relevant ist, können wir es auch anwenden, wenn wir versagt haben:

So ist es jetzt. Was kann ich jetzt tun, um in Zukunft Misserfolge zu vermeiden, die durch meine Geistesplagen bedingt sind?

Spiel um hohe Einsätze

Es gibt eine sehr nützliche spirituelle Maxime – vielleicht das nützlichste aller Werkzeuge für unsere Bemühungen um Selbstverbesserung:

Wenn du es nicht für dich selbst tun kannst, dann tue es für andere.

Altruismus birgt eine ungeheure Kraft. Ich fühle mich in diesem Zusammenhang an Zeitungsberichte erinnert, in denen es um ein kleines Kind ging, das unter einem Auto festsaß. Die Mutter des Kindes, die aufgrund ihrer Verzweiflung und ihres panischen Drangs, ihr geliebtes Kind zu retten, einen sehr hohen Adrenalinspiegel hatte, hob das Auto an der Stoßstange hoch, brachte das Kind aus der Gefahrenzone und ließ die zwei Tonnen schwere Karosserie dann wieder fallen.

Im nächsten Teil dieses Buches werden wir mehr über Macht und Freude der Selbstvergessenheit erfahren. Doch auch bei unserem Bemühen um Selbstverbesserung ist eine der wirksamsten Ressourcen unsere Fähigkeit, nicht nur an uns selbst, sondern auch an andere zu denken.

Das »Jemand-Sein« zu verbessern erfordert, dass wir uns über die Wirkung von Karma im Klaren sind, denn erst dann können wir damit beginnen, allmählich unser Selbstbild zu verwandeln. Und unsere Selbstsicht verändert sich sofort, wenn uns der Wechsel vom verblendeten Sichgehenlassen zu kundiger Selbst-Wiederherstellung gelingt. Wir fangen dann an, uns als Menschen zu sehen, die versuchen, zu *besseren* Jemanden zu werden, statt als Jemande, die süchtig danach sind, ihr »Jemand-Sein« zu stärken. Wir fangen an, unsere Aufmerksamkeit anderen zuzuwenden, und wir fragen uns, wie wir anderen helfen können, statt sie zu verletzen.

Wir konzentrieren uns auf unser ethisches Verhalten und kämpfen gegen unsere Geistesplagen, unsere wahren Feinde, die unser gegenwärtiges Glück zerstören und die Samen für zukünftiges unglückliches »Jemand-Sein« pflanzen. Im inneren Kampf gegen unsere Dämonen schleifen und nutzen wir die Waffen des Erkennens, des Verstehens, der Auflösung der Identifikation und der Entschlossenheit und lassen uns von unvermeidlichen Rückschlägen und Misserfolgen nicht entmutigen. Wir vergegenwärtigen uns unser Mantra – *So ist es jetzt* –, und wir spielen die Karten, die wir bekommen haben, weise und geschickt aus, wobei wir stets daran denken, dass Selbstverbesserung möglich ist und dass wir wissen, wie wir sie erreichen können.

Wir versuchen, unsere Karten klug auszuspielen, aber wir sollten auch bedenken, dass es um einen sehr hohen Einsatz geht. Wir erzeugen in jedem Augenblick die Ursachen für unser zukünftiges Sein. Ob wir glücklich oder unglücklich sein werden, hängt davon ab, was wir in jedem gegenwärtigen Augenblick tun, sagen oder denken.

Aber nun kommt das, worum es wirklich geht. So hoch ist der Einsatz tatsächlich: Wenn Sie sich verändern, werden sich auch Ihre ganze Welt und alle Menschen darin verändern.

Verändere dich, und du veränderst die Welt.

* * *

Mir ist völlig klar, dass wir dies nur schwer glauben können werden. Man kann sich kaum vorstellen, dass wir als Einzelne über so große Macht verfügen, denn die damit verbundene Verantwortung erscheint uns als erdrückend.

Zu denken, dass wir uns verändern und unsere Situation verbessern können, ist eine Sache. Die meisten von uns halten dies zwar für möglich, aber dass es eine Verbindung zwischen einer inneren Transformation und einer Veränderung der äußeren Welt geben könnte, erscheint als weit hergeholt.

Doch was wir aus unserem Leben machen, hat Auswirkungen, die weit über das hinausreichen, was wir in der Regel für möglich halten. Was wir tun, sagen und denken, hat nicht nur entscheidenden Einfluss darauf, wer wir sind, sondern auch darauf, in welcher Art von Welt wir leben und welchen Menschen wir begegnen. Wenn wir anderen wirklich helfen und an der Schaffung einer besseren Welt mitwirken wollen, ist die beste Möglichkeit, dieses Ziel zu erreichen, uns selbst zu helfen.

Und wenn uns wirklich daran liegt, dies zu glauben, müssen wir uns sehr sorgfältig mit den Gründen beschäftigen, und wir müssen uns die logische Herleitung wiederholt vergegenwärtigen.

Sind Sie bereit?

Niemand von uns sieht die äußere Welt objektiv.

Wenn wir nicht darüber nachdenken, haben wir alle das Gefühl, dass wir die Dinge, Ereignisse und Menschen so sehen, *wie sie wirklich sind.* Aber das ist eine Illusion, einer der Tricks des nur auf sich selbst bezogenen Ich. Niemand kann hinsichtlich der Realität die »Gottesperspektive« für sich in Anspruch nehmen.

Wenn wir uns selbst gegenüber ehrlich sind, müssen wir zugeben, dass wir Menschen sind, also keine Digitalkameras oder Videorekorder. Und als Menschen gleichen wir nicht dem Detektiv Joe Friday in *Dragnet* mit seinem notorischen *»Just the facts, Ma'am.«* Niemand von uns weiß, was *»just the facts«* beinhaltet; wir können nur Auskunft darüber geben, was wir für »die Tatsachen« *halten.*

Und wie Mihaly Csikszentmihalyi schreibt: »Wie wir uns fühlen, die Freude, die wir dem Leben abgewinnen, hängt letztendlich davon ab, wie der Verstand die tagtäglichen Erfahrungen filtert und deutet.«[16]

Da niemand von uns die Dinge objektiv sieht, sehen wir alle die äußere Welt nur subjektiv.

Weil wir keine Maschinen, sondern lebende Organismen sind, die »Menschen« genannt werden, können wir die Welt, Ereignisse und andere Menschen nur aus einer subjektiven, niemals aus einer objektiven Perspektive sehen.

Wir könnten auch sagen, dass alle Daten, die unsere Sinne aufnehmen, unseren subjektiven Filter passieren müssen. Wir sehen, hören, fühlen, schmecken und berühren die äußere Welt nicht unmittelbar. Wir *deuten*, was wir erleben, um es erleben zu können.

Und wie wir Dinge, Ereignisse und Menschen deuten, hängt

von unserer Konditionierung, von unserem Karma ab. Viele verschiedene Faktoren ergeben zusammen den subjektiven Filter, den alle Informationen von außen passieren müssen, um verständlich zu werden. Die Sprache, die wir sprechen, und die sprachlichen Kategorien, die unserem Denken zugrunde liegen, die kulturellen und historischen Konditionierungen und Annahmen, die dort, wo wir leben, und in unserer Zeit maßgebend sind – sind Bestandteile des subjektiven Filters. Außerdem gibt es noch weitere individuelle Faktoren, beispielsweise unsere persönliche Geschichte, die Ideologien oder Überzeugungen, die wir vertreten, unsere psychische Charakteristik, sogar wie wir uns an einem bestimmten Tag fühlen, und die Vorurteile und Voreingenommenheiten, die wir aufgrund der zuvor genannten Einflüsse entwickelt haben.

Der »subjektive Filter« ist nur eine andere Bezeichnung für das, was wir vorher »Jemand-Sein« genannt haben. Deshalb sehen wir die Welt nicht so, *wie sie ist*, sondern so, *wie wir sind.*

Wenn Sie Ihre subjektive Sicht verändern, verändert sich die Art, wie Sie die äußere Welt erleben.

Wenn Sie die beiden obigen Prämissen akzeptieren, gelangen Sie zur ersten der erforderlichen logischen Schlussfolgerungen: Verändern Sie die Linse, auf der Ihre Deutung basiert, verändern Sie Ihre Wahrnehmungen. Wenn Sie selbst sich verändern, verändern Sie auch Ihre Sicht der äußeren Ereignisse und anderer Menschen.

Wir alle haben so etwas schon erlebt. An einem Tag stehen Sie mit dem »richtigen Fuß auf«, und die Welt sieht ziemlich gut aus – Sie sind mit Ihrem Leben und mit den Menschen darin relativ zufrieden. Doch wenn Sie am nächsten Tag »mit dem falschen Fuß aus dem Bett steigen«, erscheint die gleiche Welt in einem völlig anderen Licht.

George Eliot hat geschrieben: »Löscht nicht ein kleiner dunkler Fleck dicht vor unserem Auge die ganze Herrlichkeit der Welt aus und lässt nur einen Rand stehen, mittels dessen wir den Fleck erkennen? Ich kenne keinen unangenehmeren Fleck als das eigene Ich.«[17] Unser »Jemand-Sein« macht einen großen Teil des Spektrums der Möglichkeiten unsichtbar und lässt uns nur noch einen Bruchteil der gesamten Realität sehen. Doch wenn wir den »störenden Flecken des Selbst« verändern, erlangen wir einen anderen Blick auf die Welt, die uns umgibt.

Selbstverbesserung wirkt sich also nicht nur positiv auf unsere Sicht dessen, wer wir sind, aus, sondern reinigt auch den Filter, durch den wir sehen, was außerhalb von uns ist. Wenn wir uns wohler in unserer Haut fühlen, erscheinen uns auch die Welt und andere Menschen zugänglicher und weniger problematisch.

Wir haben gesehen, dass das Individuum nichts anderes ist als die Summe seines Karmas. Indem wir unser Karma verändern, verändern wir unser Selbstempfinden und damit auch den subjektiven Filter, durch den wir die Welt begreifen.

Ist das bis jetzt verständlich?

Wenn Sie mir bei den ersten drei Schritten meiner Überlegungen haben folgen können, werden Sie nun erleben, wie ich dem Ganzen die Krone aufsetze.

Wenn Sie Ihre subjektive Sicht verändern, verändern Sie die Welt.

Moment mal! Was ist denn jetzt passiert?
Das ist doch unmöglich!
Ich bin reingelegt worden!

Nein, Sie sind nur der logischen Herleitung gefolgt. Da niemand von uns die äußere Welt objektiv sehen kann und wir alle die Welt nur subjektiv sehen, verändern wir unsere Sicht der Welt, wenn wir unsere subjektive Sicht verändern.

Und die subjektiv gesehene Welt *ist die einzige Welt, die wir jemals haben und kennen können.* Wir können sie also auch einfach »die Welt« nennen.

Verändern Sie sich selbst, verändern Sie die Welt.

Kapiert? Nein? Dann gehen Sie die einzelnen Schritte noch einmal durch. Wir alle müssen das immer und immer wieder tun. Denn wenn wir einen Schimmer davon haben, dass die Selbstverbesserung mit der Verbesserung der Welt, in der wir leben, verbunden ist, fließt unseren Bemühungen, uns selbst zu verbessern, gewaltige Energie zu.

Bei der Selbstverbesserung geht es um sehr viel. Deshalb noch einmal: Wenn es hart auf hart kommt, wenn der Große Kampf gegen die Geistesplagen Sie zu sehr ängstigt, dann vergegenwärtigen Sie sich folgende Maxime:

Wenn du es nicht für dich selbst tun kannst, dann tue es für andere.

Aktionsplan:

Der tägliche Kampf

Wählen Sie Ihre übelste negative Emotion aus, Ihre stärkste Geistesplage. (Falls Sie bei der Auswahl Hilfe benötigen, können Sie jemanden fragen, der Sie gut kennt; er wird Ihnen sicher sagen können, was Sie wählen sollten!) Beginnen Sie Ihren täglichen Kampf gegen diese Geistesplage, und benutzen Sie dabei die Techniken, mit denen wir uns in diesem Kapitel beschäftigt haben – Erkennen, Verstehen, Auflösung der Identifikation und Entschlossenheit. Lassen Sie sich nicht entmutigen, wenn die negative Emotion eine Runde des Kampfes gewinnt. Rekapitulieren Sie noch einmal die oben beschriebenen Abwehrstrategien, und steigen Sie dann zur nächsten Runde wieder in den Ring!

Und denken Sie daran: Wenn Sie einer Geistesplage nachgeben, wird das Leben der Menschen in Ihrer Umgebung dadurch nicht angenehmer. Beziehen Sie Stärke aus der Sorge um das Wohlergehen anderer. *Wenn du es nicht für dich selbst tun kannst, dann tue es für andere.*

TEIL III

DAS ›JEMAND-SEIN‹ VERLIEREN

5. FÜR ANDERE NIEMAND SEIN

Alles Leiden in der Welt entsteht
durch egoistisches Streben nach Glück.
Alles Glück in der Welt entsteht
durch Bemühungen um das Glück anderer.
SHANTIDEVA,
ANLEITUNG ZUM BODHISATTVA-LEBEN

Was kann ich für dich tun?

Jede Aufgabe wird leichter, wenn man sich ihr aus selbstlosen statt aus egoistischen Motiven widmet. Dies gilt auch für das große lebenslange Projekt, das »Jemand-Sein« zu verbessern – und damit auch die Welt, in der wir leben.

Echte Selbstverbesserung erreichen wir – auch wenn dies dem kontrollbesessenen Captain-Kirk-Selbst paradox erscheinen mag – durch Selbstvergessen. Wir sind am glücklichsten, wenn wir aufhören, ständig unser Glück zu messen und zu beurteilen, und wenn wir uns stattdessen in etwas anderes oder jemand anderen als uns selbst vertiefen.

Wir werden in diesem Teil des Buches zwei miteinander verwandte Techniken untersuchen, die uns ermöglichen, mehr von der Freude und Erfüllung zu entdecken, die *Niemand-Sein* in unser Leben bringen kann. Beide Methoden erfordern, dass wir das »Jemand-Sein« verlieren – entweder indem wir uns völlig in nicht selbstbezogenes Handeln vertiefen (darum geht es im nächsten Kapitel) oder, wie wir im Folgenden sehen werden, indem wir das Ich von seinem unablässigen »Jucken« befreien, was wir durch empathische Einfühlung in die Wünsche und Bedürfnisse eines anderen Menschen erreichen.

Nicht durch unablässige Selbstbezogenheit, sondern indem wir in etwas oder jemandem aufgehen, können wir mit der größten verfügbaren Quelle transformierender Kraft in Kontakt treten. Gelingt es uns, *uns von den Forderungen des »Jemand-Seins« zu lösen und uns anderen zu öffnen*, schaffen wir das Karma, mit dessen Hilfe wir unser Selbstverständnis und die Qualität unseres Lebens verbessern können.

Die Beeinflussung des Karmas, die alles andere als eine weitere Methode der Ichstärkung ist, ist die einzige wirklich effektive Selbsthilfemethode. Und Herz und Seele jeder Selbstverbesserung durch Beeinflussung des Karmas bildet *die Fähigkeit, anderen und ihren Interessen Vorrang einzuräumen.* Im Widerspruch zu unseren üblichen wenig einsichtsvollen Überzeugungen ist das Beste, was wir für uns selbst tun können, darüber nachzudenken, wie wir anderen helfen können.

Zunächst mag es auf uns ein wenig so wirken, als würden wir ein Auto mit bis zum Boden durchgetretenem Gaspedal fahren und gleichzeitig voll auf die Bremse steigen. Zwei allem Anschein nach gegensätzliche Aktivitäten finden gleichzeitig statt: Wir vergessen uns und wenden unsere Aufmerksamkeit anderen zu, wobei uns bewusst ist, dass das Fokussieren auf andere und ihre Bedürfnisse die beste und auch einzig wirksame Methode ist, persönliche Erfüllung zu erreichen.

* * *

Pierre Teilhard de Chardin schreibt: »Am meisten befriedigt uns im Leben, wenn es uns gelungen ist, einen großen Teil von uns anderen zu geben.«[1] Wir alle wissen, dass wir einige unserer tiefsten und erfüllendsten Erlebnisse Situationen verdanken, in denen wir uns selbst vergessen, während wir anderen dienen. Einen großen Anteil unserer Freude im Leben verdanken wir der Fürsorge für andere Wesen: für unsere Kinder, Eltern, Geliebten, Freunde und sogar für unsere Haustiere.

Im vorigen Kapitel wurde erläutert, dass wir in der Regel weder unseren ungeschulten Instinkten noch den Geistesplagen, denen sie Energie zuführen, trauen können. Man könnte aber auch sagen, dass wir uns sehr wohl auf sie verlassen können – *insofern immer das genaue Gegenteil ihrer »Intuition« zutrifft.* Überprüfen Sie es doch selbst einmal: Welche Reaktion empfiehlt Ihnen Ihr Instinkt, wenn jemand Ihnen wehtut, Sie angreift, beleidigt oder verrät? Diese gewohnheitsmäßigen Reaktionen müssen wir uns durch gezieltes Training abgewöhnen, und dies ist die erste Aufgabe auf dem Weg zur Selbstverbesserung.

Zum Glück haben wir auch Instinkte, auf die wir vertrauen *können*, und diese sollten wir nähren und stärken. Unser tief verwurzeltes Bedürfnis nach Kontakt zu Menschen sowie danach, diese zu lieben und ihnen gegenüber Empathie zu entwickeln, sollten wir zweifellos schätzen und nähren. Die Zuneigung und Fürsorge, die Eltern ihrem Kind zukommen lassen; das tiefe und innige Gefühl des Einsseins von Liebenden; das Band der Treue und Kameradschaft, das uns mit engen Freunden verbindet – dies sind die naturgegebenen positiven Emotionen, die durch unsere Beziehungen zu anderen Menschen inspiriert und geweckt werden.

Der innere Engel hat ein starkes Verlangen nach Selbstvergessenheit – vielleicht geht es auch eher um Selbsterweiterung –, die mit dieser Art von Verbindung zu anderen Menschen einhergehen kann. Doch der innere Dämon – der sich nur für das niedere, egoistische »Raupen-Selbst« interessiert – versteht diesen Aspekt unseres Lebens oft falsch und untergräbt ihn.

Wir alle wissen nur zu gut, dass uns unsere Beziehungen zu Menschen, die für uns wichtig sind, nicht nur die Freuden der Verbundenheit bescheren, sondern auch schwere Enttäuschungen, Schwierigkeiten und Animositäten mit sich bringen können. Was eine der Quellen unseres größten Glücks ist, kann auch starke Frustration verursachen (und tut es leider auch oft).

Der spirituelle Weg – und der Pfad zu wahrer Zufriedenheit – erfordert, selbstzerstörerische Neigungen so zu zügeln, dass wir sie mit unseren tiefsten Wünschen und Bestrebungen in Einklang bringen können: dass wir den Großen Juckfreien Zustand erreichen und dann anderen helfen können, ihn ebenfalls zu erreichen.

Wir verbünden uns mit unserem inneren Engel – mit dem Teil von uns, der sich nach der Freiheit sehnt, die wir erreichen, wenn wir unsere ausschließlich ichbezogene Orientierung aufgeben – und distanzieren uns von dem auf sich selbst fixierten »Ich zuerst«-Dämon, der uns an unser niederes, individuelles Selbst gefesselt hält.

Indem wir uns an unsere Individualität, an das kleine Selbst, klammern, ziehen wir unangenehme Gefühle der Getrenntheit und Isolation an. Ob es uns gelingt, gute Beziehungen aufzubauen, hängt davon ab, ob wir uns von unserem unersättlichen Bedürfnis nach Bewunderung lösen können. An die Stelle des abgedroschenen »*Und was ist mit mir?*« tritt dann: »*Was kann ich für dich tun?*«

Relativitätstheorie

Niemand von uns ist eine autonome, völlig alleinstehende Insel. Wir interagieren ständig mit den Menschen in unserer Umgebung – physisch oder mental, im Guten wie im Bösen. Diese Beziehungen beeinflussen unser Selbstempfinden nicht nur, sondern sie machen es aus. Ebenso wie wir kein Karma *haben*, sondern unser Karma *sind*, *haben* wir auch keine Beziehungen, sondern diese *definieren uns*.

Als Person existieren wir nicht unabhängig, sondern nur abhängig. Wir hängen von Körper und Geist ab, den Grundlagen der Selbstvorstellung (wie wir in Kapitel 3 gesehen haben), und außerdem vom Karma oder von den Erinnerungen, die unserem Selbstverständnis zugrunde liegen (wie in Kapitel 4 erläutert wurde).

Doch wir existieren auch im Hinblick auf unsere Beziehungen. Jede unserer Rollen können wir nur *in Beziehung zu jemand anderem* verkörpern. Was der Zen-Lehrer Thich Nhat Hanh »Intersein« nennt (im Gegensatz zur »Illusion unserer Getrenntheit«),[2] beschreibt nicht nur unsere interpersonalen Beziehungen, sondern unsere gesamte Wirklichkeit.

* * *

Wir haben schon eine *negative* Beschreibung dessen, wie die Welt wirklich ist, kennengelernt: Dinge und Menschen werden von *niemandem* objektiv wahrgenommen. Ebenso wie wir kein beständiges »Selbst« haben, so wie wir es zu haben glauben (denken Sie an die »Wo ist Walter?«-Suche zurück), können wir auch für niemanden und nichts eine unveränderliche und definitive Essenz entdecken. Erinnern Sie sich noch an unsere Beispiele aus Kapitel 3? Daran, dass es in der Welt ebenso wenig *essenziell* unangenehme Menschen wie einen *essenziell* köstlichen Geschmack von Eiscreme gibt?

Diese negative Aussage ist allerdings nicht zu verwechseln mit der nihilistischen Idee, der zufolge alles Äußere ohnehin nicht existiert, sondern nichts weiter als eine Fantasie ist, die von »mir« (wer auch immer *das* sein mag!) heraufbeschworen wird. Die äußere Welt und andere Menschen in ihr existieren *durchaus*, und zwar – nun kommt der positive Aspekt ins Spiel – *in Abhängigkeit*. Es gibt *tatsächlich* unangenehme Menschen, aber das ist davon abhängig, dass andere sie als unangenehm empfinden. Und Ben & Jerry's Chunky-Monkey-Eiscreme *ist* köstlich, aber nur für jemanden (so wie mich!), der sie als köstlich empfindet.

So verhält es sich mit allem. Ohne Ausnahme hängt alles von etwas anderem ab, und auch dieses andere hängt von etwas anderem ab! Deshalb müsste man diese positive Darstellung der Realität zutreffender wie folgt beschreiben: Alles und jeder existiert in Abhängigkeit von anderem, also *interdependent*, nicht unabhängig.

Kennen Sie die alte Rätselfrage »Wenn ein Baum im Wald umfällt und niemand das Fallgeräusch hört, produziert der Baum dann ein Geräusch?«. Die Antwort lautet: *Natürlich nicht!* Und nun die Erklärung:

Es gibt in der Welt nichts Wahrnehmbares, sofern es nicht wahrgenommen wird. Beispielsweise kann es kein *hörbares Geräusch* wie das eines im Wald umfallenden Baumes geben, wenn niemand es *hört*. Auch wenn wir alle möglichen Einwände gegen diese scheinbar kühne Behauptung haben mögen, müssen wir uns fragen, was es wirklich bedeuten würde, darauf zu beharren, dass auch dann ein Geräusch entsteht, wenn niemand es hört. Müsste man dann nicht die Existenz eines *unhörbaren* Geräuschs (eines Geräuschs, das niemand hören kann) postulieren?

Es geht hier nicht um das einem Geräusch innewohnende *Potenzial*, gehört zu werden. Es geht darum, wie die Dinge wirklich sind. Etwas ist nur hörbar, wenn jemand es hört, vorher nicht. Richtig?

Ebenso gibt es erst dann ein sichtbares Objekt, wenn jemand es sieht – denn wenn es anders wäre, könnte es ein unsichtbares sichtbares Objekt geben! Es gibt auch keinen Duft, solange oder sofern er nicht gerochen wird, nichts Berührbares, das nicht berührt wird, und nichts Köstliches (wie Eiscreme!), das niemand kostet. Und ebenso wenig gibt es Gedanken unabhängig von einem Denker, der diese Gedanken hat.

Ein nicht gedachter Gedanke, ein nicht sichtbares visuelles Objekt, ein Klang, den niemand hört, ein Geruch, den niemand riecht, ein greifbares Ding, das niemand anfasst, und ein Geschmack, den niemand schmeckt – all dies ist unmöglich und völlig unvorstellbar.

Kommt Ihnen dies alles zu theoretisch vor? Hier was Sie davon haben:

Die Wahrheit der Abhängigkeit aller Dinge von allen untermauert das wichtige Resümee aus dem vorigen Kapitel: *Wenn wir uns verändern, verändert sich die Welt.* Weil die äußere Welt (für uns alle) nur dann existiert, wenn wir sie wahrnehmen, hängt die Art, wie sie existiert (für uns alle) von uns, den Wahrnehmenden, ab. Wenn Sie die äußere Welt – Dinge, Ereignisse und andere Menschen – besser wahrnehmen wollen, dann passen Sie den Wahrnehmenden an, die Linse, die bewirkt, dass die Welt zu existieren beginnt. Verändere dich, *und du veränderst die Welt.*

Nun werden wir uns der anderen Seite zuwenden: Im Sinne der Interdependenz der Dinge brauchen nicht nur die wahrnehmbaren Objekte einen Wahrnehmenden, um wahrnehmbar zu werden, sondern weil die Dinge in Abhängigkeit voneinander existieren, *werden auch die Wahrnehmenden erst zu Wahrnehmenden, wenn sie etwas wahrnehmen.*

Ein Sehender ist nur dann ein Sehender, wenn er ein sichtbares Objekt sieht, richtig? Sie können kein »Sehender« sein, wenn Sie nichts sehen! Und Sie können kein »Hörender« sein, wenn Sie kein Geräusch oder keinen Klang hören. In welchem Sinne könnten Sie ein »Sehender« oder »Hörender« sein (tatsächlich, nicht nur potenziell), wenn Sie nichts sehen oder hören? Das gleiche gilt für Riechende, Fühlende, Schmeckende und Denkende; sie existieren in Abhängigkeit von ihren Wahrnehmungen – einem Duft oder Geruch, etwas Greifbarem oder einem Gedanken – so wie das, was sie empfinden, nur als Empfundenes existiert, *wenn* Sie es empfinden.

Und nun die wichtige Konsequenz aus dieser Umkehrung unserer Formel *Verändere die Welt, und du veränderst dich*: Wenn unser Selbstempfinden – der Wahrnehmende – vom Wahrgenommenen abhängig ist und wir lernen, Dinge, Ereignisse und Menschen anders wahrzunehmen, verändern auch wir uns.

Wir sehen Dinge und Menschen nicht, wie *sie* sind, sondern wie *wir* sind. Doch aufgrund der Interdependenz gilt auch, dass *wir sind, was wir sehen* (bzw. was wir hören, riechen, fühlen, schmecken und denken). Der Wahrnehmende wird definiert durch das, was er wahrnimmt – und umgekehrt. Dies ist ein weiterer Grund dafür, warum »alles relativ ist« – jeder und alles existiert in der Matrix der Interdependenz.

Wenn wir beispielsweise »Probleme« als »Chancen« sehen, fühlen wir uns weniger bedrängt und behindert und stattdessen stärker angesprochen und befähigt. Wenn wir uns auf die guten Eigenschaften von Menschen, die uns unangenehm sind, konzentrieren, sind die Betreffenden uns weniger unangenehm. Und wenn wir anderen gegenüber Liebe und Mitgefühl entwickeln, erleben wir die Beziehung zu ihnen und uns selbst darin wesentlich positiver.

»Ich bin, weil du bist«

Weil alles in Abhängigkeit voneinander und nicht unabhängig existiert, ist unser Selbstempfinden untrennbar mit unseren Beziehungen zu anderen Menschen verbunden und basiert somit auf diesen Beziehungen. Wir sind so, wie wir sind, von anderen Menschen abhängig.

Es gibt im Afrikanischen ein Konzept mit Namen *ubuntu*, das in dem Sprichwort »Ich bin, weil du bist« zum Ausdruck kommt und das von Erzbischof Desmond Tutu wie folgt erklärt wurde:

> *Mein Menschsein ist untrennbar mit dem Leben anderer Menschen verbunden. Wir alle gehören ein und demselben Bündel Leben an. Wir sagen: »Ein Mensch ist Mensch durch andere Menschen.« Es geht nicht um »Ich denke, also bin ich«, sondern um »Ich bin Mensch, weil ich zu anderen gehöre. Ich nehme Anteil, und ich teile«.*[3]

Niemand von uns ist jemand ohne andere Jemande. Alle Rollen, die wir spielen, werden erst durch unsere Beziehungen zu anderen Menschen möglich. Als Väter oder Mütter sind wir davon abhängig, dass wir Kinder haben; und wir sind nur Kinder, weil wir Eltern haben. Wir sind »ein Freund«, weil es jemanden gibt, mit dem wir befreundet sind, und wir sind »ein Liebender«, weil es jemanden (eine andere Person als uns selbst!) gibt, die wir lieben können.

Auch unsere berufliche Identität beruht stets auf Bezogenheit. Ein »Arzt« kann nur wegen seiner Patienten Arzt sein, eine »Lehrerin« nur wegen ihrer Schüler Lehrerin, und ein »Automechaniker« nur wegen der Autobesitzer, deren Fahrzeuge er betreut, Automechaniker. In Kapitel 2 haben wir beobachtet, dass wir auch das individuelle Selbst in Beziehung zu den Gemeinschaften definieren, mit denen wir uns identifizieren – mit unserer Nationalität, einer bestimmten ethnischen Gruppe, einer Religion oder was auch immer.

Gruppenidentitäten existieren ebenso wie individuelle Identitäten nur in Beziehung zu anderen Menschen, und sie werden als Gegenposition zu Menschen, die anderen Gemeinschaften angehören, aufgebaut. Wir verstehen uns als »Amerikaner«, weil wir *keine* Kanadier sind; und wenn wir »Buddhisten« sind, so sind wir dies in Abhängigkeit davon, dass wir *keine* Christen sind. Somit definieren wir uns auch über unsere Beziehungen zu Menschen, mit denen wir uns nicht bewusst identifizieren. Wir sind verärgert, weil es Menschen gibt, über die wir uns ärgern; wir sind zornig und aufgebracht, weil wir uns von anderen Menschen provoziert fühlen; und wir hegen Groll und Neid wegen der Handlungen oder des Status anderer.

Mit denjenigen, die wir nicht mögen, sind wir ebenso unausweichlich verbunden wie mit denjenigen, deren Gesellschaft uns angenehmer ist. Von negativen Emotionen gespeiste Beziehungen halten uns an eine Selbstvorstellung gebunden, für die Unzufriedenheit und Unglücklichsein kennzeichnend sind. Die Schriftstellerin Ursula K. Le Guin hat beobachtet: »Wenn man sich etwas widersetzt, erhält man es eben dadurch aufrecht.«[4] Wir können uns nur deshalb als Opfer sehen, weil wir andere für Unterdrücker halten.

Wir können nicht ausschließlich auf uns gestellt *jemand* sein, und die Art von Jemand, die wir zu sein glauben, existiert nur in Abhängigkeit von der Qualität unserer Beziehungen. Wenn wir angenehme, liebevolle, unterstützende Beziehungen pflegen, haben wir eine bestimmte Art von uns selbst betreffenden Empfindungen. Wenn wir ständig mit anderen streiten, leidet unser Selbstbild, und unser Leben wird durch diese interpersonalen Probleme dauerhaft beeinträchtigt.

* * *

Die Geistesplagen, mit denen wir uns im vorigen Kapitel beschäftigt haben, manifestieren sich fast immer in einer Beziehung zu jemand anderem. Obwohl wir manchmal auch in Beziehung zu leblosen Objekten oder zu Ereignissen wütend, gierig oder stolz werden, erreichen unsere negativen Emotionen eine wirklich hohe Intensität, wenn sie mit anderen Menschen zusammenhängen.

Wir haben uns schon mit einigen Werkzeugen beschäftigt, die wir im Kampf gegen diese beunruhigenden Gefühle benutzen können:

- *Erkennen*: »Dieses Geistesgift ist *nicht* mein ›kleiner Freund‹.«
- *Verstehen*: »Es ist *nie* in meinem Interesse, so negativen Emotionen nachzugeben.«
- *Auflösung der Identifikation*: »Dieses Geistesgift bin *nicht ich*.«
- *Entschlossenheit*: »Ich werde dieses Gefühl mit aller verfügbaren Kraft bekämpfen!«

Alle diese Möglichkeiten erfordern, dass wir uns nach innen wenden. Wir identifizieren und bekämpfen die negativen Gefühle in uns im Rahmen unserer Bemühungen um Selbstverbesserung. Der Große Kampf findet in uns selbst statt. Doch indem wir uns durch dieses Bemühen um Selbstmeisterung verändern, verändert sich auch unsere Wahrnehmung von Menschen und Situationen, die bei uns einmal so destruktive Gefühle hervorgerufen haben. Wir reinigen den subjektiven Filter, durch den wir Dinge und Wesen in der Außenwelt wahrnehmen und so unser Karma reinigen:

Verändere dich, und du veränderst die Welt.

Doch wir haben auch noch eine zweite Transformationsmethode kennengelernt, die auf der Theorie der Relativität und auf der Interdependenz basiert. Statt den Fokus nach innen zu richten, wenden wir unsere Aufmerksamkeit in diesem Fall der Außenwelt zu. Wenn wir lernen, die Dinge, Ereignisse und insbesondere die anderen Menschen in unserer Welt als förderlich statt als problematisch zu sehen, als Ziele unserer positiven statt unserer negativen Gefühle, entwickeln wir automatisch ein glücklicheres Selbstempfinden:

Verändere die Welt, und du veränderst dich.

Außerdem gibt es eine sehr mächtige Emotion, einen tugendhaften Geisteszustand, mit dessen Hilfe wir unsere Wahrnehmung anderer Menschen und damit unsere Beziehung zu ihnen verändern können.

Suchen Sie sich jemanden, den Sie lieben können

Es gibt einen alten Song, den Dean Martin berühmt gemacht hat: *You're Nobody 'til Somebody Loves You*:

You're nobody 'til somebody loves you
You're nobody 'til somebody cares.[5]

»Du bist niemand, bis jemand dich liebt.« Weiter singt Dino, man könne ein »König« sein oder alle Reichtümer der Welt besitzen, sogar die ganze Welt, und doch bringe kein Reichtum der Welt wahres und dauerhaftes Glück. Der Text dieses Songs enthält eine gewisse Wahrheit über die wichtigste Quelle unseres Selbstwertgefühls. Nicht unser Reichtum, unsere Besitztümer oder unsere beruflichen Erfolge sind jetzt oder wenn wir älter werden, für uns am wichtigsten. In Wahrheit sind wir ohne die liebevollen Beziehungen, die wir zu anderen Menschen aufbauen und unterhalten, nichts.

Als mein Vater in einem Heim für betreutes Wohnen lebte, reiste ich ein- oder zweimal im Jahr dorthin, um ihn zu besuchen. Für mich war das kein großes Opfer, aber für ihn war es jedes Mal ein wichtiges Ereignis. Er führte mich im ganzen Haus herum, stellte mich seinen Freunden vor und protzte mit mir – nicht indem er mich als jemand ganz Besonderen darstellte, sondern einfach, weil ich gekommen war, um ihn zu besuchen.

In Gesprächen mit meinem Vater und anderen Bewohnern dieses Altenheims stellte ich fest, dass für sie nicht ihr früherer Beruf (keiner von ihnen sprach viel darüber, was er »einmal war«) oder der Besitz, den sie erworben hatten (er war mittlerweile größtenteils Geschichte), oder die besonders extravaganten Urlaube, die sie sich einmal geleistet hatten (geblieben waren ihnen davon nur verblassende Erinnerungen und zerknitterte Fotografien), wichtig waren.

Nichts von alldem interessierte sie noch sonderlich – und nichts davon wird uns noch sonderlich interessieren, wenn wir das Glück haben, alt zu werden, bevor wir sterben.

Wichtig war diesen alten Leuten, wer sie liebte. Von größter Bedeutung war für sie, wem sie noch so wichtig waren, dass er sie besuchte und ein paar Stunden mit ihnen verbrachte. Ihnen allen waren die weniger beständigen Stützen des Ich schon abhandengekommen, auf die wir uns so oft verlassen, um uns als wirkliche Jemande zu fühlen.

Natürlich sprachen die alten Leute nicht nur viel darüber, wer sie liebte, sondern auch über die Menschen, die *sie selbst* liebten. Wenn das »Jemand-Sein« darauf reduziert worden ist, dass man einer von vielen Bewohnern eines Altenheims ist, lebt man einen großen Teil des Lebens indirekt. Die Aktivitäten der Kinder und Enkelkinder, der Nichten und Neffen gewinnen dann an Bedeutung. Der Fokus verlagert sich in solchen Situationen fast zwangsläufig vom eigenen Leben auf das anderer Menschen.

Genauso verhält es sich auch in Krisenzeiten. In schwierigen Situationen laufen wir Menschen oft zur Hochform auf, brechen aus dem Käfig unseres selbstauferlegten Egoismus aus und denken stattdessen darüber nach, wie wir anderen, die in Not sind, helfen können. Leider gibt es viele schreckliche Situationen dieser Art. Die große Tragödie des 11. Novembers 2001 spornte viele New Yorker dazu an, einander selbstlos zu helfen und zu unterstützen. Aber auch viele andere Katastrophen in neuerer Zeit haben Menschen zu heldenhaftem und selbstaufopferndem Verhalten angespornt.

Wir brauchen aber nicht auf das Alter oder eine Krisensituation zu warten, um unseren stärksten inneren Antrieb zur Geltung zu bringen – einen anderen Menschen zu lieben und sich um sein Wohl zu kümmern.

* * *

Der Text des oben zitierten Songs *You're Nobody 'til Somebody Loves You* nimmt in seinem weiteren Verlauf eine andere Wendung:

You're nobody 'til somebody loves you,
So find yourself somebody to love.[6]

Hier verändert sich die Zielrichtung des Textes. Er beschäftigt sich nicht mehr mit dem Geliebtwerden, sondern rät uns, selbst zu lieben. »*Find somebody to love*« ist eine Empfehlung, die nicht nur Dean Martin, sondern auch Bands wie Jefferson Airplane *(»Wouldn't you love somebody to love? You better find somebody to love«)*, Queen *(»Can anybody find me somebody to love?«)* und viele andere in unser pop-kulturelles Bewusstsein gehoben haben.

Statt weiter um uns selbst und unser eigenes Bedürfnis nach Liebe zu kreisen, denken wir an andere und daran, wie wir sie lieben können. *Verändere die Welt* – durch die Macht der Liebe zu einem anderen Menschen –, und du wirst *dich verändern.*

Die zentrale Bedeutung der Liebe spiegelt sich in der Tatsache, dass unsere populäre Kultur ständig unser tiefes Bedürfnis nach Liebe beeinflusst und zum Ausdruck bringt. In Fernsehshows und Filmen ebenso wie in elektronischen Grußkarten, den Romanen, die wir lesen, der Musik, die wir hören – das Thema Liebe taucht überall und immer wieder auf.

Doch die Botschaft, die wir auf diese Weise empfangen – und mit der wir uns oft im Einklang befinden –, ist einem adäquaten Verständnis dieser wichtigen menschlichen Emotion nicht immer zuträglich.

Als ich mich einmal auf eine Ansprache für eine Trauungszeremonie vorbereitete, stieß ich auf eine umfangreiche Datenbank populärer Songtitel. Bei meiner Suche nach Titeln, die für ein Paar, das heiraten wollte, relevant sein könnten, stellte ich fest, dass in vielen unserer sogenannten Liebeslieder eine ziemlich verquere Vorstellung davon, was Liebe ist, zum Ausdruck kommt.

Mir fiel auf, dass die Titel von 191 dieser Songs die Aussage »Du gehörst (zu) mir« enthielten und dass in vielen weiteren Varianten dieses Motivs beschworen wurde.

»Du gehörst hierher«
»Du gehörst mit mir zusammen hierher«
»Du gehörst in meine Arme«
»Du gehörst in mein Herz«
»Du gehörst allein mir«

Ein Song kommt wirklich zum Kern der Sache: »Ich besitze dich«. Allerdings habe ich in der Datenbank auch zwei Titel gefunden, in denen es heißt: »Ich bin dein«.

In zwei Songtiteln heißt es: »Ich bin deine Frau.«

Fünf erklären: »Du bist meine Frau.«

Sechs Titel stellen fest: »Du bist mein Mann« und 45 andere: »Ich bin dein Mann.«

Nicht weniger als 137 Songs beginnen mit der Feststellung »Du bist mein«:

»Du bist mein, ich bin dein«
»Du bist mein, mit Herz und Seele«
»Du gehörst mir allein«
»Du bist heute Abend mein«
»Du bist für immer mein«
»Du gehörst nur mir«
»Du gehörst immer noch mir«

So geht es endlos weiter, sodass man sagen könnte, der Inbegriff des ganzen Genres sei: »Du bist mein, mein, mein.«

Wahre Liebe hat nichts mit dem Besitz eines anderen Menschen zu tun und auch nichts damit, dass jemand einen anderen Menschen »zwingt«, ihn zu lieben. Doch populäre Liebeslieder verbreiten genau dies. Songs mit Titeln wie *I'm Gonna Make You Love Me* oder *What Do I Have to Do to Make You Love Me?* suggerieren, dass wir die Liebe eines anderen Menschen zu uns irgendwie erzwingen können.

Noch häufiger gelangt der Glaube zum Ausdruck, ein anderer Mensch könne oder solle etwas »mit uns machen« – unsere Emotionen seien eine formbare Masse in den Händen eines anderen. 67 Songs beginnen mit der Formulierung *You make me*:

»You Make Me Feel Like a Natural Woman«
»You Make Me Feel Like a Man«
»You Make Me Want to Be a Mother«

»You Make Me Feel Like Dancing«
»You Make Me Feel So Young«
»You Make Me Feel Brand New«
Besonders interessant ist »You Make Me Real«.

Was halten Sie von folgendem Titel, einer Kombination verschiedener irriger Vorstellungen von Liebe – als Besitz und als Zwang: *»You Make Me Want to Make You Mine«* (»Du bringst mich dazu, dich besitzen zu wollen.«)

Insbesondere werden wir dazu angeregt zu denken, ein Mensch, den wir lieben, verfüge über die Macht – und habe folglich auch die Pflicht –, »uns glücklich zu machen« – eine Botschaft, die in dem berühmten Song *You've Made Me So Very Happy* von Blood, Sweat & Tears zum Ausdruck kommt.

Wenn wir glauben, dass andere Menschen die Macht haben, »uns glücklich zu machen«, glauben wir wahrscheinlich bald auch, dass sie »uns unglücklich machen« können. Statt die Verantwortung für unser Glücklichsein und Unglücklichsein selbst zu übernehmen, schieben wir sie anderen zu. Wir bürden ihnen etwas auf, das sie nicht leisten können (*»You make me so very happy«*), und machen ihnen dann Vorwürfe, weil sie etwas nicht tun, das sie in Wahrheit gar nicht tun können.

Wahre Liebe – ob romantische Liebe, Geschwisterliebe, Elternliebe, Kinderliebe oder was auch immer – hat weder etwas mit dem »Besitz« eines anderen Menschen zu tun noch damit, was ein anderer für uns tun kann oder tun sollte. Vielmehr geht es bei wahrer Liebe immer darum, was wir für einen anderen Menschen tun können oder tun sollten.

Bei wahrer Liebe geht es um das Geben, nicht um das Nehmen. Die Ichbezogenheit endet, und die selbstlose Sorge für Glück und Wohlbefinden eines anderen Menschen beginnt.

* * *

Wir können die Geistesplagen als egozentrische Perversionen von Liebe verstehen. Zorn (»Du bist ganz und gar nicht liebenswert!«), Begierde (»Ich liebe dich so sehr, dass ich es brauche, dass du mich auch liebst!«), Eifersucht (»Du liebst jemand anderen, nicht mich!«), Neid (»Du hast etwas, das ich nicht habe und das andere dazu bringt, dich mehr zu lieben als mich!«) – wir können die gesamte Liste negativer Emotionen im Sinne unserer egoistischen Forderung verstehen, dass *andere uns lieben sollen.*

Obgleich wir alle geliebt werden wollen, um uns wie echte Jemande fühlen zu können, müssen wir auch selbst lieben, um geliebt zu werden – und um dies zu können, müssen wir uns darin üben, uns selbst zu vergessen. Denn nur wenn wir unsere Selbstbezogenheit außer Funktion setzen und uns anderen überantworten, können wir die wahre Macht der Liebe, die Höhere Macht, den Gott, der Liebe ist, erschließen.

Die Liebe eines anderen Menschen zu uns ist für uns befriedigend und hilft uns, uns wie ein besserer Jemand zu fühlen; doch unsere eigene Liebe *zu* einem anderen Menschen, die uns abverlangt, ein wenig Abstand von uns selbst zu nehmen, ermöglicht uns, einen Blick auf unsere wahre Natur und auf die wahre Stärke und Glückseligkeit zu werfen, die aus dem *Niemand-Sein* erwachsen.

Du bist niemand, bis jemand dich liebt, deshalb such dir besser jemanden, den du lieben kannst. Und wenn du ihn gefunden hast, *wirst du wahrhaft lieben, nicht als* Jemand, *sondern als* Niemand. Bhagwan Shree Rajneesh (auch Osho genannt) hat gesagt: »Wenn du liebst, muss du zu einem Niemand werden.«[7]

Empathie oder die Kunst, sich in einen anderen Menschen hineinzuversetzen

Wahre Liebe – und noch einmal: damit ist nicht nur romantische Liebe, sondern Liebe in allen ihren Formen gemeint – ist eine Übung in Selbstlosigkeit, ein Sprung aus den beengenden Grenzen der Individualität in das Leben eines anderen Menschen mit seinen Wünschen, Sorgen und Schwierigkeiten.

Alle großen spirituellen Traditionen der Welt haben diese Befreiung von der kurzsichtigen Ichzentriertheit und die Hinwendung zur Sorge um das Wohl anderer gepriesen. Das ist nicht nur deshalb so, weil es »nett« oder »gut« ist, sich um andere zu kümmern. Es ist auch deshalb wichtig, weil wir zwangsläufig die egoistischen Forderungen des »Jemand-Seins« loslassen müssen, wenn wir an jemand anderen als uns selbst denken wollen. Die leise Stimme in uns hört dann auf, ihr ständiges »ich, ich, ich« zu wiederholen, und stattdessen wechselt sie zu einem anderen Mantra: »Wie geht es dir denn? Kann ich etwas für dich tun?«

Die Essenz selbstloser Liebe und deren Voraussetzung ist Empathie, die Fähigkeit, sich in die Situation eines anderen Menschen hineinzuversetzen, zu spüren, was der andere empfindet, und zu dem, was er denkt, in Beziehung zu treten. Dazu sind wir in unterschiedlichem Maße in der Lage, doch generell gilt: Je stärker unsere Empathie einem anderen Menschen gegenüber wird, umso weniger sind wir auf uns selbst fixiert – und umso weniger leiden wir unter unserem Beharren auf unserer Individualität, die uns von anderen Menschen trennt.

Empathie, die Voraussetzung für altruistische Liebe und Mitgefühl, hängt ihrerseits von der Annahme ab, dass andere sich in ihrem Wesen nicht von uns unterscheiden. Deshalb können wir diese selbstaufopfernde Emotion relativ leicht unserer Familie sowie unseren Liebespartnern und Freunden gegenüber entwickeln (auch wenn wir das nicht immer tun). Weil wir uns mit ihnen identifizieren, fällt es uns leichter, sie »wie uns selbst« zu lieben – in dem Sinne, wie Jesus davon gesprochen hat, dass wir »unseren Nächsten wie uns selbst« lieben sollen.*

Es geht aber nicht nur um Menschen, die uns gleichen. Im ersten Kapitel war davon die Rede, dass wir letztlich »alle im gleichen Boot sitzen«: Wir alle leiden, und wir alle haben den Wunsch, die angeborene Fähigkeit und das Recht, glücklich zu sein.

Die Erkenntnis der grundlegenden Gleichheit aller menschlichen Wesen (vielleicht wäre es besser zu sagen, aller lebenden Wesen, denn auch Tiere teilen diese wichtigen Eigenschaften mit uns) liegt den unabdingbaren Prinzipien zugrunde, an denen sich unsere Reaktionen auf andere und ihre Handlungen grundsätzlich orientieren. Wir haben sie schon vorher erwähnt: Sie werden von allen spirituellen Traditionen gepriesen, und manchmal werden sie auch die Goldene und die Silberne Regel genannt:

- Behandle andere so, wie du von ihnen behandelt werden möchtest.
- Was du nicht willst, das man dir tu, das füg auch keinem anderen zu.

Weil wir wissen, wie wir uns fühlen, wenn andere uns gütig oder schlecht behandeln, wissen wir auch, wie wir sie behan-

* Auf die Frage, welches der Gebote das wichtigste sei, antwortete Jesus: »Du sollst den Herrn, deinen Gott, lieben von ganzem Herzen, von ganzer Seele und von ganzem Gemüt. Dies ist das höchste und größte Gebot. Das andere aber ist dem gleich: Du sollst deinen Nächsten lieben wie dich selbst« (Matthäus 22:37–39).

deln sollten. Die Annahme unserer grundlegenden Gleichheit ermöglicht uns Empathie und dient uns gleichzeitig als Maßstab dafür, wie wir mit anderen liebevoll und respektvoll interagieren können – mit Freunden wie mit Feinden.

* * *

Unsere Empathiefähigkeit – unser Vermögen, uns in einen anderen Menschen hineinzuversetzen – liefert uns noch einen weiteren Anhaltspunkt zur Klärung der Frage, warum und wie Karma wirkt, wenn es um unseren Umgang mit anderen geht. Warum ist es ein karmisches »Gesetz«, dass alles, was wir in Umlauf bringen, *unfehlbar* zu uns zurückkehrt? Warum könnte nicht auch aus etwas Gutem etwas Schlechtes erwachsen und umgekehrt?

Wie wir im vorigen Kapitel gesehen haben, wirkt Karma nicht »irgendwo da draußen«, wie eine Art »Naturgesetz«, sondern es prägt die Art, wie wir uns selbst und die Außenwelt wahrnehmen.* Karma als Erklärungssystem bezieht sich nicht darauf, wie andere Menschen sind und warum sie so sind, wie sie sind, oder wie Ereignisse stattfinden und warum sie so und nicht anders stattfinden. Karma erklärt vielmehr, wie wir Menschen und Ereignisse (und natürlich auch uns selbst) erleben und warum wir sie gerade so erleben.

Karma hängt in der kausalen Dimension von einer *Absicht* ab. Weil wir wissen, wie es sich beispielsweise anfühlt, verletzt zu werden, können wir die Absicht entwickeln, andere zu verletzen. Ebenso wissen wir, wie wir Mitgefühl, guten Willen und Respekt zeigen können, weil wir die entsprechenden positiven Handlungen anderer uns gegenüber erlebt haben. Weil wir wis-

* Im philosophischen Sinne könnten wir sagen, dass Karma kein *metaphysisches*, sondern ein *epistemologisches* System ist.

sen, wie es sich anfühlt, geliebt zu werden, wissen wir auch, was es bedeutet, selbst jemanden zu lieben.

Doch wie in unserer Auseinandersetzung mit der Interdependenz müssen wir auch hier die Sache zusätzlich aus der entgegengesetzten Perspektive betrachten: Weil wir wissen, wie es sich anfühlt, andere absichtlich zu verletzen, wissen wir auch, wie es ist, selbst verletzt zu werden.

Leiden und Schmerz entstehen nicht in erster Linie durch die Worte eines anderen Menschen – diese sind nichts weiter als Laute und Dezibel, bis sie als Worte *gedeutet werden, die verletzend wirken sollen.* Selbst wenn wir körperlich geschädigt werden, sind wir viel eher bereit, den Angreifer zu entschuldigen und ihm zu vergeben, wenn wir glauben, dass die Schädigung durch einen unglücklichen Zufall oder unabsichtlich verursacht worden ist. Genau die Motivation der Grausamkeit macht eine Tat besonders unerträglich und unverzeihlich. Der tiefere Schmerz resultiert nicht aus den gesprochenen Worten oder der körperlichen Misshandlung, sondern aus der Überzeugung, dass der andere uns *absichtlich* verletzt hat.

Hinsichtlich der positiven Gefühle wissen wir, wie es ist, von einem anderen Menschen geliebt zu werden, weil auch wir schon andere Menschen geliebt haben. Wir fühlen uns geliebt, weil wir dem anderen eine warmherzige Intention zuschreiben, und wir können dies, weil auch wir schon eine solche Intention auf andere gerichtet haben.

Interdependenz bezogen auf Karma und auf unsere Beziehungen zu anderen Menschen beinhaltet: (1) Weil wir wissen, wie es sich anfühlt, verletzt oder geliebt zu werden, können wir die Absicht formulieren, andere zu verletzen oder zu lieben. (2) Und weil wir wissen, wie sich die Absicht anfühlt, andere zu verletzen oder zu lieben, wissen wir auch, wie es sich anfühlt, geliebt oder verletzt zu werden, denn wir schreiben die gleiche Absicht auch dem anderen zu.

Deshalb spielt bei der Beeinflussung unseres Karmas noch ein weiteres Prinzip eine Rolle: *Das Beste über andere denken* – die Möglichkeit gelten lassen, dass andere grundsätzlich gute Absichten haben. Aufgrund dieser Annahme – aufgrund der Interdependenz – werden Sie auch sich selbst in einem besseren Licht sehen, und Sie werden in Ihren Interaktionen mit anderen wahrscheinlich bessere Intentionen entwickeln. Und das wieder fördert bei Ihnen die Gewohnheit, anderen Menschen grundsätzlich eine positive Intention zugutezuhalten, ebenso wie Sie dies bei sich selbst tun, und so weiter ... sodass eine aufwärtsgerichtete Spirale entsteht.

Man kann das bekannte Sprichwort auch umkehren: *Der Weg zum Himmel* – also nicht zur Hölle – *ist mit guten Absichten gepflastert.*

* * *

Ich möchte an diesem Punkt einen Augenblick innehalten, um etwas hervorzuheben, das die Empathie betrifft: Mit Liebe durchtränkte Empathie ist keine naive Einstellung. Unsere Fähigkeit, uns in einen anderen Menschen hineinzuversetzen, ermöglicht uns, gut über andere zu denken – wiederholen Sie das Mantra *Wir tun nur alle unser Bestes* –, sondern sie würdigt die Tatsache, dass wir anderen auch noch in anderer Hinsicht gleichen.

Wir alle sind gleichermaßen fehlbar; wir alle machen Fehler; und wir alle tendieren dazu, unseren übelsten Neigungen nachzugeben und Dinge zu tun und zu sagen, von denen wir – sofern wir nicht gerade der Macht der Geistesplagen erlegen sind – wissen, dass sie falsch sind und andere verletzen.

»*Homo sum, humani nihil a me alienum puto*« hat der Komödiendichter Terenz vor fast zweitausend Jahren erklärt: »Ich bin ein Mensch. Nichts Menschliches ist mir fremd.«[8] Dies schließt sowohl unsere menschliche Fähigkeit zu tugendhaftem Verhalten als auch unsere weit verbreitete Unfähigkeit, uns immer so zu verhalten, ein. Insofern inspiriert uns Empathie auch zu Rücksichtnahme und Toleranz anderen gegenüber und zur Bereitschaft, ihnen zu vergeben. So wie wir hoffen, dass andere Gnade walten lassen, wenn wir einen Fehler gemacht haben, können wir selbst unsere Empathie nutzen, um ihnen im Zweifelsfall noch mal Kredit zu geben. Auch dies ist eine Art, das Beste in anderen zu sehen, denn wie wir alle wissen, bedeutet »unser Bestes tun« nicht, dass wir den Großen Kampf gegen unsere negativen Emotionen in jedem Fall gewinnen. Manchmal ist das Beste, was wir in einer besonders schwierigen Situation tun können, nicht das Beste im Sinne unserer Idealvorstellung.

Die sinnvollste Reaktion auf die Fehler und Mängel anderer Menschen basiert nicht auf Selbstgerechtigkeit, die in Stolz und Egoismus wurzelt, sondern auf der Anwendung von Weisheit und Mitgefühl, die in der Erkenntnis unserer gemeinsamen Menschlichkeit gründen.

Wir können sowohl das Gute in anderen würdigen als auch unsere gemeinsamen Mängel anerkennen, wenn wir uns in empathischer Liebe üben. Eine solche Sicht bringt uns einander näher, statt uns voneinander zu trennen. Sie ist unverzichtbar bei dem Bemühen, die Trennung zu überwinden, die wir empfinden, wenn wir zu stark mit dem »Jemand-Sein« identifiziert sind, als wäre dieses von anderen Wesen, die uns gleichen, getrennt.

Reflexion über unsere Beziehungen hilft uns, die künstlichen und deshalb durchlässigen Grenzen unserer Eigenheit zu verstehen. Wir alle können die Grenzen unserer Identität so ausweiten, dass das kleine individuelle Selbst andere umfasst, und infolge dieses Prozesses in einem größeren Ganzen aufgeht.

Wenn wir in empathischer Identifikation mit anderen aufgehen – mit unseren Kindern oder Eltern, mit unseren Freunden oder den Menschen, die wir lieben, aber auch mit denjenigen, mit denen wir Schwierigkeiten haben (wobei die verschiedenen Kategorien einander nicht auszuschließen brauchen!) –, erlangen wir eine Ahnung von den Freuden und den positiven Wirkungen, die dem Loslassen des »Jemand-Seins« folgen und zum *Niemand-Sein* führen.

Das Fußabtreter-Syndrom und das Märchen von der »Mitgefühlserschöpfung«

Wenn es um spirituelle Lehren über Selbstlosigkeit in Beziehung zu anderen geht, höre ich oft zwei Einwände.

Der *erste* betrifft dysfunktionale Beziehungen, in denen es wiederholt zu Missbrauch oder Misshandlungen gekommen ist. Unsere engsten Beziehungen können leider auch unsere traumatischsten sein. *Soll ich in der Beziehung bleiben oder soll ich sie beenden?* Die Antwort auf diese oft gestellte Frage lautet immer: »Kommt darauf an.«

Es ist kein Akt des Mitgefühls zuzulassen, dass Sie zum Fußabtreter werden. Dass das nicht gut für Sie ist, ist Ihnen wohl ebenso wie jedem klar. Werden Sie wiederholt zum Objekt der Aggression eines anderen Menschen, geraten Sie in die Rolle des »hilflosen Opfers« – und die ist weder angenehm noch positiv. Wir alle haben ein Recht darauf, von anderen Menschen respektvoll behandelt zu werden – also auch Sie!

Doch eine Beziehung, in der Missbrauch und Misshandlungen immer wieder vorkommen, ist auch für die Person, die Sie als Fußabtreter benutzt, nicht förderlich. Wenn wir in einer Beziehung leben, in der wir dem Partner ermöglichen, uns immer wieder zu verletzen, ist das auch für ihn nicht gut. Andere zu verletzen ist in jedem Fall verwerflich, und Menschen, die andere verletzen, erzeugen dadurch sehr negatives Karma für sich selbst. Deshalb sollten Sie aus Liebe und Mitgefühl *sowohl sich selbst als auch Ihrem Partner gegenüber* aufhören, sich einer solchen Situation auszusetzen.

Empathie kann uns auch in dieser Hinsicht als Orientierungshilfe dienen. Menschen, die andere verletzen, sind selbst nicht glücklich. Das wissen wir aus eigener Erfahrung. Wenn wir innerlich sehr aufgebracht sind, suchen wir oft Linderung, indem wir unseren Unmut an anderen auslassen. Elend sucht Elend, heißt es manchmal. Doch die angemessene Reaktion auf das Leiden anderer – selbst (oder gerade) wenn es die Betroffenen dazu bringt, anderen Menschen gegenüber verbal oder in ihrem Handeln gewalttätig zu werden – ist Mitgefühl.

Das englische Wort für Mitgefühl, *compassion*, bedeutet, »gemeinsam leiden«. Durch Empathie dem Schmerz eines anderen Menschen gegenüber können wir herausfinden, wie wir uns in einer Beziehung, in der Missbrauch oder Misshandlungen eine wichtige Rolle spielen, am besten verhalten.

Bleiben oder gehen? Manchmal ist es sinnvoll, zu bleiben und zu versuchen, die Probleme zu lösen, eventuell mithilfe eines guten Therapeuten, um den Teufelskreis der schlechten Behandlung zu durchbrechen. In anderen Fällen kann man nur gehen, weil sonst eine ungesunde Co-Abhängigkeit entsteht, eine Beziehung, in der alle Betroffenen immer neues negatives Karma erzeugen.

In beiden Fällen hilft empathische Liebe, den richtigen Weg zu finden. Statt unsere Entscheidung davon abhängig zu machen, was nach unserer Überzeugung für uns selbst am vorteilhaftesten ist, wenden wir unsere Aufmerksamkeit dem anderen zu:

> *Was ist für ihn am besten? Kann ich diesem Menschen, indem ich bleibe, wirklich helfen, sein respektloses Verhalten mir gegenüber zu überwinden, oder muss ich die Beziehung aufgeben, um dieser ungesunden Co-Abhängigkeit ein Ende zu setzen?*

Vergessen Sie nicht: *Niemand-Sein* bedeutet nicht, dass man ein wertloses Nichts ist; *Niemand-Sein* ist nicht das gleiche, wie zum Opfer zu werden, traumatisiert zu werden oder als Fußabtreter zu fungieren. Ausschlaggebend ist in solchen Fällen die Bereitschaft, unsere tief verwurzelte Ichzentriertheit zu überwinden. Und bedenken Sie auch, dass es sich nicht um echtes Niemand-Sein handeln kann, wenn nicht die Linderung eintritt, die das Ablegen der Last des Egoismus mit sich bringt.

Der *zweite* Einwand, den viele vorbringen, wenn es darum geht, das »Jemand-Sein« in der Liebe zu anderen zu verlieren, ist der Verweis auf das »Mitgefühlserschöpfung« oder *compassion fatigue* genannte Phänomen. Menschen in Helferberufen, aber auch überforderte Eltern und Betreuer erklären manchmal, sie seien wegen »zu viel Mitgefühl« ausgebrannt oder erschöpft. *Ich gebe und gebe und gebe, und jetzt bin ich erschöpft. Ich brauche ein wenig Zeit für mich!*

Aus karmischer Sicht ist die Vorstellung einer »Mitgefühlserschöpfung« ein Widerspruch in sich. Eines der unabdingbaren Prinzipien des Karmas lautet, dass durch etwas Gutes nichts Schlechtes entstehen kann. Und da »Erschöpfung« kein geschätztes Gefühl ist und »Mitgefühl« ein tugendhafter Geisteszustand, kann Ersteres nicht durch Letzteres entstehen.

Jede »Erschöpfung«, die wir bei unseren Bemühungen, anderen zu helfen, erleben, entsteht durch Selbstbezogenheit, nicht weil wir dabei Distanz von uns selbst gewinnen. Wenn wir wirklich im Dienst für andere aufgehen, erschließen wir uns eine wesentlich ergiebigere Quelle der Energie und Stärke als alles, was »Jemand-Sein« zu mobilisieren vermag. Wie die Mutter, die ein Auto anhebt, unter dem ihr Kind feststeckt, erschließen wir uns ein ungeheures Kraftreservoir, wenn wir im Dienst für andere völlig aufgehen – eine Kraft, die aus dem *Niemand-Sein* erwächst.

Doch oft gelingt es uns in unseren Beziehungen nicht, uns selbst völlig zurückzustellen. Unser hungriges Ich stellt sehr zwingende Forderungen. Nur ein extrem selbstsicherer Mensch vermag den Mut aufzubringen, die Forderungen des »Jemand-Seins« willentlich völlig zurückzustellen.

Im nächsten Kapitel geht es um das Wesen selbstlosen Handelns – eine Art der Aktivität, für die entspannte Präsenz und Verspieltheit charakteristisch sind, die sich von dem, was wir unter »Arbeit« verstehen, stark unterscheiden. Wenn wir infolge unseres mitfühlenden Handelns anderen Menschen gegenüber »Erschöpfung« oder »Burnout« erleben, sind unsere Handlungen nicht völlig selbstlos. Sie entspringen dann nicht freier Entscheidung, sondern wir empfinden sie als lästige Pflicht.

Wenn Ihnen klar ist, dass nicht das Mitgefühl Sie erschöpfen kann, müssen Sie sich ausruhen, sobald Sie sich erschöpft fühlen. Droht Ihr großherziges Engagement für andere die tugendhafte Neigung, die Sie zu Ihrem Tun veranlasst hat, zu untergraben, ist es an der Zeit für eine Unterbrechung ..., damit *Sie* nicht *zer*brechen! Nehmen Sie sich in solchen Situationen ein wenig Zeit für sich, damit Sie später wieder denjenigen helfen können, die Sie brauchen.

Viele Weltreligionen haben regelmäßige Feiertage, an denen sich ihre Anhänger ausruhen und erholen können. In den Religionen der westlichen Welt ist dies der »Sabbat«, ein freier Tag, der sich jede Woche wiederholt. In den östlichen Traditionen gibt es ähnliche Vorschriften, die uns nähren und vor Burnout schützen sollen. Das folgende Zitat ist eine solche Ermahnung:

> *Die Kräfte, die uns ermöglichen, anderen lebenden Wesen zu helfen, ihre Ziele zu erreichen, sind Willenskraft, Standfestigkeit, Freude und nötigenfalls Pausieren.*[9]

Der Text nennt die Kräfte, die uns helfen, unsere Aktivität fortzusetzen, selbst wenn unsere Versuchung, sie zu beenden, sehr stark ist. *Willenskraft* – die Entschlossenheit, die erdrückenden Einschränkungen des Egoismus zu überwinden, indem man »jemanden findet, den man lieben kann«. *Standfestigkeit* – die Fähigkeit, bei unserer Entschlossenheit, unser wohlverstandenes Eigeninteresse zu verfolgen, zu bleiben, indem wir empathische Liebe und altruistisches Verhalten entwickeln. *Freude* – glücklich darüber zu sein, dass wir die Möglichkeit haben, die Ursachen für unser eigenes wahres Glück zu schaffen, indem wir das Wohl anderer fördern.

Und schließlich *Pausieren*. Das Sanskrit-Wort, das ich als »Pausieren« übersetzt habe, ist *mukti*, was »Freiheit, Erlösung, Errettung von« – hier im Sinne von »etwas loslassen« oder »von einer Aufgabe ablassen« – bedeutet. Man nimmt sich frei – oder macht zumindest eine Verschnaufpause –, um die eigenen großzügigen, altruistischen Tendenzen vor jener Art der Beschäftigung mit uns selbst zu schützen, die sie unterminieren kann, und uns wieder so zu stärken, dass wir über den Wert unseres Dienstes für andere klarer nachdenken können.

Was, wenn Gott einer von uns (oder wir alle) wäre?

Im Dienst für andere aufzugehen ist eine bewährte spirituelle Methode zur Überwindung unseres angeborenen Egoismus. Sie basiert auf einer konträren angeborenen Prädisposition: dem Wunsch, zu anderen Menschen in Beziehung zu treten, sich mit ihnen zu identifizieren und so jene willkürlichen Einschränkungen zu überwinden, durch die wir uns selbst einsperren.

Weil die Interdependenz eine Tatsache ist – weil wir alle untrennbar miteinander verbunden sind –, können wir sie nutzen, um die Qualität der Beziehungen, die uns definieren, zu verbessern. Durch Anwendung einer der beiden Formeln der

Transformation – *Verändere die Welt, und du veränderst dich*, oder des Zwillings, der ebenso mächtigen Formel *Verändere dich, und du veränderst die Welt* – gelingt uns die Zauberei.

Wir denken an andere mit jener Empathie, die sich aus dem Annehmen unserer grundlegenden Gleichheit ergibt. Wir wünschen anderen wie uns selbst, frei von Leiden zu sein und glücklich zu werden; und wir interagieren aus dieser Intention heraus mit ihnen, statt aus jenem egoistischen und verletzenden Verlangen heraus, zu dem unsere Geistesplagen uns motivieren. Und wir erkennen auch, dass andere wie wir selbst fehlbar sind und nicht immer im Sinne ihrer höchsten Ideale leben – eine Übung in Empathie, die in uns Mitgefühl statt Zorn und die Neigung zum Verzeihen statt Groll und Rachsucht weckt.

Wenn es uns gelingt, unsere Fixierung auf uns selbst und auf das mit ihr verbundene perverse Missverständnis von »Liebe« zu überwinden, erkennen wir, dass unsere Liebe *zu* anderen die karmische Ursache für das Gefühl ist, *von* anderen geliebt zu werden – denn was die Runde macht, *kommt definitiv* wieder zu uns zurück. Uns ist auch klar, dass Empathie manchmal »harte Liebe« und »harte Entscheidungen« anderen gegenüber erfordert (damit wir nicht dem »Fußabtreter-Syndrom« zum Opfer fallen) sowie die Sorge um unsere Fähigkeit, unsere Bemühungen aufrechtzuerhalten (um zu verhindern, dass »Mitgefühl« sich mit »Erschöpfung« verbindet).

Im nächsten Kapitel wird erläutert, wie wir ganz generell selbstloser – und freudiger! – handeln können. Wenn wir uns im Fluss des Lebens verlieren – in unserem Alleinsein ebenso wie in unserem Zusammensein mit anderen –, erschließt uns dies eine weitere Möglichkeit des *Niemand-Seins* im Alltagsleben.

Doch wenden wir uns nun zunächst dem zu, was das größte Geheimnis genannt worden ist, die esoterischste und wirkmächtigste Übung, die unsere Beziehungen zu anderen betrifft:

Weil du Mir sehr lieb bist, offenbare ich dir den vertraulichsten Teil des Wissens. Höre also von Mir, denn es ist zu deinen Nutzen.
Denke ständig an Mich und werde Mein Geweihter. Verehre Mich und bringe Mir deine Ehrerbietung dar. Auf diese Weise wirst du ohne Fehl zu Mir kommen. Ich verspreche dir dies, weil du Mein lieber Freund bist.[10]

Diese Verse stammen aus einem der berühmtesten religiösen Klassiker der Welt, der *Bhagavad Gita*. Krishna wendet sich darin an seinen Freund und Schüler Arjuna, und bei dem Zitat handelt es sich um das Ende eines sehr langen Dialogs. Auf einer Ebene bezieht sich der »vertraulichste Teil des Wissens«, das Krishna mitteilt, auf die Überwindung des niederen Selbst und die Realisation des Göttlichen, auf die Große Einheit unter aller Vielfalt, das ultimative Erleben des *Niemand-Seins*.

Doch auf einer anderen Ebene erschließt uns Krishnas höchste Lehre eine eindrucksvolle Strategie für den Umgang mit anderen Menschen. Wir können sie nutzen, um unsere Beziehungen zu verbessern – und zwar *radikal* zu verbessern. In den östlichen Tradition wird diese Praxis »Guru-Yoga« genannt, und sie besteht darin, einen anderen Menschen als Manifestation des Göttlichen in unserem Leben zu sehen, als einen Gesandten vom Hauptquartier, der speziell für uns abgestellt wurde.

Bezüglich des Wesens und der Funktion des *Guru* – dies ist das Sanskrit-Wort für einen spirituellen Lehrer – kursieren viele Missverständnisse. Deshalb müssen wir uns, um von der Übung des Guru-Yoga wirklich profitieren zu können, zunächst darüber im Klaren sein, worum es bei dieser Übung tatsächlich geht.

Erstens ist ein Guru ebenso wenig *essenziell* oder *objektiv* ein Guru, wie ein unangenehmer Mensch *essenziell* oder *objek-*

tiv unangenehm ist. Ein Guru *wird* zum Guru, wenn ein Schüler sich bewusst in diese besondere Beziehung zu ihm begibt – nicht, bevor er dies tut. Die Guru-Schüler-Beziehung beruht wie alle anderen Beziehungen auf Interdependenz: Der Guru kann nur als Guru fungieren, wenn er einen Schüler hat; und der Schüler kann nur Schüler sein, wenn er einen Lehrer hat.

Ein *zweiter* wichtiger Aspekt des Guru-Seins ergibt sich aus dem ersten. *Im Grunde kann jeder Ihr Guru sein.* Es gibt keine Fabrik, die Gurus produziert, und es gibt keine »*Gurus R Us*«-Website, auf der man sich einen Guru bestellen kann. *Der Guru entsteht, wenn wir jemanden dazu ausersehen, für uns als Guru zu fungieren.* Und in gewisser Hinsicht ist dies eine willkürliche Entscheidung. Ihr Guru kann ein Priester, eine Pastorin, ein Rabbi, ein Imam, ein Mönch oder eine Nonne sein; aber auch Ihre Frau oder Ihr Mann, ein Freund oder eine Freundin, ein Sohn oder eine Tochter, ein Vater oder eine Mutter, ein Kollege oder ein Verwandter kann diese Funktion für Sie übernehmen – sogar (und vielleicht sogar ganz besonders!) irgendein Mensch in Ihrem Leben, der Ihnen besonders unangenehm ist.

Diese sehr esoterische, geheime Technik, mit deren Hilfe sich unsere Beziehungen auf außergewöhnliche Weise verändern lassen, können wir wie folgt in die Praxis umsetzen. Zunächst müssen wir uns eingestehen, dass wir im Grunde nicht wissen, wer andere Menschen sind. Wir wissen, wie sie uns *erscheinen*, aber wir gestehen uns auch ein, dass *wir andere nicht so sehen, wie* sie *sind, sondern so, wie* wir *sind.*

Und wer wir sind, umfasst ein komplexes Bündel von Möglichkeiten. Sogar von Augenblick zu Augenblick wechseln wir zwischen einer großen Zahl verfügbarer Identitäten hin und her. Wir legen die unterschiedlichsten Masken an und definieren uns auch, wie wir in diesem Kapitel gesehen haben, über unsere Beziehungen zu anderen.

Den Kern des Guru-Yoga bildet *die bewusste Entscheidung dafür, einen anderen Menschen als Spiegelung unseres Höchsten Selbst zu sehen.* »Ich weile im Herzen eines jeden Menschen«,[11] erklärt Krishna. Gott ist sowohl in uns als auch außerhalb von uns, eine Vorstellung, die vielen spirituellen Traditionen der Welt und insbesondere ihren mystischen Zweigen gemeinsam ist.

Wir können Guru-Yoga also als einen Mechanismus verstehen, der es uns ermöglicht, einen anderen Menschen als Spiegel zu benutzen, mit dessen Hilfe wir einen Blick darauf werfen können, was für uns am besten ist. Im Sinne der Wahrheit der Interdependenz treten wir zu unserer angeborenen Göttlichkeit in Kontakt, indem wir daran arbeiten, das Göttliche in anderen zu sehen. Wenn wir es außerhalb von uns erkennen, erschließt es sich uns auch innen.

Doch nun noch eine *dritte* wichtige Beobachtung zum Guru-Yoga: Jemanden als Guru einzusetzen bedeutet nicht, dass alles, was der Betreffende sagt oder tut, automatisch »gut« oder »richtig« ist und dass seine Schüler ihm grundsätzlich zustimmen und gehorchen müssen. Dies zu tun ist ein gefährliches Missverständnis, das schon viele Menschen in große Schwierigkeiten gebracht hat.

Die Essenz des Guru-Yoga ist ständiges Lernen. Der Guru ist der Lehrer, und er kann in vielfältigen Formen lehren. Manchmal sind seine Belehrungen sehr leicht, in anderen Fällen sehr hart. Manchmal fühlen wir uns danach wohler in unserer Haut; andere Lektionen – manchmal gerade die, von denen wir am meisten profitieren – zwingen uns dazu, uns mit dem zu beschäftigen, was wir verändern müssen. Manche Lehren machen es uns leicht, unseren Lehrer zu mögen, andere werden als warnende Beispiele dafür präsentiert, was wir im Leben vermeiden sollten. Gelegentlich lehrt ein Guru, dass es Zeit ist, jemand anderen zu suchen, der seine Funktion übernimmt – eine Lektion in Loslassen, die besonders hart sein kann.

Doch grundsätzlich kann ein Guru nur lehren, wenn es einen Schüler gibt, der lernt. Die Praxis des Guru-Yoga setzt in jedem Fall voraus, dass der Schüler persönliche Verantwortung für die Beziehung übernimmt und nicht vergisst, selbstständig zu denken. Er muss über alles, was der Guru sagt oder tut, reflektieren und darum ringen, sich eine eigene Meinung zu bilden:

Was werde ich hierdurch lernen?

* * *

Vielleicht beschließt sogar der eine oder andere, in eine formelle Beziehung zu einem »offiziellen« Guru einzutreten – zu einem Repräsentanten einer spirituellen Übermittlungslinie, der die Überlieferung einer bestimmten Tradition lehrt. Doch wir alle können die Macht nützen, die der Praxis des Guru-Yoga innewohnt. Unabhängig davon, ob man mit einem »autorisierten« spirituellen Lehrer arbeitet oder es vorzieht, ein »keins davon« zu bleiben, ist Guru-Yoga in jedem Fall die wirksamste Methode, unsere Beziehungen zu transformieren und auf unserer spirituellen Reise schnell Fortschritte zu erzielen.

Wir haben oft die etwas naive Vorstellung, ein *echter* spiritueller Lehrer habe ein bestimmtes Aussehen und müsse auf eine bestimmte Weise handeln. Beispielsweise trage er eine bestimmte Kleidung, schmücke sich mit bestimmten religiösen Accessoires oder habe eine bestimmte Haartracht (oder diese gerade nicht). Vielleicht glauben wir auch, solche Menschen müssten Wunder wirken können oder zumindest bestimmte Arten von Charisma und Charme haben. Oder wir meinen, eine bestimmte Art von »spirituellem« Gebaren kennzeichne sie, sie sprächen nur leise und sagten nur Wesentliches und (jetzt kommt das, was wir uns ganz tief innen wirklich von ihnen erhoffen!) seien immer nett zu uns.

Doch wenn wir zu dem Verständnis gelangt sind, dass als unser Guru jedermann fungieren kann, wie wäre es dann, wenn wir uns entschlössen, die Person, die wir für diese spezielle Rolle ausersehen, ein weniger näher zu uns nach Hause zu holen? Wie wäre es, den Guru von seinem Sockel zu holen und ihn in unser Wohnzimmer zu bringen? Wenn wir versuchen würden, uns vorzustellen, dass ein göttliches Wesen bei uns eingezogen ist und uns zu helfen versucht, unsere Situation zu verbessern?

Was, wenn Gott einer von uns wäre, der uns hilft, das Göttliche, das in uns allen ist, zu finden? Und so funktioniert es – und bitte unbedingt zu Hause ausprobieren! Beschließen Sie einfach, dass von nun an ein bestimmter Mensch aus Ihrem Umfeld für Sie als Guru fungieren wird. Übertragen Sie Ihrem Mann oder Ihrer Frau, einem Mitbewohner, Ihrem Sohn oder Ihrer Tochter, Ihrem besten Freund oder irgendeinem sehr schwierigen Menschen, zu dem Sie eine enge Beziehung unterhalten, diese spezielle Funktion. Sehen Sie diese Person fortan als göttliches Wesen, das *undercover* (und manchmal sogar allem Anschein nach *tief undercover*!) arbeitet und Ihnen zu helfen versucht.

Von nun an werden Sie alles, was dieser neu ernannte Guru *sagt* oder tut, *als ganz speziell für Sie gedachte Unterweisung verstehen.*

Und dann lassen Sie das Spiel beginnen! Manchmal wird Ihnen etwas, das passiert, als wirklich magisch erscheinen. Worte und Handlungen, denen Sie vorher kaum Bedeutung beigemessen oder die Sie nicht einmal bemerkt haben, erweisen sich plötzlich als besonders inhaltsschwer. Die Beziehung zum Guru nimmt dann die verzauberte Qualität unserer Träume an:

Wow! Ich kann's einfach nicht glauben, was sie gerade zu mir gesagt hat!

In vielen Fällen jedoch wird sich die Übung als deutlich beschwerlicher erweisen:

Warum hat er seine schmutzige Unterwäsche auf dem Boden liegen lassen?
Warum hat sie meinen Geburtstag vergessen?
Und warum hat mein Guru mich gerade verletzt?

Wahrscheinlich dauert es nur wenige Minuten, bis Ihr frisch akkreditierter Guru etwas tut oder sagt, das Ihnen als sehr »un-guru-mäßig« erscheint!

Und sobald das passiert, besteht Ihre Aufgabe darin zu denken: »Welche Lektion steckt für mich darin? Was versucht mir dieses göttliche Wesen zu sagen?« Vielleicht, dass Sie ihm ähnlicher sein sollten, dass sie seine positiven Eigenschaften nachahmen sollten, die Ihnen ziemlich bewusst geworden sind, während Sie sich darin übten, den Guru als göttliches Wesen zu sehen. Aber vielleicht geht es auch darum, von einem Lehrer, der sich als irritierender Mensch erweist, zu lernen, anderen Menschen gegenüber geduldiger und nachdenklicher zu sein, während der Lehrer veranschaulicht, wie ein egoistischer Mensch sich verhält, und sorgsam darauf zu achten, dass Sie selbst nicht anderen etwas antun, das Ihr Lehrer im Moment mit Ihnen macht.

Ganz gleich, ob eine Lektion in positiver oder negativer Form präsentiert wird, die Beziehung zum Lehrer bietet in jedem Fall permanent die Gelegenheit, zu lernen und sich weiterzuentwickeln. Und das ist die wahre Magie des Guru-Yoga.

Obwohl es wahrscheinlich am leichtesten ist, zunächst einen Menschen zu wählen, der für Sie ohnehin schon in irgendeiner Hinsicht eine spezielle Rolle spielt – jemanden, den Sie lieben und der Sie liebt –, kann Guru-Yoga jede Beziehung revolutionieren. Man kann dabei mit gleichem Nutzen Menschen, die man liebt, und besonders schwierige Zeitgenossen als Guru-Gestalten wählen. Guru-Yoga ist die höchste Form der Bereitschaft, anderen einen Vertrauensvorschuss zuzugestehen, die in jeder Beziehung enthaltenen transformierenden Möglichkeiten zu erkennen und größtmöglichen Nutzen aus der Tatsache zu ziehen, dass wir durch die Veränderung unserer Wahrnehmung anderer Menschen auch unser Selbstverständnis verändern.

AKTIONSPLAN:

Arbeit mit einem Guru

Wählen Sie einen Menschen aus Ihrem Lebensumfeld, der für Sie als »Guru« fungieren soll. Das kann im Prinzip jeder sein; allerdings wählen Sie am besten zunächst jemanden, der Ihnen nahesteht und den Sie lieben – Ihre Frau oder Ihren Mann, einen Freund oder eine Freundin, Mutter oder Vater, Schwester oder Bruder, Sohn oder Tochter oder jemand anderen, der Ihnen viel bedeutet.

Die Übung, die hier beschrieben wurde, klingt einfach, aber sie durchzuhalten ist sehr schwer. Beschließen Sie zunächst, die Person, die Sie ausgewählt haben, von nun an als eine Art göttliches Wesen anzusehen – als Engel, der nur versucht, Ihnen zu helfen – und dass alles, was sie sagt oder tut, ohne jede Ausnahme als Belehrung für Sie gedacht ist. Was müssen Sie durch die Äußerungen oder Handlungen des »Guru« lernen?

6. EIN LEBEN IM FLOW

Zu bewusst zu sein ist eine Krankheit –
eine echte schwere Krankheit.
FJODOR DOSTOJEWSKI

Ganz bei der Sache sein

Man muss sich verlieren, um sich zu finden, wie Jesus sagte.* Oder, in der Terminologie dieses Buches ausgedrückt: Man muss sich über das »Jemand-Sein« erheben, um zur freudigen Unbefangenheit des *Niemand-Seins* Zugang zu erlangen.

Die Erweiterung der Identität mittels Empathie, die andere Menschen in unserem Leben umfasst, ist eine der wichtigsten Methoden spiritueller Traditionen zur Überwindung der Grenzen der Individualität. Aber auch eine andere spirituelle Technik kann uns helfen, unsere Befangenheit im »Jemand-Sein« und unsere Ichzentriertheit zu überwinden, die letztlich bewirken, dass wir unglücklich sind.

* »Wenn du an deinem Leben hängst, wirst du es verlieren; doch wenn du dich um meinetwillen von deinem Leben löst, wirst du es finden.« Matthäus 10:39 [Übersetzt nach der englischen Fassung des Matthäus-Evangeliums, Anm. d. Übers.]

Die Methode, die in diesem Kapitel beschrieben wird, soll uns helfen, unser individuelles Selbst in Aktivitäten aller Art zu verlieren – nicht nur in unseren Beziehungen zu anderen Menschen, sondern auch in den Alltagsaktivitäten, denen wir uns allein oder in Gesellschaft anderer widmen.

Es gibt verschiedene umgangssprachliche Ausdrücke, die unser Vertieftsein in Aktivitäten beschreiben. Wenn wir »wirklich auf (etwas) abfahren«, »ganz bei der Sache« oder »im Flow« sind, beschreiben wir, wie es ist, *niemand* zu sein, weil das »Jemand-Sein« durch unser Bestreben völlig neutralisiert wird.

Wir alle wissen, wie es sich anfühlt, wenn wir in einer Aktivität wirklich aufgehen. Wenn wir sagen, ein Buch oder Film sei »fesselnd« gewesen, handelt es sich um diese Art von Erlebnis. War ein Konzert »überwältigend« oder haben wir es bei einem Fußballspiel kaum an der Sitzkante ausgehalten, dann liegt ebenfalls die Empfindung vor, um die es hier geht.

Wir fühlen uns von unseren Hobbys, spezifischen Freizeitaktivitäten und Spielen angezogen, weil diese uns in einen bestimmten Geisteszustand versetzen. Uns fesseln Rätsel und berufliche Herausforderungen, weil sie uns in den *Nobody*-Zustand versetzen können. Das Hochgefühl, das wir bei anregenden Aktivitäten erleben, insbesondere wenn sie mit einer gewissen Gefahr verbunden sind (für mich ist das beim Motorradfahren so), oder das wir in Notfallsituationen spüren, kann diese Empfindung ebenfalls hervorrufen. Außerdem macht der Zustand der Selbstvergessenheit und Ekstase (*exstasis* bedeutet »außerhalb von sich selbst stehen«) die starke Attraktion intensiver sexueller Erlebnisse aus.

Es geht hier um das Gefühl, *nicht da zu sein* oder, so könnten wir es auch nennen, *total da zu sein* – darum, sich vom permanenten Geplapper des Geistes zu lösen und mit dem Erleben völlig eins zu werden. Dann verstummt der innere Kommentar, der alle unsere Aktivitäten begleitet, und wir sind mit der Aktivität völlig eins und in sie versunken. Der geistige Monolog bricht ab, und das unmittelbare Gewahrsein tritt in den Vordergrund.

Wir alle kennen diesen Bewusstseinszustand, in dem wir frei von jeder Befangenheit und völlig im Hier und Jetzt präsent sind. Dies ist die Freude des völligen Aufgehens im Leben selbst, das Hochgefühl, das unsere vollständige Einheit mit unserem Tun begleitet. Und es ist eine weitere Möglichkeit, im Alltagsleben *Niemand-Sein* zu erleben.

* * *

Mihaly Csikszentmihalyi hat beobachtet, dass wir dann am glücklichsten sind, wenn wir uns in diesem Zustand reinen Gewahrseins befinden. Er hat ihm den Namen *Flow* gegeben und ihn als den Zustand definiert, »bei dem man in eine Tätigkeit so vertieft ist, dass nichts anderes eine Rolle zu spielen scheint; [das, was man tut,] ist so erfreulich, dass man es selbst um einen hohen Preis tut, einfach, um *flow* zu erreichen.«[1]

Wenn wir »wirklich auf etwas abfahren«, so ist dies das Gegenteil von »neben der Spur sein«, von »Wegdriften« und von »Leben auf Autopilot«. Für den *Flow*-Zustand charakteristisch ist eine außergewöhnlich intensive Konzentration auf eine Aufgabe, die wir als fesselnd empfinden. »Die Konzentration ist dabei so intensiv, dass keine Aufmerksamkeit übrig bleibt, um an andere, unwichtige Dinge zu denken oder sich um Probleme zu sorgen.«[2] Wenn wir voll und ganz im Augenblick sind, völlig in dem aufgehen, was wir gerade tun, können wir uns nicht gleichzeitig mit dem beschäftigen, was als Nächstes zu tun ist, und wir können nicht über bereits Geschehenes nachdenken.

Der Flow-Zustand ist ein völliges Sicheinlassen auf die Gegenwart, ein vollständiges Annehmen der Realität, während sie sich entfaltet. *So ist es jetzt* – und wir akzeptieren und verkörpern es mit unserem ganzen Sein.

Am wichtigsten für unser Thema ist jedoch, dass dieser Zustand gesteigerten Gewahrseins – des völligen Aufgehens in dem, was wir tun – auch mit dem Verlust eines Befangenheitsgefühls verbunden ist. »Glück«, so erklärt der spirituelle Lehrer Jiddu Krishnamurti, »ist nichts, was wir suchen können; es ist ein Resultat, ein Nebenprodukt« der Selbstaufgabe:

> *Wenn wir Glück um seiner selbst willen suchen, hat es keine Bedeutung. Glück stellt sich unaufgefordert ein; und sobald wir uns unseres Glücklichseins bewusst werden, sind wir nicht mehr glücklich. … Wenn wir uns unseres Glücklichseins bewusst werden oder sogar aktiv nach Glück suchen, ist das Ende allen Glücklichseins nah. Glück ist nur möglich, wenn es gelingt, das Ich und seine Forderungen beiseitezuschieben.*[3]

Das »Jemand-Sein« verschwindet, wenn wir wirklich glücklich sind; dann verstummt die innere Stimme, die unser Tun unablässig kommentiert. Die Intensität des Flow hängt davon ab, wie sehr es uns gelingt, uns in unserer momentanen Aktivität zu verlieren.* Solche »Gipfelerlebnisse«, wie Abraham Maslow sie nannte, sind Augenblicke der Selbsttranszendenz und der Zufriedenheit: »Die Wahrnehmung während des Gipfelerlebnisses kann relativ stark ich-transzendierend, selbstvergessen, ichlos, selbstlos sein. Sie kann sich dem Zustand des Unmoti-

* »Beim *flow* wird man herausgefordert, das Beste zu geben, und muss ständig seine Leistungen verbessern. Zugleich hat man nicht die Möglichkeit, darüber nachzudenken, was dies für das Selbst bedeutet – wenn man sich erlauben würde, selbst-bewusst zu werden, kann die Erfahrung nicht sehr tief gehen.« Csikszentmihalyi, *Flow*, dt. S. 95.

vierten, Unpersönlichen, Wunschlosen, Losgelösten, nichts Benötigenden oder Wünschenden nähern.«[4]

Diese optimalen, das Ich transzendierenden mentalen Zustände sind die Grundlage aller Mystik. Das »ozeanische Gefühl« tritt auf, wenn sich das Individuum in ein größeres Ganzes eingebunden fühlt: »Gott«, »höchste Wirklichkeit«, »Grund allen Seins«, »Buddha-Natur« oder wie auch immer wir das Namenlose nennen wollen.

Die religiösen Traditionen des Ostens kennen eine Übung, die darauf zielt, eine bestimmte Variante dieses erhobenen Zustandes in unsere sämtlichen Aktivitäten einzubeziehen. Taoismus und Konfuzianismus nennen diese Praxis *wu wei* oder »müheloses Handeln«, und im Buddhismus spricht man von »Gewahrsein« oder »Achtsamkeit«, die wir bei allen Aktivitäten entwickeln und pflegen sollen. In der Hindu-Tradition gibt es eine besonders treffende Bezeichnung für diese spirituelle Technik, die uns »in den Flow« bringen soll: *karma yoga* oder »diszipliniertes Handeln«.

Die genannten spirituellen Traditionen sind der Auffassung, dass wir auch im Rahmen gewöhnlicher Alltagsaktivitäten in den Flow-Zustand eintreten können. Wir brauchen nicht darauf zu warten, dass uns eine außergewöhnliche Gnade zuteilwird, die uns ermöglicht, den Zustand der Glückseligkeit zu kosten, und wir brauchen uns auch nicht in eine Höhle zurückzuziehen, um uns ein mystisches Erlebnis zu ermöglichen. Ebenso wenig brauchen wir unablässig verzweifelt nach außergewöhnlich anregenden »Gipfelerlebnissen« zu suchen, bevor wir uns in einen solchen Zustand versetzen können.

Jedes Erlebnis kann zu einem »Gipfelerlebnis« werden, jeder Augenblick und jede Aktivität kann »optimal« sein, wenn wir lernen, uns vom »Jemand-Sein« zu lösen und in einem integrierteren und weniger unserer selbst bewussten und damit befangenen Zustand zu leben.

Natürlich gibt es einen Unterschied zwischen der stumpfsinnigen Ausführung einer Aktivität – beispielsweise dem passiven Anschauen einer Fernsehsendung oder eines Films oder dem Starren auf einen Computerbildschirm – und dem, was wir *achtsame Unbefangenheit* im Handeln nennen könnten. Karma-Yoga beinhaltet sowohl die disziplinierte »Achtsamkeit« als auch die freudige »Unbefangenheit«, das »im Flow sein« im Gegensatz zum »Abschalten«.

Im Übrigen besteht ein Unterschied zwischen der Hoffnung, dass irgendeine Aktivität uns so stark fesseln werde, dass sie bei uns den Flow hervorruft, und der (erlernten) Fähigkeit, diesen Zustand durch gezieltes Handeln zu erreichen. Wir alle kennen und wünschen uns die Freude, völlig auf unser Tun konzentriert zu sein. Aber zwischen solchen »optimalen Erlebnissen« halten nur wenige Menschen inne, um darüber zu reflektieren, warum sie solche Situationen erleben, wie es dazu kommt und wie sie mit eben dieser Intensität und Aufmerksamkeit an eine andere Aktivität herangehen können.

Das Geschirr abzuwaschen bietet ebenso die Möglichkeit, sich ganz in etwas zu vertiefen, wie Motorradfahren oder Klettern. Was das Flow-Erlebnis anbetrifft, so gibt es in einer Höhle im Himalaja nichts, was in einem Büro nicht zu finden wäre. Jede in achtsamer Unbefangenheit ausgeführte Handlung kann uns in diesen Zustand versetzen.

* * *

Es heißt, das nicht bewusst untersuchte Leben sei es nicht wert, gelebt zu werden – und das ist nur zu wahr. Seiner selbst bewusst zu sein ist unter anderem deshalb wichtig, weil wir durch Selbstgewahrsein zu der Erkenntnis gelangen, dass ein *Zuviel* an Selbstgewahrsein uns von der Quelle unseres größten Glücks fernhält. Denn ein zu stark bewusst untersuchtes Leben kann uns daran hindern, wirklich zu leben. »Wenn Sie sich fragen, ob Sie glücklich sind«, schrieb J.S. Mill und äußerte sich damit ähnlich wie Krishnamurti im weiter oben angeführten Zitat, »sind Sie es nicht mehr«.[5]

Tiefste Freude erleben wir erst, wenn wir aufhören, uns ständig zu sorgen, und wenn wir der Empfehlung des altbekannten Nike-Slogans folgen: *Just do it*. Das Leben läuft nicht am besten im Leerlauf – weil es sich dann in permanenter Selbstanalyse befindet –, sondern in voller Fahrt.

Zur Ruhe kommen

Ja, aber ich bin doch schon in voller Fahrt, und genau das macht mich so fertig! Ich habe Millionen Dinge zu tun – unglaublich viele Pflichten zu erfüllen! Ich bin einfach völlig überlastet!

Viele Menschen empfinden es heute als sehr anstrengend, ständig alle möglichen Dinge erledigen zu müssen. Wir erledigen Hausaufgaben, legen Prüfungen ab, erwerben Diplome und bemühen uns um einen Job. Im Büro gibt es Arbeiten, die drängen, finanzielle Probleme sind zu lösen, und wir müssen uns um unsere Beförderung bemühen. Die Rechnungen sind zu bezahlen, Formulare auszufüllen, und die Steuererklärung ist fällig.

Die Hausarbeiten müssen erledigt werden, die Kinder zum Fußballtraining gefahren werden, und wir müssen ihre Geburtstagspartys organisieren. Im Haus ist einiges zu reparieren, das Essen muss rechtzeitig auf den Tisch, und wir müssen dafür sorgen, dass das Geschirr gespült wird, Kleider und Autos gewaschen werden und die Körperpflege nicht zu kurz kommt. Und einige von uns müssen außerdem Buchmanuskripte fertigstellen, um einen Termin einzuhalten, den uns ein Verlag gesetzt hat.

Auch Aktivitäten mit anderen Menschen belasten uns manchmal, weil wir alle möglichen Verabredungen, Treffen, Rendezvous und Partys koordinieren müssen. Außerdem entwickeln wir in unserer Freizeit auch noch Pläne und Projekte, um auf gar keinen Fall von Langeweile geplagt zu werden. Wir erliegen also der typischen modernen Angst davor, *nicht genug zu tun zu haben.*

Und je jünger Sie sind, umso größer ist die Gefahr, dass Sie wegen all dieser Dinge durchdrehen. Einer im Auftrag der American Psychological Association durchgeführten Studie zufolge erklärt die Hälfte aller »Millennials« (zwischen 1981 und 1994 Geborenen), ihre Angst raube ihnen den Schlaf, und neununddreißig Prozent geben an, ihr Stressniveau sei im vergangenen Jahr deutlich gestiegen.[6]

Es ist uns überzeugend gelungen, Ängste dieser Art, die sich auf die Aufgaben beziehen, mit denen Menschen in ihrem Leben konfrontiert werden, an unsere Kinder weiterzugeben. Als ich ein Teenager war, freute ich mich an jedem Samstagmorgen darauf, ausschlafen zu können (und wir alle wissen, was für ein erstaunliches Talent Teenager haben, sich auszuschlafen – insbesondere wenn sie am Vorabend durch Stress wachgehalten worden sind!). Aber meine Träume wurden jedes Mal zunichtegemacht, wenn mein Vater mich zu einer unmenschlichen Zeit (beispielsweise schon gegen 10.00 Uhr morgens) aufweckte und mir eine Liste mit Aufgaben in die Hand drückte, die ich im Laufe des Tages erledigen sollte.

Müßiggang, so meinte er, sei aller Laster Anfang, und in seinem Haus habe niemand Zeit übrig, um sie totzuschlagen. Und deshalb: *An die Arbeit, mein Sohn!*

Aus solchen Gründen haben die meisten von uns die Vorstellung verinnerlicht, ihr Wert hänge zumindest teilweise davon ab, wie stark sie ständig beschäftigt seien, begleitet von all dem Druck und der Anspannung, die mit einer solchen Einstellung verbunden sind. Aufgrund dessen haben wir heute stärker als jemals vorher das Gefühl, es sei wichtig, sich ständig mit etwas zu beschäftigen – oder zumindest über die vielen Dinge, die wir noch tun müssen, nachzudenken –, um ein richtiger Jemand zu sein.

Obgleich diese ständigen Sorgen und die hektische Aktivität uns aufreiben, schwelgen wir in einer Art *Kult der Geschäftigkeit.*

Kommunikation besteht heutzutage oft ausschließlich darin, einander mitzuteilen, wie viel wir ständig »um die Ohren« haben. Haben Sie schon einmal einen Freund angerufen und ihn gefragt, wie es ihm geht, und haben Sie dem Betreffenden dann einfach fünfzehn Minuten lang zugehört, wie er darüber berichtete, wie viel er zu tun habe? Vielleicht haben Sie selbst es auch schon einmal so gemacht, als jemand Sie nach Ihrer Situation fragte. Unser Austausch mit Freunden und Bekannten über unsere aktuelle Situation wird leicht zu einem Wettstreit darum, wer den größten und meisten Stress hat.

Und welche unausgesprochene Botschaft verbirgt sich hinter solchem nervtötenden Aufzählen und Katalogisieren unserer zahlreichen Aktivitäten?

Ich habe wirklich unglaublich viel zu tun – siehst du, wie wichtig und wertvoll mein Leben ist?

In einem Artikel, der im *New Statesman* veröffentlicht wurde, schreibt Ed Smith, vielbeschäftigte Menschen »hasten nicht umher, um irgendwo anzukommen oder um etwas zu erreichen. Sie hasten, weil sie demonstrieren wollen, wie hart sie arbeiten«. Der Kult der Geschäftigkeit ist zu »einer kulturspezifischen Dauerkrankheit« geworden. Wir alle versuchen, uns und andere davon zu überzeugen, dass unser Leben deshalb wichtig ist, weil wir so hart arbeiten:

> *In jedem Bereich des öffentlichen Lebens fordern wir nicht nur, dass die Menschen härter arbeiten, sondern vor allem, dass sie als immer härter arbeitend gesehen werden. Dies ist das Zeitalter beruflichen Martyriums.*[7]

Einer meiner spirituellen Lehrer hat einmal darauf hingewiesen, dass besonders geschäftige Menschen – talentierte, energievolle und intelligente Menschen –, würden sie mit ihrer unablässigen Geschäftigkeit lange genug aufhören, merken würden, wie unwichtig vieles von dem, was sie so stark in Anspruch nehme, in Wahrheit sei.

Geschäftigkeit um ihrer selbst willen kann verhindern, dass wir der wichtigeren Dinge, die wir in unserem Leben tun müssen, gewahr werden und dass wir deshalb nicht auf sie fokussieren. Und weil unsere ständige Geschäftigkeit uns stresst, löst sie oft genug starke Anstürme von Geistesplagen aus. Wegen der vielen Dinge, die wir erledigen müssen, Angst zu bekommen, trägt nicht dazu bei, dass wir diese Dinge besser und effizienter erledigen, einmal ganz abgesehen von der Frage, ob wir dann klüger und ruhiger sind, wenn wir sie in Angriff nehmen.

Geschäftigkeit spült uns mit dem Strom fort, statt uns in Flow zu versetzen. Nicht achtsame Unbefangenheit, wie wir sie erleben, wenn wir ganz bei der Sache sind, sondern eine egozentrische *Un*achtsamkeit erfüllt uns im Zustand besessener Geschäftigkeit und bringt uns bezüglich der Frage ins Schwitzen, wie viel wir zu tun haben, statt dass wir uns auf unser tatsächliches Tun konzentrieren.

* * *

Geschäftig zu sein um der Geschäftigkeit willen ist keine spirituelle Technik, die uns hilft, zu Selbsttranszendenz, Glück oder Zufriedenheit zu gelangen, sondern führt zu Unruhe und Verwirrung. Außerdem verstärkt sie oft unsere Aufgeblasenheit.

Die spirituellen Methoden, die uns ermöglichen, Selbstvergessenheit im Handeln zu erreichen, sind völlig anders geartet als diese permanente hektische Geschäftigkeit, die an die motorische Aktivität eines Huhns denken lässt, dem gerade jemand den Kopf abgeschlagen hat. Und das beste Gegenmittel in solchen Fällen ist keineswegs bloße Inaktivität. Eine weitere Stressursache sind unsere ständigen Sorgen wegen all der Dinge, die wir eigentlich tun sollten, die wir aber aus irgendwelchen Gründen einfach nicht angehen können oder wollen.

Das Gegenteil von Geschäftigkeit ist nicht Lähmung, sondern es geht darum, im Leben auf ruhige und entspannte Art aktiv und engagiert zu bleiben. Wir müssen tun, was zu tun ist; aber die meisten von uns müssen stärker daran arbeiten, ihre Geschäftigkeit *abzubauen.*

Geschäftigkeit abzubauen kann bedeuten, dass wir die Zahl unserer unwichtigen oder sinnlosen Aktivitäten verringern müssen, um einen in sich stimmigeren Plan entwickeln zu können. Wenn wir die weniger wichtigen Dinge zurückstellen, kann das wirklich Wichtige den Raum einnehmen, den es benötigt und der ihm zusteht.

Dies kann auch bedeuten, dass wir uns mehr Zeit zu unserer freien Verfügung nehmen oder dass wir die freie Zeit, die wir ohnehin haben, genießen, statt sie durch ständige Sorgen und ständiges Überprüfen von E-Mail-Konten und SMS-Eingängen zu verderben. Wir sollten mit unseren freien Tagen nicht so umgehen, als wären sie nichts weiter als eine zusätzliche Gelegenheit, unsere Geschäftigkeit zu pflegen. Wir sollten unsere Freizeit nicht mit Arbeit vollstopfen und sie so in Arbeitszeit umwandeln.[8]

Um zur Ruhe zu kommen, kann man auch eine Form der Entspannungs- oder Meditationsübung in den Tagesplan einbeziehen – man reserviert dann eine bestimmte Zeitspanne, in der man einfach dasitzt und nichts tut (außer sich um einen gewissen Geistesfrieden zu bemühen!), was vielleicht einer der Gründe für den starken Widerstand so vieler gegenüber dieser Möglichkeit ist. Geschäftigkeitsfanatiker empfinden das Meditieren als ... *unproduktiv*.

Der wichtigste Aspekt beim Bemühen, zur Ruhe zu kommen, ist jedoch, dass man die eigene Einstellung verändern muss. Unsere Pflichten, so zahlreich und beschwerlich sie auch sein mögen, erscheinen uns weniger erdrückend, wenn wir uns weniger leicht von etwas überwältigen lassen.

Stress entsteht nicht, wenn man eine bestimmte Zahl von Dingen erledigen muss. Viele Menschen – ich selbst kenne einige – sind den ganzen Tag über ununterbrochen beschäftigt, ohne besonders viel oder auch nur die geringste Angst zu verspüren. Und dann gibt es Menschen, die jeden Tag beispielsweise zwei Dinge erledigen müssen und die sich aufplustern:

Ach je, ich habe so viel zu tun! Ich habe um 9.30 einen Arzttermin, und heute Nachmittag muss ich schon wieder irgendwohin!

Zwischen dem Aktivbleiben – dem physischen Tun mit dem Ziel, Dinge, die im Hier und Jetzt getan werden müssen, zu erledigen – und der mentalen Empfindung, zu beschäftigt zu sein, besteht ein Unterschied. Ich behaupte nicht, dass es in unserem Leben *keine* Dinge gibt, um die wir uns kümmern müssen. Die gibt es ganz sicher. Wir wollen Sie hier nicht dazu bringen, Ihre beruflichen und familiären Verpflichtungen oder irgendwelche anderen Aufgaben zu vernachlässigen. Aber diese Pflichten brauchen Sie nicht ständig unglücklich zu machen, weil Sie sie als Schinderei empfinden. Sie können darin auch *Möglichkeiten zu Flow-Erlebnissen* erkennen.

Eine ruhige Geisteshaltung ermöglicht entspanntes Handeln anstelle von hektischer motorischer Aktivität. Bhagwan Shree Rajneesh (»Osho«) hat den Unterschied zwischen »Beschäftigung« und Handeln erläutert. Er erklärt: »Handeln ist nicht Beschäftigung, und Beschäftigung ist nicht Handeln.«

> *Handeln entspricht der Situation: Du kannst handeln, du gehst auf die gegebenen Umstände ein. Beschäftigung nimmt keine Rücksicht auf das, was die gegebene Situation erfordert. Du bist innerlich so unruhig, dass du die Situation nur zum Vorwand nimmst, um dich zu beschäftigen. Handeln kannst du aus einer ruhigen Geisteshaltung. Es gibt auf der Welt nichts Schöneres. Beschäftigung kommt aus einer ruhelosen Verfassung. Es gibt nichts Hässlicheres.*[9]

Erfordert es die Situation, handeln wir – weil die Situation jetzt *so ist, wie sie ist,* tun wir, was zu tun ist. Das Gegenteil von Geschäftigkeit ist nicht Trägheit oder Reglosigkeit, und ganz sicher beinhaltet es auch nicht, dass wir uns vor unseren Verpflichtungen drücken. Doch die Erregung und die Rastlosigkeit – der chronische Impuls, *einfach irgendetwas zu tun, was auch immer!* –, die mit dem einhergehen, was Rajneesh »Beschäftigung« nennt, sind der Ursprung von Anspannung und Angst.

Indische Gottheiten und die erleuchteten Wesen des Tibetischen Buddhismus werden oft mit vielen Armen abgebildet, was die vielfältigen positiven Arten, auf die sie in der Welt handeln, veranschaulichen soll. Sie werden auf diese Weise als fleißig charakterisiert – denn es ist ja eine ziemlich gewaltige Aufgabe, das ganze Universum in Bewegung zu halten! Keines dieser Wesen wird mit gerunzelter Stirn abgebildet (man könnte meinen, dass sie mit Botox vollgepumpt sind).

Aktiv und kundig tätig, aber nicht irrsinnig geschäftig – dies sollte unser Modell für Aktivität im Leben sein. Um sich von der gewohnten Hektik lösen zu können, muss man das, was zu tun ist, effizient und freudig erledigen, aber ohne sich ständig zu fieberhafter Geschäftigkeit anzuspornen, wie sie für den von Stress bestimmten Lebensstil typisch ist, mit dem der Kult der Geschäftigkeit einhergeht.

Freiheit von zwanghafter Aktivität

Wahre Freiheit besteht, wie schon erläutert, nicht darin, einfach irgendetwas zu tun, wozu unsere Impulse uns treiben. Dieses Verständnis von »Freiheit« hält uns in einem von uns selbst geschaffenen Gefängnis fest. Das Glück, das mit spirituellen Zielen assoziiert wird, die als »Errettung«, »Erlösung« oder »Befreiung« bezeichnet werden, erfordert zuallererst und vor allem, diese Art der Fesselung an unsere ungebändigten Geistesplagen zu beenden, nicht, ihnen ungehindert Ausdruck zu geben.

Wenn Sie also unbedingt geschäftig sein müssen, sollten Sie sich vielleicht damit beschäftigen, die negativen Emotionen zu bezwingen, die all unser Unglücklichsein verursachen. Wir empfinden mehr oder minder ständig eine zwingende Notwendigkeit, den momentanen Zustand der Dinge zu verändern.

Doch um frei leben zu können, müssen wir uns auch von dem zwanghaften Bedürfnis lösen, durch manische Aktivität ständig etwas zu erreichen, in Ordnung zu bringen oder zu verbessern. Nicht nur unsere Geistesplagen versklaven uns, sondern auch unsere ständigen Versuche, zukünftige Resultate zu beeinflussen, statt dass wir uns völlig auf unser Tun im Hier und Jetzt konzentrieren.

Das kontrollbesessene Captain-Kirk-Selbst tritt also erneut

in Erscheinung! Verstärkt durch die irrige Vorstellung, wir müssten ständig aktiv sein, um unseren Wert unter Beweis zu stellen, fühlen wir uns gezwungen, unablässig an der Veränderung von Dingen zu arbeiten. Derart durch belastende Unzufriedenheit motiviert, erweist sich der gute alte Captain als ausgewachsener Neurotiker!

Der ständige Zwang, zu arbeiten und etwas zu erreichen, ist eine andere Art, auf die wir den Juckreiz der Unzufriedenheit durch anhaltendes Kratzen zu überwinden versuchen – im vorliegenden Fall das Jucken, das wir verspüren, weil wir ständig das Gefühl haben, *wir müssten etwas tun, um jemand zu sein.* Dies ist das genaue Gegenteil des Großen Juckfreien Zustandes.

Die östlichen Religionen nennen das Gegenteil von Freiheit, Zufriedenheit und vollkommenem Glück *samsara*, die zyklische Reproduktion von Leiden in unserem Leben. Unter den zahlreichen Dimensionen der Verursachung und der Beschaffenheit dieses wiederkehrenden Unglücklichseins erscheint eine Definition von Samsara in den alten Schriften für unsere momentane Thematik als besonders passend.

»Samsara«, so heißt es in der Ashtavakra Gita, »ist nichts anderes, als *dass man etwas hat, das getan werden muss.*«[10]

Das entscheidende Sanskrit-Wort in diesem Vers, *kartavya* (»etwas haben, das getan werden muss«) bezieht sich auf den *Zwang zu handeln*, die quälende Unzufriedenheit, die zu panischer Aktivität antreibt. Es ist ziemlich radikal und unerbittlich zu sagen, dass das Gefühl, zum Handeln *gezwungen* zu sein –, und nichts anderes uns unzufrieden bleiben lässt.

Auf den ersten Blick mag diese Behauptung als ziemlich extrem erscheinen. *Aber es gibt doch nun einmal Dinge, die ich tun muss! Wenn ich meinen Kindern nichts zu essen gebe, wer würde es dann tun? Und wenn ich nicht zur Arbeit ginge, wer würde dann die Rechnungen bezahlen?* Natürlich müssen wir alle bestimmte Pflichten erfüllen. Aber wir können sie viel effizienter erfüllen und dabei glücklicher sein, wenn es uns gelingt, uns von dem Gefühl zu lösen, wir täten es unter Zwang. Nicht die Pflicht zu handeln ist das Problem, sondern die Tatsache, dass wir durch einen *Notstand* zum Handeln angetrieben werden, verursacht Stress.

Die Vorstellung, dass wir infolge eines *Aktivitätszwangs* unglücklich sind, erfasst die Ursache unserer Rastlosigkeit ziemlich gut. Wir unterliegen praktisch ständig einem Zwang, den momentanen Zustand der Dinge zu verändern. Der nie nachlassende Juckreiz hält uns unzufrieden – das Verlangen nach etwas, das wir noch nicht besitzen, und die Sehnsucht, etwas loszuwerden, das wir schon haben. Dies sind im Wesentlichen die beiden Formen, in denen Unzufriedenheit auftreten kann, und erst wenn es uns gelingt, beide zu überwinden, erreichen wir Gelassenheit und inneren Frieden.

Charakteristisch für unseren Zustand des Unglücklichseins ist der Wunsch, dass die Dinge *jetzt nicht so wären* – das, was wir an anderer Stelle »Wenn nur«-Syndrom genannt haben. Und in Reaktion auf diese Unzufriedenheit empfinden wir den Zwang, aktiv zu werden und die quälend juckenden Bereiche zu kratzen; denn wir hoffen, so zu bekommen, was wir haben wollen, und loszuwerden, was wir nicht wollen.

Jesus hat uns wie andere große spirituelle Lehrer vor langer Zeit geraten, *uns einfach zu entspannen.* »Darum sage ich euch: Sorgt nicht um euer Leben, was ihr essen und trinken werdet; auch nicht um euren Leib, was ihr anziehen werdet.« Ständige Sorgen um die Zukunft machen nur die Gegenwart zur Hölle und verderben uns ganz generell unsere kurze Zeit auf Erden:

> *Ist nicht das Leben mehr als die Nahrung und der Leib mehr als die Kleidung? Seht die Vögel unter dem Himmel an: Sie säen nicht, sie ernten nicht, sie sammeln nicht*

in die Scheunen; und euer himmlischer Vater ernährt sie doch. Seid ihr denn nicht viel mehr als sie? Wer ist unter euch, der seines Lebens Länge eine Spanne zusetzen könnte, wie sehr er sich auch darum sorgt? Und warum sorgt ihr euch um die Kleidung? Schaut die Lilien auf dem Feld an, wie sie wachsen: Sie arbeiten nicht, auch spinnen sie nicht. Ich sage euch, dass auch Salomo in aller seiner Herrlichkeit nicht gekleidet gewesen ist wie eine von ihnen. Wenn nun Gott das Gras auf dem Feld so kleidet, das doch heute steht und morgen in den Ofen geworfen wird: Sollte er das nicht viel mehr für euch tun, ihr Kleingläubigen? Darum sollt ihr nicht sorgen und sagen: Was werden wir essen? Was werden wir trinken? Womit werden wir uns kleiden?[11]

Diese berühmte Passage aus dem Neuen Testament lässt sich kurz und bündig zusammenfassen in der Botschaft *Don't worry, be happy!* Und tatsächlich endet der Text mit folgender nützlichen Zusammenfassung: »Darum sorgt nicht für morgen, denn der morgige Tag wird für das Seine Sorgen. Es ist genug, dass jeder Tag seine eigene Plage hat.«

Es gibt im Hier und Jetzt genug, worum wir uns kümmern müssen, ohne dass wir uns mit Angst und Furcht vor zukünftigen Schwierigkeiten abplagen. Natürlich wird es auch morgen »Sorgen« und »Schwierigkeiten« geben – vielleicht sollten wir sie besser »Herausforderungen« nennen? Und wenn sie sich zeigen, müssen wir uns natürlich mit ihnen befassen. Doch die beste Vorbereitung auf das Morgen besteht darin, sich auf das Heute zu konzentrieren, denn in der Gegenwart erzeugen wir Ursachen, die uns ermöglichen, relativ gut mit zukünftigen Ereignissen fertigzuwerden.

Es gibt noch eine andere Lehre zu diesem Thema, die möglicherweise in Ihrem Kopf herumspukt.

Row, row, row your boat, rät ein berühmter Song, man solle sein Boot »rudern, rudern, rudern«.* Es gibt Dinge, die wir tun, und Pflichten, die wir erfüllen müssen; also an die Arbeit! Das Gegenteil von Geschäftigkeit im Sinne zwanghafter Aktivität ist nicht träge Inaktivität, sondern es bedeutet, das eigene Boot *sanft* den Bach hinabzusteuern (und natürlich auch *fröhlich, fröhlich, fröhlich*), denn *das Leben ist nur ein Traum* und wird eines Tages enden.

In einem Rausch zwanghafter Aktivität wild umherrudernd, wobei wir uns permanent sorgen, was uns an der nächsten Flussbiegung erwartet, versäumen wir es, die Bootsfahrt zu genießen und zu tun, was wir in der Gegenwart tun müssen – sanft, fröhlich und auf eine Art, die den »Traum« nicht ganz so furchtbar ernst nimmt.

Karma und Aktivität um ihrer selbst willen

Wir sollten alles, was in unserer Macht steht, tun, um uns eine angenehme Zukunft zu sichern. Doch solche Vorbereitungen treffen wir am besten, indem wir achtsam die Gegenwart wahrnehmen. Die Zukunft nimmt von allein Gestalt an, wenn wir im Hier und Jetzt entsprechende karmische Ursachen kreieren. Und dies ist weder durch gehetzte Geschäftigkeit noch durch den Zwang, Dinge zu manipulieren und zu verändern, möglich, weil wir dadurch von dem abgelenkt werden, was wir im gegenwärtigen Augenblick tun müssen.

Der Zwang, aktiv zu werden, wird durch die wahrgenommene Notwendigkeit hervorgerufen, in der Zukunft eine verbesserte Situation schaffen zu müssen. Dies ist nichts anderes

* Der Text des bekannten Volksliedes lautet: »Row, row, row your boat gently down the stream, merrily, merrily, merrily, merrily, life is but a dream« [Anm. d. Übers.].

als eine weitere Variante des »Wenn nur«-Syndroms. Wenn wir uns zu sehr auf die Zukunft fixieren, ignorieren wir die Gegenwart und die Chancen, die sie uns bietet. Wir fühlen uns gezwungen, *aktiv zu werden und zu kratzen*, weil wir hoffen, dann später etwas zu erlangen, das besser ist als das, was wir im Moment erleben.

Von John Lennon stammt der mittlerweile berühmte Ausspruch: »Das Leben ist, was geschieht, während wir andere Pläne schmieden.«[12] Wir übersehen die Möglichkeiten, die in jedem Augenblick unseres Lebens schlummern, weil wir auf das fixiert sind, was *geschehen wird*, statt dass wir uns auf das konzentrieren, was *tatsächlich im gegenwärtigen Augenblick geschieht*.

Es gibt eine spirituelle Technik, die uns hilft, uns auf unser Tun im gegenwärtigen Augenblick zu konzentrieren. Sie besteht darin, nicht um einer zukünftigen Belohnung willen zu handeln, sondern weil eine bestimmte Aufgabe erledigt werden muss. Dies ist im Grunde, was in der Bhagavad Gita *Karma-Yoga* genannt wird, die »Disziplin« (denn das genau ist die Bedeutung des Wortes »Yoga«) des Handelns.

Für diese Art von Yoga braucht man keine Hightech-Yogamatte und keinen teuren Yogaanzug aus organischer, fair gehandelter Baumwolle. Ein Übender des Karma-Yoga ist »jemand, der tut, was getan werden muss, und der dabei nicht an den Resultaten seines Tuns haftet.«[13]

Die meisten Handlungen werden ausgeführt, weil sie uns einem angestrebten Ziel näherbringen sollen. Natürlich führt jede Handlung zu einem Ziel – alles, was geschieht, hat einen Anfang, eine Mitte und ein Ende. Doch »im Flow« richten wir unsere Aufmerksamkeit vollständig auf unser Tun, während es stattfindet – mitten darauf und in »Echtzeit« –, und nicht darauf, ein bestimmtes Ergebnis möglichst schnell zu erreichen.

Sich in einer im Augenblick stattfindenden Aktivität zu verlieren kann nicht »zielorientiert« sein. Das bedeutet aber nicht, dass es kein Ziel oder Resultat zu erreichen gibt. Beim Karma-Yoga fallen Mittel und Ziele in eins, sodass der Fokus auf das Tun an sich gerichtet ist.

Dieses Fokussieren auf die Aufgabe statt auf ein angestrebtes Resultat könnten wir *Handeln um seiner selbst willen* nennen.

Und »Handeln um seiner selbst willen« ist nichts anderes als »Im-Flow-Sein«.* Doch obgleich wir alle am glücklichsten sind, wenn wir *auf achtsame Weise unbefangen* und »ganz bei der Sache« sind, beherrscht der Zwang zu handeln, um ein zukünftiges Ziel zu erreichen, fast jeden Aspekt unseres Alltagslebens.

Es geht hier um eine weitere Konfrontation zwischen unserem inneren Engel und unserem inneren Teufel. Wir sehnen uns nach dem völligen Eintauchen in eine Aktivität, danach, dem Flow zu folgen, aber gleichzeitig reden wir uns ein, solches Handeln um seiner selbst willen sei in irgendeiner Weise *unverantwortlich*. Angesichts unseres Bemühens, unser eigenes Leben und das Leben der Menschen, die wir lieben, zu verbessern, glauben wir möglicherweise, wir würden unsere Selbstverpflichtung, auf eine bessere Zukunft hinzuarbeiten, vernachlässigen, wenn wir uns ganz unserer Gegenwart hingeben.

Es gibt aber auch noch eine andere Möglichkeit, dieses scheinbare Dilemma zu sehen: Man könnte meinen, zwischen dem Handeln um seiner selbst willen und dem, worüber wir in

* Csikszentmihalyi bezeichnet das gleiche als *autotelische Erfahrung*: »Der Begriff ›autotelisch‹ leitet sich von zwei griechischen Worten ab: *autos* bedeutet Selbst, *telos* Ziel. Er bezeichnet eine sich selbst genügende Aktivität, eine, die man [nicht in] Erwartung künftiger Vorteile ausübt, sondern einfach, weil sie an sich lohnend ist.« Csikszentmihalyi, *Flow*, dt. S. 97.

Zusammenhang mit der »Karmabeeinflussung« gesprochen haben, bestehe ein Widerspruch. Können wir ganz und gar und völlig unbefangen in einer Aktivität aufgehen und gleichzeitig daran arbeiten, ein besseres Leben für uns selbst, die Menschen, die wir lieben, und für die Welt als Ganzes zu schaffen?

In Kapitel 5 haben wir festgestellt, dass nach den Gesetzen des Karma jede Handlung eine ihr entsprechende Reaktion hervorruft – dass positive Handlungen angenehme Folgen für unser Selbstempfinden haben und Glücksgefühle hervorrufen und negative Handlungen unangenehme Folgen haben. Das Bemühen um Selbstverbesserung – die beste und im Grunde einzig wirksame Methode, anderen Menschen zu helfen (was die Formel *Verändere dich, und du veränderst die Welt* zum Ausdruck bringt) – basiert auf förderlicher Beeinflussung des karmischen Systems.

Nun könnte man glauben, Versuche, karmische Ursachen für eine bessere Zukunft zu kreieren, könnten gar nicht anders als zielorientiert sein; und die ganze Vorstellung einer »Selbstverbesserung« weist in die gleiche Richtung. Beides lässt sich nicht besonders gut mit der Vorstellung des »Handelns um seiner selbst willen« vereinbaren.

Um diesen scheinbaren Widerspruch aufzulösen, müssen wir uns noch einmal ein paar Aspekte von Karma vergegenwärtigen und einige neue Beobachtungen in die Betrachtung einbeziehen, die sich auf die Funktionsweise des gesamten Systems beziehen. Vielleicht wird uns dann klar, dass effektive Karmabeeinflussung und Handeln um seiner selbst willen die beiden Seiten ein und derselben Münze sind.

Einen Grund dafür, dass es eigentlich keinen echten Konflikt zwischen der Schaffung neuen, guten Karmas – dem Handeln in der Gegenwart mit dem Ziel, eine bessere Zukunft zu schaffen – und Karma-Yoga – einem Handeln, das sich nicht um seine Früchte kümmert – gibt, haben wir schon kennengelernt. Unsere »guten« Handlungen sind in dem Maße »gut«, wie sie selbstlosen Absichten entspringen. Sind wir hingegen stärker durch Eigeninteressen motiviert, so ist unser Handeln weniger »gut« und auch seine Resultate fallen weniger günstig aus.

Um wirklich auf das karmische System einzuwirken, müssen wir die dämonische Stimme in unserem Inneren zum Schweigen bringen. Diese fragt immer wieder: *»Und was springt für mich dabei heraus?«* Es ist nur ein scheinbares Paradox, dass eine Handlung sich umso positiver auch *auf uns selbst* auswirkt, je *selbstloser* die Absicht ist, die ihr zugrunde liegt. Vielmehr ist dies das Prinzip der Erzeugung guten Karmas. Die effektivste Möglichkeit, auf das Karma einzuwirken, besteht darin, *sich im Handeln zu verlieren.*

Die vermutlich leichteste Möglichkeit, eine Aktivität von egoistischen Einflüssen zu befreien, besteht, wie wir gesehen haben, darin, *die betreffende Handlung für einen anderen Menschen auszuführen.* Durch Empathie inspiriertes Handeln – *Was kann ich für dich tun?* – ist ein sehr wirksames chirurgisches Werkzeug zur Durchführung einer Ich-Ektomie: für die Entfernung des Eigeninteresses aus einer Handlung.

Nachdem wir unsere ichzentrierten Motive ausgemustert haben, können wir uns besser auf die Handlung selbst konzentrieren, statt sie durch unsere Fixierung auf das, was wir uns von unserem Tun versprechen, zu verwässern. Aus dieser Perspektive können wir erkennen, dass die Beeinflussung des Karmas – mithilfe von Altruismus und Empathie – jene Selbstvergessenheit beinhaltet, die es erst ermöglicht, Dinge um ihrer selbst willen zu tun. Wir können dann handeln, *ohne auf uns selbst fixiert zu sein*, weil *unsere Aufmerksamkeit auf einen anderen Menschen gerichtet ist.*

* * *

Handeln um seiner selbst willen ist aber auch noch aus einem anderen Grund mit dem System des Karmas vereinbar. Der wichtigste Antrieb des Bemühens um Karmaverbesserung ist nicht die ständige Unzufriedenheit mit der Gegenwart – »Ich werde x tun, um später y zu erhalten«. Um Karma kreieren zu können, das einer besseren Zukunft den Weg bereitet, muss man einer genau gegenteiligen Motivation folgen.

Die effektivste Karmabeeinflussung geht vom Vorhandensein irgendeiner Art von Zufriedenheit aus, denn aufgrund von Zufriedenheit haben wir die Möglichkeit zu reinem Handeln – Handeln, das wirklich um seiner selbst willen geschieht.

Was die Runde macht, kommt wieder zurück – das ist das Karma-Einmaleins. Aber damit »es« wieder zurückkommen kann, muss »es« zunächst einmal die Runde machen. Und darin steckt ein wichtiges Geheimnis, was Karma betrifft. Wir müssen in irgendeiner Form das Gefühl haben, dass wir »es« schon ausreichend haben, um uns so wohl zu fühlen, dass wir »es« weggeben können.

Ein Beispiel hierfür ist das Gefühl von Wohlstand oder Fülle (denn es ist tatsächlich ein »Gefühl«, keine taxierbare Handelsware): das karmische Resultat von Großzügigkeit. Gebe, und dir wird gegeben werden – erinnern Sie sich? Wir mögen dies nicht immer glauben, doch wir haben diesen Satz schon viele Male und aus vielen Quellen gehört.

Das Beispiel ist besonders wichtig, weil sich anhand der Großzügigkeit das gesamte karmische Programm beschreiben lässt. Großzügigkeit ist die Bereitschaft, anderen etwas zu geben – nicht nur Geld und Dinge, sondern auch Zeit und Energie, Liebe und Mitgefühl, Respekt und Schutz –, und diese Bereitschaft bildet das Zentrum der Pflege des eigenen Karmas.

Karmabeeinflussung erfordert das Gewahrsein *gegenwärtiger Erfüllung*. Bevor wir auch nur darüber nachdenken können, anderen etwas zu geben, müssen wir daran glauben, dass wir selbst genug haben, um etwas davon verschenken zu können – genug materiellen Besitz, genug Zeit, genug emotionale Zufriedenheit. Wir wissen, dass es in Zukunft Belohnungen geben wird – dass die Dinge wieder zu uns »zurückkehren« werden –, aber wir müssen auch in der Gegenwart das Gefühl haben, zumindest keinen echten Mangel zu leiden oder sogar einen gewissen Überfluss zu genießen, denn nur dann können wir etwas in den Kreislauf der Wohltaten hineingeben.

Sogar ein stark von Eigeninteressen geprägtes, naives und mechanistisches Karmaverständnis ist in einem gewissen Sinne von dem Empfinden geprägt, dass *ich schon jetzt genug habe*. Selbst wenn jemand Karma stark vereinfachend wie eine Art Investmentplan versteht – »Ich gebe dies, damit ich in Zukunft jenes bekomme« –, liegt dem in sehr basaler Form die Vorstellung zugrunde, dass *ich etwas habe, das ich im Moment entbehren und anderen geben kann.*

Und ein tieferes Verständnis der Karmawirkung führt zu einer noch umfassenderen Würdigung dieses fundamentalen Geheimnisses: Das Gefühl der Fülle und des Überflusses, nicht die ständige Gier nach mehr, ermöglicht eine wirksame Karmabeeinflussung.

Behandle andere, wie du von ihnen behandelt werden willst. Weil ich daran glaube, dass ich über genügend materiellen Besitz verfüge, fühle ich mich in der Lage, Geld oder andere Dinge zu spenden. Weil ich genug Zeit zu haben glaube, teile ich meine überschüssige Zeit mit anderen. Wenn ich mich tief innerlich zufrieden fühle, kann ich anderen Liebe und Mitgefühl zukommen lassen und ihnen so helfen, auch selbst ein Gefühl der Zufriedenheit zu entwickeln.

Unsere eigene Situation als zufriedenstellend zu erkennen hält uns von der Produktion schlechten Karmas ab – im Sinne des Merkspruchs *Was du nicht willst, das man dir tu, das füg auch keinem anderen zu.* Wenn ich mich sicher fühle, bin ich nicht darauf aus, andere Menschen zu schädigen. Wenn ich mit meinem Besitz zufrieden bin, komme ich nicht einmal auf die Idee zu stehlen. Wenn ich genügend Liebe in mir spüre, erliege ich nicht der Versuchung, mich in Beziehungen anderer einzumischen. Und wenn ich mit meinem Leben zufrieden bin, gibt es für mich keinen Grund, auf den Besitz anderer neidisch zu werden oder mich darüber zu ärgern.

Karma-Yoga beinhaltet in einem gewissen Sinne, das eigene Handeln so zu steuern, dass man Gutes statt Schlechtem tut, dass man gütig ist, statt grausam zu sein, dass man sich altruistisch statt egoistisch verhält. Ihnen wird aber auch aufgefallen sein, dass diese Methode die latente Annahme voraussetzt, die aller karmisch positiver und nicht ichbezogener Aktivität zugrunde liegt – die Annahme, die in unserem Zufriedenheits-Mantra zum Ausdruck kommt:

Om, ich habe genug, ah hum.

Um handeln zu können, ohne eine persönliche Belohnung dafür zu erwarten, muss man erkennen, dass man ohnehin schon reichlich belohnt ist. In der Bhagavad Gita heißt es: »Niemand wird ein Yogi« – oder ein wahrer Übender des Karma-Yoga –, »der nicht die Erwartung eines eigenen Vorteils aufgegeben hat.«[14]

Wenn wir keine Entschädigung brauchen oder erwarten, führen wir unsere Handlungen mit reinster Absicht aus, und unsere Aufmerksamkeit ist völlig auf die Aktivität selbst gerichtet – was am effektivsten sicherstellt, dass sie eine positive karmische Wirkung haben wird.

* * *

Zwischen Bemühungen, das Karma zu beeinflussen, und Handeln um seiner selbst willen besteht kein Widerspruch. Tatsächlich gelingt uns Ersteres am besten, wenn wir Letzteres tun. Doch wir haben natürlich Widerstand gegen beides.

Die Geistesplagen, die ihre eigenen Ziele verfolgen, sind alle nicht damit einverstanden, dass wir uns in unserem Handeln an den auf Selbstaufopferung zielenden karmischen Prinzipien orientieren. Der Große Kampf wiederholt sich ständig, weil wir in unserem Bemühen um eine weisere und freudigere Lebensweise gegen unsere egoistischen Neigungen ankämpfen.

Und wegen dieses Haftens an uns selbst versuchen wir, das Erlebnis, uns in einer Aktivität zu verlieren, zu verhindern – obwohl wir uns andererseits auch danach sehnen. *Wer wäre ich, wenn ich nicht jemand wäre?* Diese Frage werden wir in Kapitel 7 zu beantworten versuchen. Doch ein Teil von uns fürchtet die Befreiung von der Fixierung auf uns selbst, die uns die Euphorie des Flow erleben lässt – was zu tun ist, selbstlos und effizient zu tun und dabei die Aufmerksamkeit auf die Aktivität, nicht auf ihre Früchte, zu richten.

Karma-Yoga als spirituelle *Disziplin* erfordert ständiges Üben. Unsere Kämpfe gegen den inneren Dämon der Ichzentriertheit enden nie und sind sehr anstrengend. In unserem Bemühen, die Fixierung auf unser Eigeninteresse zu verlieren und in den Fluss der Dinge zu gelangen, müssen wir uns bei unseren alltäglichen Handlungen immer wieder die positiven Wirkungen dieser Art von Aktivität vergegenwärtigen, um den inneren Engel zu stärken.

Zur Festigung unseres Wunsches, ohne egoistische Absichten zu handeln, müssen wir uns vor Augen führen, wie angenehm es ist, ganz bei der Sache zu sein, im Zustand glückseliger *achtsamer Unbefangenheit*, im Überschwang des Handelns *als Nobody*.

Leben als Kunst, Arbeit als Spiel

Karma-Yoga oder Handeln um seiner selbst willen ermöglicht uns, ein eigenständiges Leben zu führen. So können wir unsere Alltagsaktivitäten von ichbezogenen Tendenzen befreien und dem, was wir tun, mehr Aufmerksamkeit schenken, während wir es tun.

Eine der wichtigsten Anwendungen von Praktiken des Karma-Yoga besteht darin, die Maxime »Was springt für mich dabei heraus?« durch »Was kann ich für dich tun?« zu ersetzen. Damit wenden wir uns von unserer gewohnten ichzentrierten Motivation ab, was einer Revolutionierung unseres Denkens über alltägliche Aktivitäten gleichkommt.

Wenn wir die tieferen Grundprinzipien des Karmas verstehen, vergegenwärtigen wir uns das Gefühl, selbst genug zu haben, um anderen etwas geben zu können. Wir distanzieren uns bewusst von jeder zukünftigen persönlichen Belohnung für unser Handeln und tun, was zu tun ist, so gut wir es mit unseren Fähigkeiten können, aber eben nur um seiner selbst willen – einfach weil es an uns ist, es zu tun.

Eine andere Möglichkeit, Karma-Yoga zu beschreiben, macht die revolutionären Implikationen dieses Yoga-Weges noch deutlicher: Wenn Handlungen um ihrer selbst willen ausgeführt werden, so ist dies *absichtsloses Handeln.*

Jede Handlung endet irgendwann und fungiert dann als Ursache für eine zukünftige Wirkung. Doch um ihrer selbst willen ausgeführte Handlungen zielen nicht auf ein bestimmtes Ergebnis, sondern auf sich selbst. Fallen Mittel und Ziele in eins, gibt es keinen konkreten Grund, etwas zu tun, außer dem, dass genau dies im betreffenden Augenblick getan werden muss. Die Aktivität an und für sich reicht aus, nicht weil sie ein bestimmtes Ziel oder Ergebnis zu erreichen sucht.

Zweckfreies Handeln beinhaltet nicht, dass die Aktivität

bedeutungslos ist, und auch ganz sicher nicht, dass sie eigentlich überflüssig ist oder dass wir nicht unsere volle Aufmerksamkeit auf sie zu richten brauchen. Wenn es Ihnen so geht wie mir, sind Sie es gewöhnt, »Zweckfreiheit« mit Teilnahmslosigkeit und Apathie zu assoziieren. *Wenn Sie sagen, es gibt kein Ziel, hat die ganze Sache wahrscheinlich keinen Sinn.*

Handeln um seiner selbst willen ist zweckfrei, aber nicht sinnlos. Um diesen Aspekt des Karma-Yoga noch verständlicher zu machen, werden wir uns nun zwei bekannte Arten von zweckfreiem Handeln genauer anschauen: Spiel und künstlerischen Ausdruck.

* * *

»Dies ist das wahre Geheimnis des Lebens«, erklärt Alan Watts, »völlig auf das Tun im Hier und Jetzt konzentriert zu sein, und statt dies Arbeit zu nennen, zu erkennen, dass es Spiel ist.«[15]

Watts ist weder der Erste noch der Einzige, der uns empfohlen hat, uns völlig auf eine anstehende Aufgabe zu konzentrieren; und er rät uns auch nicht als Einziger, dass wir alle Aktivitäten im Leben als »Spiel« statt als »Arbeit« sehen sollen. Wir tun ganz natürlich das Erste – uns völlig auf unser Tun im Hier und Jetzt einlassen –, wenn wir das Zweite tun: uns vom Stress und Zwang zu handeln lösen und uns ein entspanntes, spielerisches Verhältnis zu unseren täglichen Arbeiten zu eigen zu machen.

Wenn wir spielen, handeln wir nicht, weil wir etwas tun *müssen*, sondern weil wir es wirklich *wollen*. Im Gegensatz zur mit der Vorstellung der »Arbeit« verbundenen Mühsal spielen wir, weil es uns *Freude* macht. Beim Spiel rudern wir unser Boot – und wir tun es sehr beharrlich und sogar unermüdlich –, aber wir rudern auch *fröhlich*, weil wir Freude daran haben zu spielen.

Viele spirituelle Lehrer, Theologen, aber auch Wissenschaftler haben dem Spiel unter anderem deshalb große Bedeutung beigemessen, weil wir beim Spiel die Dinge generell weniger ernst nehmen. Wir entspannen uns (ohne den Fokus zu verlieren) und lösen uns so von der Angst, die uns quält, wenn wir unbedingt ein bestimmtes Resultat erreichen wollen, statt uns ohne besondere Erwartung auf die entsprechende Aktivität einzulassen.

Einem Rat zufolge sollten wir uns auf dem Weg zur Erleuchtung ein bisschen lockerer machen, und wenn wir unsere Aktivitäten generell als Spiel statt als Arbeit verstehen, hilft uns das, diesen Rat zu beherzigen.

Johan Huizinga, der Autor einer klassischen Untersuchung zu diesem Thema, *Homo Ludens*, spricht von einem irreduziblen »Element der Freude« im Herzen des Spiels: »Dies letzte Element, der ›Witz‹ des Spiels, widerstrebt jeder Analyse, jeder logischen Interpretation. Das holländische Wort für Witz, ›*aardigheid*‹, ist dafür höchst bezeichnend. Es ist von ›*aard*‹ abgeleitet, das ›Art‹, aber auch ›Wesen‹ bedeutet, und legt damit sozusagen Zeugnis dafür ab, dass die Sache nicht weiter rückführbar ist.«[16] Die Essenz des Spiels ist, dass es keinen Zweck hat, weshalb es »Freude macht und sich von unserem gewohnten zwanghaften Handeln stark unterscheidet.« Spiel, so schreibt Huizinga, »steht außerhalb des Prozesses der unmittelbaren Befriedigung von Notwendigkeiten und Begierden«.[17]

Die besondere Bedeutung des Spiels ist den spirituellen Traditionen der Welt seit Jahrtausenden bekannt. In einigen Religionen Indiens wird das Konzept des »Spiels« oder »Sports« durch den Sanskrit-Begriff *lila* zum Ausdruck gebracht, der ursprünglich zur Lösung eines theologischen Dilemmas eingeführt wurde, nämlich zur Beantwortung der Frage: »Warum hat Gott das Universum geschaffen?« Hat er – dem es an nichts fehlt und der in sich vollständig ist – trotzdem ein *Bedürfnis* verspürt, etwas zu schaffen? Hat er mit der Erschaffung der Welt einen Zweck verfolgt?

In Reaktion auf den Vorwurf, Gott könne nicht der Schöpfer der Welt sein, weil er als Gott kein Motiv oder keinen Grund zu handeln habe, entstand die These, Gott habe die Welt in der Tat geschaffen, aber »nur im Rahmen eines Spiels«.* William Sax schreibt in seinem Buch mit dem treffenden Titel *The Gods at Play*: »Diese Idee beinhaltet, dass das Motiv für Gottes Schöpfung kein Verlangen und kein Mangel sein könne, weil beides nicht mit seiner selbstverwirklichten und in sich vollkommenen Wesensnatur vereinbar wäre, sondern dass sie aus freier und spontaner Kreativität entstanden sein müsse.«[18]

Die Bhagavad Gita rät uns ausdrücklich, in unseren Handlungen, in der fortlaufenden Erschaffung unseres eigenen Lebens, das Göttliche zu imitieren. Krishna erklärt Arjuna, seinem Schüler und Freund, er solle tun, was getan werden müsse, wie Gott es tue, nicht aus einem zwanghaften Bedürfnis nach Selbstverherrlichung heraus, sondern völlig selbstlos und nicht an den Resultaten des eigenen Handelns haftend:

> *Arjuna, es gibt in den drei Welten nichts, was ich tun muss. Es gibt nichts Unerreichtes, das ich erreichen müsste, und doch handle ich … Während die Verblendeten aus ihrem Verhaftetsein heraus handeln, handelt der Weise, der nicht an etwas oder jemandem haftet, um die Welt zu erhalten.*[19]

* Das früheste Beispiel für dieses Argument in der Sanskrit-Literatur ist in Badarayanas *Vedantasutras* (2.1.32–33) zu finden. Der Autor der Schrift beantwortet den Einwand, dass Gott nicht der Schöpfer der Welt sein könne, weil Gott kein Motiv oder keinen Grund zu handeln habe (*na prayojanavattvat*, 2.13.2), indem er sagt, Gott tue dies »nur im Spiel« *(lokavattu lilakaivalyam)*.

Lila bezeichnet ein Handeln, das auf Freiheit basiert, nicht auf Notwendigkeit, auf einem Gefühl vorbestehender und permanenter Zufriedenheit, statt auf der Bedürftigkeit, die für das »Wenn nur«-Syndrom charakteristisch ist. Dies ist das Paradigma für ein Handeln um seiner selbst willen, die »Blaupause« für Karma-Yoga.

Die Reinheit des Spiels ist in unseren modernen, für Erwachsene ersonnenen »Spielen« und »Sportarten« stark verwässert worden und muss von ihnen unterschieden werden. Die übermäßige Hervorhebung des Gewinnens als Zweck, insbesondere im Berufssport, wo Ruhm und Glück von Siegen abhängen, hat den Charakter des Spiels als »Handeln um seiner selbst willen« stark beeinträchtigt.

Der alte Merkspruch »Entscheidend ist nicht, ob du gewinnst oder verlierst, sondern wie du spielst« ist heute weitgehend in Vergessenheit geraten, und an seine Stelle ist ein Spruch des Football-Coachs Vince Lombardi getreten: »Zu gewinnen ist nicht alles; es ist das einzige.«[20]

Die Fixierung auf den Sieg hat in der Kultur des Narzissmus, mit der wir uns in der Einleitung zu diesem Buch beschäftigt haben, einen festen Platz. Wir werden dazu angehalten, uns als nicht »genug jemand« anzusehen, solange wir keine echten »Gewinner« sind. Doch Gewinner kann es nur geben, wenn es auch Verlierer gibt. Wir glauben oft, dass wir nur dann wirkliche Jemande sein werden, wenn andere dies in geringerem Maße als wir sind.

Ich habe einmal einen professionellen Eisschnellläufer kennengelernt, der sein Metier so gut beherrschte, dass er zur Olympiade geschickt wurde, wo er sehr, sehr gut abschnitt, sodass er mit einer Silbermedaille nach Hause kam. Er war bei diesem Wettbewerb *zweitbester Eisschnellläufer der Welt* geworden. Und was glauben Sie? Er war enttäuscht, weil er *nur* Zweitbester war.

Beim Spiel im unverfälschten Sinne geht es nicht darum, um jeden Preis besser als andere zu sein. Dies schließt einen gesunden Wettbewerb nicht aus. Handeln um seiner selbst willen, ganz gleich, ob wir es allein (als »Wettstreit mit uns selbst«) oder in Gesellschaft anderer tun (in einem Wettstreit mit Konkurrenten), kann uns allen das Beste entlocken.

Was im Tao Te Ching »Tugend des Nicht-Wettbewerbs« genannt wird, hat nichts mit Wettbewerb zu tun, wie aus dem Text klar hervorgeht. Es geht vielmehr darum, dass man sein Bestes tut und sich wünscht, dass andere Menschen dies ebenfalls tun – im »Geiste des Spiels«:

Der beste Sportler
wünscht sich, dass sein Gegner in Hochform ist …
Sie alle verkörpern
die Tugend des Wettbewerbsverzichts.
Nicht, dass sie Wettkämpfe nicht lieben,
aber sie kämpfen im Geiste des Spiels.
Darin gleichen sie Kindern,
und sie sind in Harmonie mit dem Tao.[21]

Deshalb werden wir, wenn es um das Handeln im »Geiste des Spiels« geht, auf das Beispiel der Kinder verwiesen. Bevor Kinder lernen, dass es ums »Gewinnen« geht, demonstrieren sie spielerisches Handeln in reinster Form. Wenn Sie in Ihrem Umfeld kleine Kinder erlebt haben (oder wenn Sie sich noch an Ihre eigene Kindheit erinnern), wissen Sie, dass Kinder sich völlig im Tun verlieren können, ohne irgendeine konkrete Absicht zu verfolgen.

Stellen Sie sich vor, Sie suchen einen Spielplatz auf und fragen die Kinder dort, warum sie tun, was sie tun – also danach, was der Sinn und Zweck ihres Handelns ist. »Warum rutschst du die Rutschbahn hinunter, kleines Mädchen? Was hat das

Hin- und Herschwingen auf der Schaukel für einen Sinn? Was soll dieses ständige Hin und Her? Was für einen Sinn hat es, sich auf dem Karussell immer wieder im Kreis zu drehen? Und warum genau klettert ihr an der Dschungelwand immer wieder hinauf und hinab?«

Wahrscheinlich würde ein Kind, das Sie so ansprechen, heulend zu seiner Mutter oder seinem Vater laufen, völlig verwirrt von den dummen Fragen eines verrückten Erwachsenen!

Der Sinn des Spiels liegt nicht im Wettbewerb, sondern im Erleben des Prozesses. Wie bei allem gibt es auch bei dieser Aktivität einen Anfang, eine Mitte und ein Ende. Man steigt die Treppe zum obersten Punkt der Rutschbahn hinauf und rutscht dann von oben wieder herunter. Das Rutschen endet, wenn man unten angekommen ist, aber man rutscht nicht, *um* unten anzukommen. Beim Spiel *geht es ausschließlich um das Rutschen*, nicht darum, dass man *gerutscht ist.*

Was das Handeln um seiner selbst willen betrifft, machen Kinder von Natur aus alles richtig. Spiel ist weder kindlich noch kindisch im Sinne von töricht oder albern. Doch es ist insofern kindgemäß, als es das einfache, unbelastete Staunen und die Freude hervorruft, die mit achtsamem und unbefangenem Tun ohne jeden Zweck verbunden ist.

Diese Einfachheit und Reinheit des Tuns, die Demut anstelle von Dünkel – das Fehlen des Glaubens daran, dass es nur ums Gewinnen geht –, brachte Jesus dazu, auf die Frage seiner Jünger »Wer ist der Größte im Königreich des Himmels?« zu antworten:

> *Jesus rief ein Kind zu sich und stellte es mitten unter sie und sprach: »Wahrlich, ich sage euch, wenn ihr nicht umkehrt und werdet wie die Kinder, so werdet ihr nicht ins Himmelreich kommen. Wer nun sich selbst erniedrigt und wird wie dies Kind, der ist der Größte im Himmelreich.«*[22]

In einer indischen Schrift heißt es, der weise Übende »tut, was immer sich ihm zu tun anbietet, ganz gleich, ob es angenehm oder unangenehm ist.«[23] Die einem Erwachsenen gemäße Version kindlicher Einfachheit beinhaltet, dass man sich jeder Pflicht – ob »angenehm« oder »unangenehm« – gleichermaßen spielerisch und leichtherzig stellt. Die Schrift fährt fort: »Wer in allen seinen Unternehmungen ohne Wünsche ist, verhält sich wie ein Kind. Von einem reinen Wesen wie diesem ausgeführte Handlungen sind ohne Makel.«[24]

Noch ein letztes Wort zum Spiel. Ein *ernsthafter* Mensch könnte einwenden, der Vergleich von Leben und Spiel sei unreif und verantwortungslos. Doch schon der altgriechische Denker Heraklit schrieb: »Der Mensch ist sich selbst am nächsten, wenn er den Ernst eines Kindes beim Spiel erreicht.«[25]

All den gutherzigen, aber vielleicht allzu ernsten Menschen da draußen sei empfohlen: Vergesst niemals, was hier über die Beziehung zwischen Karmabeeinflussung und Handeln um seiner selbst willen gesagt wurde: Zwischen der Arbeit an der Verbesserung der eigenen Situation und der Situation der Welt einerseits und selbstlosem Sichverlieren im Handeln – der Verwandlung von Arbeit in Spiel – andererseits besteht kein Widerspruch. Wie wir gesehen haben, ist Ersteres am besten dann möglich, wenn Letzteres geschieht.

Zu handeln, als ob alles »nur ein Spiel« wäre (»Das Leben ist nur ein Traum«), ist weder unverantwortlich noch einer mitfühlenden Haltung abträglich, und wir können uns noch einmal auf den Begriff *lila* besinnen, um zu verstehen, warum das so ist. Der »sportliche« Aspekt von Gottes Spiel schließt das »unterstützende« oder mitfühlende Element seiner Gnade nicht aus, wie Norvin Hein es klug formuliert hat. Beide sind miteinander ausgesöhnt, insofern für beide charakteristisch ist, dass ihnen jede »Berechnung im Hinblick auf einen egoistischen Gewinn« fehlt.

Gottes sportliche Handlungen und seine unterstützenden Handlungen sind eins, weil beide ohne jede Berechnung im Hinblick auf einen egoistischen Gewinn ausgeführt werden, der mit ihrer Hilfe erreicht werden könnte. Somit sind beide wunschlos … und zwischen Gottes Lila und Gottes Gnade besteht kein Widerspruch.[26]

Auch viele Formen künstlerischen Ausdrucks veranschaulichen absichtsloses Tun um seiner selbst willen. Gewöhnlich erfüllt es keine praktische Funktion, wenn Menschen malen, tanzen, singen, Gedichte verfassen, ein Musikinstrument spielen oder Skulpturen schaffen – obwohl diejenigen, die von Beruf Künstler sind, natürlich ihren Lebensunterhalt bestreiten müssen!

Obgleich künstlerische Tätigkeit oft zur Schaffung eines Produkts führt – in Form eines Bildes, einer Skulptur oder eines Tanzes –, ist selbst das fertige »Kunstwerk« ästhetischer Art, jedoch nicht für einen bestimmten Zweck geschaffen. Andy Warhol hat einmal gesagt: »Ein Künstler ist jemand, der Dinge produziert, die Menschen nicht brauchen.«[27]

Und der künstlerische Schaffensprozess ist zweifellos wichtiger als das Produkt, das durch ihn entsteht. »Es geht nicht darum, Kunst herzustellen«, erklärte der Maler Robert Henri. »Es geht darum, in jenem wunderbaren Zustand zu verweilen, in dem Kunst unvermeidlich entsteht.«[28] Der Sinn und Zweck künstlerischen Schaffens ist, sich in den Flow künstlerischen Schaffens zu versetzen. Wie das Spiel hat auch künstlerische Aktivität in ihrer reinen Form keinen anderen Zweck als sich selbst.

Manchmal wird Kunst eindeutig als etwas Vergängliches und Flüchtiges geschaffen, um den Vorrang des kreativen Prozesses gegenüber dem geschaffenen Produkt zu verdeutlichen. Mönche des Tibetischen Buddhismus arbeiten Tage oder Wochen daran, gefärbten Sand zu einem Mandala zu arrangieren, einer komplexen geometrischen Repräsentation des Kosmos –

und es nach seiner Fertigstellung völlig zu zerstören. Ähnlich arrangiert Andy Goldsworthy über viele Stunden sehr komplexe Konstruktionen aus Eis, das dann in der Sonne schmilzt, oder aus Zweigen, die von einem Windstoß verweht werden, oder aus Felsbrocken, die das Meer verschlingt, wenn die Flut kommt.

Auch Graffiti-Kunst ist oft sehr komplex, und es erfordert viel Zeit, sie zu schaffen; doch ihre Urheber erwarten in der Regel, dass diese Werke früher oder später von »Ordnungshütern« beseitigt oder übermalt werden. Im Falle der Aktionskunst ist ohnehin klar, dass die Aktivität das Entscheidende ist, nicht irgendein Resultat derselben.

Musik und Tanz sind besonders gute Beispiele für einen künstlerischen Ausdruck, der einzig und allein um seiner selbst willen erfolgt. Es gibt keinen wirklichen Grund oder gar Zweck, ein Musikstück zu spielen oder sich anzuhören, es sei denn Freude am ästhetischen Ausdruck. Und wir tanzen oder schauen anderen Menschen beim Tanzen nicht deshalb zu, weil dadurch ein bestimmtes Resultat oder Ziel erreicht wird, sondern einfach weil es Freude macht, zu tanzen oder anderen dabei zuzuschauen.

Sinn und Zweck liegen in der Musik und im Tanz selbst. Von Isadora Duncan stammt die denkwürdige Bemerkung »Wenn ich Ihnen erklären könnte, was es bedeutet, wäre es unsinnig, es tanzen zu wollen.«[29]

»Eine große Entspannung und Ruhe kommen über mich«, berichtet ein anderer Tänzer. »Ich sorge mich nicht um Erfolg oder Misserfolg.«[30] Wie beim reinen Spiel gibt es auch beim reinen künstlerischen Ausdruck kein Gewinnen oder Verlieren, keinen Erfolg oder Misserfolg. Andere mögen den Tanz oder das Gedicht nach irgendwelchen Kriterien als »gut« oder »schlecht« beurteilen, doch das kreative *Erleben* des Tanzens oder Dichtens ist in sich und für sich eine Belohnung.

Ein Amateurtänzer hat elegant seiner Beobachtung Ausdruck gegeben, dass unsere Geistesplagen im Tanz zeitweise ebenso verschwinden wie unser Gefühl, als Individuum isoliert zu sein, und dass wir uns dann völlig mit unserer Umgebung eins fühlen:

> *Während ich tanze, kann ich nicht urteilen. Ich kann auch nicht hassen. Ich kann mich nicht vom Leben absondern. Ich kann nur froh und ganz sein. Deshalb tanze ich.*[31]

Kunst imitiert das Leben, heißt es; und man hört auch, dass das Leben die Kunst nachahmt. Aus der Sicht des Karma-Yoga könnten wir auch der Auffassung sein, dass das Leben die Kunst imitieren *sollte*, ebenso wie wir »Arbeit« am besten als »Spiel« ansehen sollten.

Der Philosoph Friedrich Nietzsche hat Kunst als die eigentliche Aufgabe im Leben bezeichnet.[32] Und um sich dem Leben als Kunst völlig hinzugeben, verliert sich der Künstler im permanenten Schöpfungsprozess.

Tugend ist sich selbst Belohnung

Jede Aktivität kann wesentlich erfreulicher und lohnender sein, wenn wir uns ihr um ihrer selbst willen widmen. Jede Handlung, die wir in Ruhe ausführen, frei von jedem *Handlungszwang*; jede Aufgabe, die wir in unserer Vorstellung in ein Spiel verwandeln; jede Bestrebung, die wir uns als eine Art *Aktionskunst* vorstellen – also alles, was wir mit *achtsamer Unbefangenheit* tun, kann uns in den Flow-Zustand versetzen.

Ich wünschte mir, ich könnte Ihnen ein paar schnell wirkende, leicht zu erlernende Tricks beibringen, um stets ganz bei der Sache zu sein – insbesondere wenn eine Aktivität, der

Sie sich widmen, nicht aus sich heraus furchtbar anziehend ist. Es fällt mir relativ leicht, mich in Flow zu versetzen, wenn ich Motorrad fahre oder an einem wunderschönen Strand in den Wellen spiele. Auch ich würde nur zu gern ein paar Zaubertricks erlernen, mit denen ich mich ohne jede Mühe in Aktion versetzen könnte, wenn es an der Zeit ist, den Abfall rauszubringen, den Rasen zu mähen oder meine Steuererklärung fertigzustellen.

Doch Karma-Yoga ist, wie schon erwähnt, eine Form von Yoga oder Disziplin, und sein wichtigster Aspekt ist nicht physischer Natur. Karma-Yoga als Methode basiert auf Achtsamkeit und Gewahrsein. Ihre Essenz besteht darin, dass wir ständig an unsere einfache, immer relevante Formel denken:

Om. So ist es jetzt. Ah hum.

Der einzige »Trick« beim Karma-Yoga besteht darin, sich ständig dieses Mantra zu vergegenwärtigen. »Das ist, was jetzt geschieht; dies ist die Aufgabe, der ich mich im Moment widmen muss.« Es gibt keinen Grund, wieder mit der »Wenn doch nur«-Leier zu beginnen. *Es ist jetzt so*, also ran an den Speck! *Lasst es uns angehen!*

Dies beinhaltet, dass wir völlig akzeptieren, was im ständig sich wandelnden Drama des Lebens die nächste Szene ist, denn diese ist die Voraussetzung dafür, dass wir uns im Spiel verlieren. Karma-Yoga ist die Disziplin der Integration des »Jemand-Seins« und dessen, was wir im Hier und Jetzt tun und wie wir dadurch bei unserem Handeln das Gewand des »Niemand-Seins« anlegen.

Unter den Deskriptoren, die für das Handeln um seiner selbst willen charakteristisch sind, ist der wichtigste die *Ichlosigkeit*:

Ob er sieht, hört, berührt, riecht, isst, geht, schläft oder atmet, der Disziplinierte, der weiß, wie die Dinge wirklich sind, denkt in jedem Fall: »Ich werde gar nichts tun.«[33]

Nur das »Sehen, Hören, Berühren usw.« geschieht. Das »Ich«, das »sieht, hört und berührt«, geht in der Aktivität auf. »Ich werde gar nichts tun«, weil das Selbstgewahrsein, das zur Wahrnehmung des vorgestellten »Ich« erforderlich ist, völlig im Tun im betreffenden Moment aufgegangen ist. Die Trennung zwischen Selbst und Welt schwindet, und wir werden eins mit unserem Leben.

* * *

Vor Abschluss dieser Auseinandersetzung mit dem »sich im Tun verlieren« sollte noch einmal darauf hingewiesen werden, dass das »Tun um seiner selbst willen«, von dem hier die *Rede* ist, keine Übung in moralischer Neutralität ist. Es gibt bessere und schlechtere Arten, »ganz bei der Sache« zu sein. Es ist durchaus möglich, um ein ziemlich grässliches Beispiel anzuführen, dass ein Mörder beim Zerhacken seiner Opfer in eine Art Rausch gerät.

Während säkulare Psychologen den »Flow-Zustand« wegen der mit ihm verbundenen angenehmen und bereichernden Gefühle gepriesen haben, haben spirituelle Lehrer immer wieder darauf hingewiesen, dass nicht nur wichtig ist, *wie* wir etwas tun, sondern auch, *was* wir tun und *warum* wir es tun.

Die Disziplin des Karma-Yoga geht von der Annahme aus, dass wir den »Karma«-Teil verstehen. Sie setzt voraus, dass wir wissen, wie Karma tatsächlich wirkt und wohin uns dieses Wissen führt, wenn wir feststellen, was wir in unserem Leben tun werden. Das Wichtigste jedoch ist, dass Karma-Yoga davon ausgeht, dass wir uns über das *Warum* im Klaren sind – über die Absicht oder Motivation, die jeder Aktivität zugrunde liegt. Je klarer uns ist, dass die selbstlose Motivation zu einem glücklicheren Leben führt, umso glücklicher wird unser Leben sein – sowohl in der Gegenwart als auch in Zukunft.

Der Philosoph Seneca hat einmal erklärt: »Die wahre Entschädigung für rechtes Handeln liegt in der Handlung selbst.«[34] Mit anderen Worten: Tugend ist sich selbst Belohnung.

Aber Tugend ist nur dann Tugend, *wenn* sie ihr eigener Lohn ist. Tugendhafte Handlungen zahlen sich nur aus, insofern wir auf die explizite und bewusste Erwartung zukünftigen persönlichen Gewinns verzichten und uns darauf konzentrieren, zu tun, was zu tun ist – nach besten Kräften und aus den besten Absichten heraus.

Jede Aktivität kann uns in den Flow-Zustand versetzen. Doch der Lohn tugendhaften Handelns um seiner selbst willen ist zweifach. Selbstloses Handeln schafft die karmischen Ursachen für zukünftiges Glück: Was die Runde macht, kommt wieder zu uns zurück. Doch von Karma-Yoga geprägtes Handeln birgt auch Zufriedenheit mit unserer gegenwärtigen Situation und mit den ihr innewohnenden Chancen, weise und glücklich im Hier und Jetzt aktiv zu sein.

»Wer nicht an den Resultaten des Tuns haftet«, heißt es in der Bhagavad Gita, »und wer immer zufrieden und unabhängig ist, tut nicht das Geringste, selbst wenn er im Tun aufgeht.«[35] Auch hier wird beschrieben, dass nach dem Verlust des »Ich«, wenn Tun um seiner selbst willen geschieht, niemand etwas tut.

Wenn wir uns darin üben, dem Flow zu folgen, geleitet durch Karma-Yoga, werden wir von der permanenten Befangenheit im Ich befreit, vom inneren Geplapper des »Jemand-Seins«. Und wir entkommen zumindest zeitweilig dem Juckreiz des »Wenn nur«-Syndroms. Für die Zeitspanne unseres achtsamen Zustandes des Freiseins vom Ich werden wir in den Großen Juckfreien Zustand versetzt, an den Ort, wo das »Jemand-Sein« aufhört zu grübeln und Pläne zu schmieden (»Ich tue gar nichts«) und es dem »Niemand-Sein« ermöglicht, die Führung zu ergreifen und zu spielen.

AKTIONSPLAN:

Wer ist da, wenn Sie sich im Flow befinden?

Stellen Sie eine Liste von Aktivitäten zusammen, deren Ausführung Ihnen die größte Freude macht – Gärtnern, an den Strand gehen, mit Ihren Kindern spielen, in einem Club tanzen, sich völlig in eine schwierige und Freude machende berufliche Herausforderung versenken oder was auch immer für Sie besonders wichtig ist. Wenn Sie sich auf diese beglückenden Aktivitäten völlig einlassen, beobachten Sie sich dann ständig selbst, oder sind »Sie« dann eigentlich gar nicht »da«?

Achten Sie darauf, wie es ist, etwas zu tun, das Sie wirklich genießen, wenn sich Ihnen das nächste Mal die Gelegenheit dazu bietet. Prüfen Sie, ob Sie tatsächlich genau in dem Maße die Freude und Zufriedenheit erleben, die Sie mit der betreffenden Aktivität verbinden, wie es Ihnen gelingt, »sich darin zu verlieren«.

TEIL IV

JEDER IST EIN NOBODY

7. EIN LEBEN ALS NORMALO

Wir haben die Wahl zwischen zwei Identitäten:
der äußeren Maske, die zum Schein vorgibt, wirklich zu sein,
und die für den kurzen Augenblick unseres Erdendaseins mit
einer Schatten-Autonomie lebt, und der verborgenen, inneren
Person, die uns wie nichts vorkommt, aber sich selbst für
ewig der Wahrheit hingeben kann, in der sie subsistiert.
THOMAS MERTON,
CHRISTLICHE KONTEMPLATION, S. 401

Wer zum Teufel bin ich?

In dem futuristischen Film *Total Recall* (dt.: *Die Totale Erinnerung*) kauft der Hauptdarsteller (Arnold Schwarzenegger) ein Gehirnimplantat, das ihn zeitweise mit einer völlig neuen Persona ausstatten soll. Doch die Implantation geht schief, und Arnie irrt ziemlich verwirrt durch den Film und versucht, sich an seine frühere wahre Identität zu erinnern.

Irgendwann ruft der frustrierte amnestische teutonische Held in seinem Schmerz aus: »Wenn ich nicht ich bin, wer zum Teufel bin ich dann?!«

Das ist die Eine-Million-Euro-Frage für uns alle: »Wer zum Teufel bin ich?« Und über noch etwas sind sich die spirituellen Traditionen der Welt und die moderne Wissenschaft und Philosophie bezüglich des Selbst einig: *Wir sind nicht, wer wir zu sein glauben.* Wir alle leiden wie die von Schwarzenegger gespielte Person unter Gedächtnisverlust, und wir wandern durch das Leben und versuchen, uns wiederzufinden.

Julian Baggini hat in seinem Buch *The Ego Trick* die neuesten Erkenntnisse aus den Bereichen Psychologie, Neurowissenschaften und moderne Philosophie zusammengefasst, und er weist in diesem Zusammenhang als Erstes darauf hin, wie verdammt sicher wir alle uns sind, dass es irgendwo in uns ein wahres »Ich« geben muss. Er schreibt: »Fast alle Menschen glauben, dass es eine solche Essenz gibt, ein Zentrum ihrer selbst, das während ihres ganzen Lebens stabil bleibt. Dies wird manchmal *pearl view* genannt.« Doch die Perle in der Auster ist unmöglich zu finden: »Das Problem ist, dass niemand sich völlig sicher zu sein scheint, wo diese Kostbarkeit steckt.«[1]

Ungeachtet unserer Sicherheit, dass es ein »Zentrum des Selbst« geben muss, haben wir gesehen, dass die »Wo ist Walter?«-Suche für die Hölle nach einem einheitlichen, unveränderbaren und unabhängigen Captain-Kirk-Selbst und einem essenziellen Perlen-Selbst zwangsläufig ins Leere führt.

Um das Fehlen der Art von »ich«, das ich zu sein glaube, zu beschreiben, hat die buddhistische Tradition den Begriff »Nicht-Selbst« *(anatman)* geprägt. Doch die Erkenntnis der illusionären Natur des persönlichen, individuellen Selbst ist weder die alleinige Entdeckung einer bestimmten Religion, noch heutzutage überhaupt ausschließlich dem Bereich der Religionen zuzuordnen.

Mittlerweile ist allgemein bekannt, dass unsere herkömmlichen Vorstellungen über ein Selbst keineswegs naheliegend oder selbstverständlich wahr sind.

Das Selbst, das wir zu haben glauben, erweist sich einfach als eine Art von imaginärem Freund oder, vielleicht noch häufiger, als imaginärer Feind. Wir können also alle mit Arnie zusammen unisono aufschreien: »*Wenn ich nicht ich bin*« – wenn ich nicht das »ich« bin, das ich zu sein glaube –, »*wer zum Teufel bin ich dann?*«

* * *

Bisher haben wir Folgendes herausgefunden:

Tatsächlich ist jeder von uns ein einzigartiges Individuum; wir alle sind gleichermaßen »speziell«, verdienen es, respektiert zu werden und die grundlegenden Menschenrechte zu genießen. Dies sind, soweit es um die Klärung der Frage nach der persönlichen Identität geht, die Tatsachen – *Ich bin jemand!*

Ja, jeder von uns ist jemand, und wir alle sind uns in unserem »Jemand-Sein« grundsätzlich gleich. Wir alle leiden und haben in unserem Leben Probleme, und wir alle haben ein Recht darauf, wahres Glück zu erleben, und wir können solches Glück grundsätzlich erreichen. Wir alle machen auch Fehler – unter denen die schlimmsten auf unserem Unwissen bezüglich der Frage, wer zum Teufel der Jemand, der wir sind, tatsächlich ist, beruhen.

Doch wir schränken uns ein, wenn wir uns zu stark mit unseren temporären und sich ständig verändernden Rollen identifizieren – wenn wir die verschiedenen Masken, die wir aufsetzen, um entweder unsere individuelle Identität oder unsere Gruppenidentität zu unterstreichen, als maßgeblich dafür, wer wir tatsächlich sind, benutzen. Wir leiden ganz besonders, wenn eine dieser Masken uns mit einer Maske, die andere Menschen sich aufsetzen, in Konflikt bringt. Diese verzweifelte, wenn nicht gar vergebliche Suche nach einem *realen Jemand* geht schnell in die entzweiende Konkurrenz des Bemühens, *in stärkerem Maße ein Jemand* zu sein als jemand anders, über.

Unsere allgegenwärtige Kultur des Narzissmus – die sich vom »Ich-Jahrzehnt« bis in das gegenwärtige »iZeitalter« erstreckt – hat unser Festhalten am Ich und sein unersättliches Bedürfnis nach Bewunderung und Aufblähung noch verstärkt. Der Aufstieg der Ichzentriertheit zu einer in unserer Kultur allgemein akzeptierten Obsession hat offensichtlich Konsequenzen, denn was emporsteigt, muss auch wieder herunterkommen. Die galoppierende Pandemie der Depression (und ihres weniger bösartigen, aber durchaus ernst zu nehmenden Zwillings, des schwachen Selbstwertgefühls) lässt sich unmittelbar mit jenem exzessiven Kreisen von Menschen um sich selbst in Verbindung bringen, das sowohl die wahre Ursache als auch der tragische Ausdruck dieser kräftezehrenden Krankheit ist.

Wahre Selbstverbesserung basiert darauf, sich zunächst über die Antwort auf die Frage »Wer zum Teufel bin ich eigentlich?« klar zu werden. Ich bin nicht das »ich«, das ich zu sein glaube – ein einheitliches, unveränderliches und unabhängiges Ich und ein Generalkontrolleur der Gegenwart in der Gegenwart. Als jemand bin ich eine *Idee*, die auf meinen Anteilen basiert: auf meinem Körper (Ohne ihn kann ich nicht ich sein!) und meinem Geist (Ohne Geist wäre ich in großen Schwierigkeiten!). »Wir sind *nichts als* unsere Teile«, schreibt Julian Baggini, »aber wir sind mehr als *nur* unsere Teile.«[2]

Dieses »mehr«, das uns zu denen macht, die wir sind, ist einfach ein Etikett, ein Name, eine Idee. Ich bin, auf einen kurzen Nenner gebracht, eine durch das Konglomerat verschiedener, sich unablässig verändernder physischer und mentaler Anteile ermöglichte Vorstellung.

Ich selbst (!) bin im Laufe der letzten sechzig Jahre viele verschiedene *Ichs* (sowohl innere als auch äußere) gewesen – Kind-*Ich*, Rebellischer-Jugendlicher-*Ich*, Familienvater-*Ich*, Hochschullehrer-*Ich*, Surfer-Gammler-Biker-*Ich*, Mönch-*Ich*, Spiritueller-Lehrer-*Ich* und Pensionierter-Freizeitler-*Ich*. In einigen meiner Interaktionen bin ich »Dr. Smith, PhD«, in anderen »Brian K. Smith« und in wieder anderen Fällen bin ich »Lama Marut«. Doch für meine Freunde und Familienangehörigen bin ich einfach »Brian«. Jedes *Ich* ist eine andere Persona, jedes eine andere Vorstellung von mir selbst und der Rolle, die ich (wer auch immer *das* sein mag!) je nach Kontext und Art meiner Beziehung zu anderen spiele.

Und weil mein Ich nur eine Vorstellung auf der Grundlage ständig neu entstehender mentaler und physischer Anteile ist, kann ich lernen, meine Vorstellung von mir selbst so zu verändern, dass ich glücklicher werde, ganz gleich, welche Rolle »ich« spiele.

In diesem Buch wurden viele Methoden erläutert, die uns helfen können, unser Selbstgefühl zu verbessern. Weil unsere Vorstellung davon, wer wir in einem bestimmten Augenblick sind, davon abhängt, wer wir einmal gewesen zu sein glauben – also von unseren Erinnerungen oder unserem in der Vergangenheit angehäuften Karma –, denken wir im Jetzt anders über uns selbst, wenn wir uns unserer Vergangenheit gegenüber in Vergeben, Dankbarkeit und Akzeptieren üben. Wenn wir uns mit unseren ichbezogenen, destruktiven und irrationalen Geistesplagen abmühen, lernen wir, uns als jemanden zu sehen, der zumindest versucht, ein guter Mensch zu sein, als jemanden, der daran arbeitet, seine übelsten Gewohnheiten zu bändigen.

Wenn wir das egoistische *Ich-ich-ich*-Lied durch das »*Was kann ich für dich tun?*«-Mantra ersetzen, treiben wir den Prozess der Selbstverbesserung noch weiter voran, wohl wissend, dass das Beste, was wir für uns selbst tun können, darin besteht, darüber nachzudenken, wie wir anderen helfen können. Indem wir uns liebevoll und empathisch in die Situation anderer Menschen versetzen, befreien wir uns von den Einschränkungen, die wir uns in Form unserer Identität auferlegen. Und wenn wir uns im Tun verlieren und uns freudig den Aufgaben widmen, die erledigt werden müssen, statt uns auszurechnen, was wir persönlich davon haben, dies zu tun, üben wir uns in jeder Situation darin, *achtsam-unbefangen* zu leben.

Um ein besserer Jemand sein zu können, müssen wir selbstloser und weniger egoistisch handeln, reden und denken – in unseren Beziehungen zu anderen Menschen und in unserem Handeln im Alltag. Wir verbessern unser Selbstempfinden, wenn wir nicht über uns nachdenken – dies ist der scheinbar paradoxe Schlüssel zu echter »Selbstverbesserung«.

Was zum Teufel sind Sie denn nun? Und wenn Ihnen die Antwort auf diese Frage nicht gefällt, dann nehmen Sie die erforderlichen Veränderungen vor! »Dein schlimmster Feind kann dir nicht so sehr schaden wie deine eigenen unbedachten Gedanken«, heißt es im Dhammapada. »Doch wenn du sie gemeistert hast, kann dir nichts so helfen wie sie, nicht einmal Vater und Mutter.«[3]

Niemand außer Ihnen selbst macht Sie zu dem, der Sie sind, und Sie verfügen nun über die Werkzeuge, die Sie brauchen, um sich so neu zu erfinden, wie Sie es sich wünschen.

❀ ❀ ❀

Es geht für uns an diesem Punkt unserer Untersuchung nicht mehr um die Frage »*Falls* ich nicht ich bin, wer zum Teufel bin ich dann?«. Vielleicht bin ich nicht das »ich«, das ich normalerweise zu sein glaube. Ich bin aber auch *niemand anderes als das »ich«, das ich zu sein glaube.* Mehr »Selbst-Sein« ist nicht möglich, wenn es um das spezielle individuelle »ich« geht – das »Jemand-Sein« ist eine Vorstellung, die wir von uns selbst haben.

Die wirklich entscheidende Frage in dieser letzten Phase unserer Untersuchung lautet: »Wer zum Teufel bin ich, *wenn* [im zeitlichen Sinne] ich nicht ich bin?« Wir sind niemand, abgesehen davon, dass wir glauben, jemand zu sein. Wenn wir aufhören zu denken, wir seien jemand, bleibt niemand übrig.

Es wurde zwar schon früher in diesem Buch erwähnt, aber ich halte es für wichtig, es an dieser Stelle noch einmal zu wiederholen: Niemand macht alle Jemande möglich. Wenn wir *wirklich* jemand wären – ein »fest verdrahteter«, dauerhafter, essenzieller Jemand –, wären wir für immer mit einem statischen, unveränderlichen, nicht verbesserbaren und ziemlich gelangweilten »ich« verbunden.

Versuchen wir, dies positiv auszudrücken: *Weil* wir in Wahrheit niemand sind, immer waren und immer sein werden, *können wir* der sich ständig verändernde Jemand sein, der wir jetzt sind, in der Vergangenheit waren und in Zukunft sein werden.

Indem wir zu jenem Nobody in Kontakt treten, der wir wirklich sind, können wir den Jemand verbessern, der wir zu sein glauben. Thomas Mann soll einmal gesagt haben, niemand bleibe, was er gewesen sei, wenn er sich selbst erkenne.[4] Dies gilt insbesondere, wenn wir wissen, welches Selbst verändert wird, wenn ein Selbst erkannt wird.

In den »unheimlichen Begegnungen der dritten Art« mit unserem »Niemand-Sein« – wenn wir uns aus unserer Ichbefangenheit befreien, aus dem Festhalten an einer Identität und an der Ichzentriertheit –, treten wir zu unserem wahren Sein in Verbindung und zu jener realen Macht, die uns transformiert. Indem wir uns von unserem kleinen Selbst lösen, erschließen wir uns die Macht unseres höheren Selbst. Wenn wir in solchen Augenblicken mit unserer wahren Natur kommunizieren, werden wir zu besseren und glücklicheren Jemanden.

In diesem letzten Kapitel erforschen wir die Frage der Ich-Identität bis in die tiefsten Tiefen.

Wer sind wir, wenn wir nicht jemand sind?

Zunächst schauen wir uns ein wenig genauer an, wer das »Niemand-Sein«, über das wir schon gesprochen haben, tatsächlich ist. Anschließend untersuchen wir die Beziehung zwischen unserer persönlichen Identität und der wahren Natur, die wir mit allen Menschen teilen. Zum Schluss wird anhand einiger Tipps erläutert, wie wir das »Jemand-Sein« noch stärker mit dem, was es tatsächlich ist, dem Niemand-Sein, verbinden können, während es lernt, nicht als Jemand zu leben, der verzweifelt versucht, ein ganz besonderer Jemand zu sein, sondern einfach als zufriedener, simpler Normalo.

Das Selbst ohne Namen

Was wir hier »Niemand-Sein« genannt haben, wird in verschiedenen Traditionen unter anderem »wahres Selbst«, »Buddha-Natur«, unsterbliche Seele, Seinsgrund, Atman oder Tao genannt. Alle diese Traditionen beschreiben das Gemeinte ähnlich, wenn auch mit unterschiedlichen Begriffen – sofern sie es überhaupt beschreiben.

In einer Hindu-Schrift heißt es: »Das wahre Selbst ist rein, wach, teuer, vollständig, nicht manifest und makellos.«[5] Es »wurde nie geboren und stirbt nie«, heißt es in einem anderen indischen Text. »Es ist von nirgendwo gekommen und ist auch zu niemandem geworden. Es ist ungeboren, unveränderlich, ewig und uranfänglich. Es stirbt nicht, wenn der Körper stirbt.«[6]

Diese Beschreibungen verweisen darauf, dass *das »Niemand-Sein« das genaue Gegenteil des »Jemand-Seins« ist.* Wenn unsere wahre Natur abgebildet wird, so stets als eine Art Gegenentwurf zu jenem eingeschränkten, fehlerhaften, sterblichen und insgesamt recht übellaunigen Selbst, an dem wir so verzweifelt festhalten.

Und in vielen Religionen gibt es die Auffassung, dass sich das »Niemand-Sein« im Grunde nicht bildlich darstellen oder sinnvoll charakterisieren lässt. Es ist das Unaussprechbare, das Unvorstellbare. »Niemand-Sein« ist *namenlos*, und das kann auch gar nicht anders sein:

Das Tao, das beschrieben werden kann,
ist nicht das ewige Tao.
Der Name, der genannt werden kann,
ist nicht der ewige Name.

Das Unbenennbare ist das ewig Wirkliche.
Das Benennen ist der Ursprung
aller gesonderten Dinge.[7]

Während das gesonderte, individualisierte, niedere Selbst nichts anderes als ein »Name« ist – eine Idee oder Vorstellung –, ist das »Niemand-Sein« das Selbst ohne Namen … und auf ewig unbenennbar.

In den alten indischen Überlieferungen wird dieser ultimative Zustand manchmal *nirguna* genannt – »ohne Eigenschaften und Merkmale«, und in diesem Sinne verstanden kann man sich nur in Negativform darauf beziehen. Es ist *neti, neti* – »nicht dies, nicht das«. »Die höchste Wirklichkeit kann weder beschrieben noch bezeichnet werden«, heißt es in einer Schrift. »Das Erleben innerer Glückseligkeit ist nur möglich, wenn das Denken ruht.«[8]

In einem anderen Text heißt es: »Es ist ungesehen, unerreichbar, unbegreifbar und ohne Unterscheidungsmerkmale. Es ist undenkbar, undefinierbar, und seine Essenz ist die Wahrnehmung nur seiner selbst. Es ist die Befriedung aller Projektionen – friedlich, glücklich, nicht-dual. Dies ist das wahre Selbst; dies muss erkannt werden.«[9]

Auch was die buddhistische Tradition »Buddha-Natur« nennt, wird als »jenseits jeder Vorstellung« und Beschreibung charakterisiert:

Wegen seiner unerschöpflichen Qualitäten ist seine Natur mit nichts vergleichbar. Grenzenlos, ist es die einzige wahre Zuflucht lebender Wesen. Es ist immer nicht-dual, jenseits aller Vorstellung. Es ist unzerstörbar, weil seine wahre Natur nicht geschaffen ist. Es ist ungeboren, weil es beständig ist. Es stirbt nicht, weil es unbeweglich ist. Es ist nicht beunruhigt, weil es in einem Zustand des Friedens verweilt. Es vergeht nicht, weil es ewig ist.[10]

Der Islam spricht von den neunundneunzig Namen Allahs (»Der Barmherzige«, »Der Schöpfer«, »Der Gebende« usw.), und der hundertste Name ist der »Name, der nicht ausgesprochen werden darf«. Auch der jüdische Theologe Lawrence Kushner schreibt, es gebe noch einen höheren Namen für das Eine Sein, und dieser sei »Nichts«:

Jenseits von Eins gibt es nur Nichts, denn nur Nichts kann Gut und Böse verstehen, Sein und Werden, Einheit und Zweiheit, Meer und trockenes Land. Schon in der Tradition der Kabbala wird in Form des höchsten Namens Ayn Sof darauf verwiesen – was wörtlich »ohne Ende« oder »vollkommenes Nichts« heißt. Hier sind unser Bewusstsein und der Name Gottes, obwohl beide weiterhin eigenständig bleiben, nicht mehr voneinander getrennt.[11]

In der christlichen Tradition wird diese negativ formulierte Darstellung des nicht adäquat oder vollständig Beschreibbaren *Via negativa*, *Apophasis* (von einem griechischen Wort mit der Bedeutung »nein sagen«) oder negative Theologie (auf Gott als die höchste Wirklichkeit verweisen, indem man nur beschreibt, was er *nicht ist*) genannt. Solche Versuche, sich dem, was wirklich ist, zu nähern, gibt es auch in vielen anderen alten Traditionen – sowie in einigen Traditionen der westlichen Philosophie.[12]

»Wenn du zum Höhepunkt gelangst«, erklärt Bhagwan Shree Rajneesh, »wenn du zu deinem tiefsten Wesenskern vordringst, dann weißt du plötzlich, dass du weder dies noch das bist – du bist niemand. Du bist kein Ego, du bist ganz einfach eine unendliche Leere.«[13]

Über das, worüber wir nicht sprechen können, lässt sich also nicht viel sagen. Als separate Jemande können wir nur auf den universellen Nobody verweisen, der wir in Wirklichkeit sind, als deuteten unzählige Finger auf einen nicht beschreibbaren Mond. Wenn die großen Mystiker über das gesprochen haben, worüber man absolut nicht sprechen kann, haben sie oft geäußert, zu schweigen sei wahrscheinlich die beste Strategie, wenn es um die Beschreibung des »Niemand-Seins« gehe.

Wir können aber definitiv sagen: *Niemand zu sein bedeutet nicht, nichts zu sein.* Es geht dabei um eine Absenz *(no-body)*, nicht um eine Präsenz *(some-body)*, doch erst die Leere ermöglicht die Fülle. Das Loch in der Mitte macht einen Donut erst zum Donut; nur das leere Glas vermag zu fassen, was eingefüllt wird; alle Wellen entspringen dem undifferenzierten Meer, verweilen ein wenig und kehren dann zu ihrem Ursprung zurück.

Diese Absenz ist der Raum, in dem alle Manifestationen und Lebensformen in Erscheinung treten. Dem Niemand entspringen alle Jemande und kehren später wieder dorthin zurück. Namenlos, aber nicht ohne Wesen, ist die höchste Wirklichkeit die Stille, der alle Geräusche, Worte, Namen und Vorstellungen entspringen und in die sie alle wieder eingehen.

Bezüglich des nicht Ausdrückbaren sollten wir aber auch noch etwas anderes feststellen: In seiner Gegenwart befinden wir uns in einem Zustand ehrerbietigen Staunens. Dies ist der ultimative Große Juckreizfreie Zustand reiner Glückseligkeit. Wenn wir jedoch abdriften in den Situationen, in denen wir mit dem unendlichen Raum unseres wahren Seins kommunizieren – mit dem Selbst, das nicht benannt, ersonnen oder beschrieben werden kann –, dann versäumen wir die Gelegenheit, *von Ehrfurcht ergriffen* … und dadurch *sprachlos* zu werden.

Der Unterschied ist vergleichbar mit demjenigen zwischen der Würdigung der überwältigenden Schönheit eines prachtvollen Sonnenuntergangs und der kühlen Berechnung des Winkels, in dem die Lichtstrahlen von der Atmosphäre gebrochen auf die Erde fallen. Letzteres basiert auf Neugier und nutzt Worte und Vorstellungen, wohingegen Ersteres Staunen mit offenem Mund und sprachlose Verblüffung beinhaltet.

Rajneesh sagte, wenn man nicht erlebt habe, was jenseits der Worte liegt, habe man nicht gelebt:

> *Selbst im gewöhnlichen Leben spürst du die Sinnlosigkeit von Wörtern. Und wenn du die Sinnlosigkeit von Wörtern nicht spüren kannst, dann beweist das nur, dass du noch gar nicht gelebt hast, dass du nur sehr oberflächlich gelebt hast … Erst wenn etwas geschieht, das sich nicht in Worte fassen lässt, erst dann hat sich das Leben bemerkbar gemacht, erst dann hat das Leben an deine Tür geklopft.*[14]

In diesem ganzen Buch ging es um den Gegensatz zwischen »Jemand-Sein« und »Niemand-Sein«. Ich habe beide als eine Spannung zwischen unserem Bedürfnis nach Individualität und unserer Sehnsucht nach Aufgehen im Ganzen dargestellt. Wir haben uns einige Schlachtfelder angeschaut, auf denen dieser innere Krieg wütet, und wir haben uns mit dem Disput zwischen »Teufel« und »Engel« befasst. Wir haften an unserem einzigartigen Schneeflocken-Selbst, sehnen uns aber auf einer anderen Ebene auch danach, in der kosmischen Lawine aufzugehen – oder völlig zu schmelzen, uns in das zu verflüchtigen, was wahrhaft wirklich ist.

Doch diese beiden Grundaspekte unseres Seins – das benennbare »Jemand-Sein« und das unbenennbare »Niemand-Sein« – müssen nicht gegeneinander kämpfen, und wir brauchen uns auch nicht zwischen ihnen zerrissen zu fühlen. Das innere Haus braucht nicht geteilt zu sein, sondern kann in einem Zustand der Harmonie verweilen.

Und wenn wir diese entspannte Atmosphäre zwischen unseren beiden Seinszuständen erreichen wollen, müssen wir uns darüber im Klaren sein, dass der eine ohne den anderen nicht möglich ist.

Der Zwischenzustand

Der Tibetische Buddhismus versucht, mithilfe des Begriffs *bardo* zu erklären, wo wir uns zwischen unserem jetzigen und unserem nächsten Leben befinden. Innerhalb eines Systems, das von der Realität von Wiedergeburten ausgeht, ist der *bardo* genannte Zustand als eine Art Fegefeuer zu verstehen, in das Menschen zwischen dem Ende des einen Lebens und dem Beginn eines neuen eingehen.

Der Begriff *bardo* hat aber auch noch eine umfassendere Bedeutung. In unserem Leben stehen wir zwischen Geburt und Tod; im mittleren Alter stehen wir zwischen Jugend und Greisenalter; im Schlaf befinden wir uns zwischen dem Ende des Zustandes des Wachbewusstseins am vergangenen Abend und dem Beginn des Wachbewusstseins am folgenden Morgen. Und im gegenwärtigen Augenblick befinden wir uns zwischen Vergangenheit und Zukunft.

In diesem Sinne befinden wir uns also *immer* in irgendeiner Art von Bardo-Zustand. Wir stehen ständig »zwischen« verschiedenen Dingen.

Das »Jemand-Sein« ist, wer wir zwischen Erlebnissen des Niemand-Seins sind, und das »Niemand-Sein« ist, wer wir zwischen Erlebnissen des »Jemand-Seins« sind. Das ist die einfachste Möglichkeit, die Frage »Wer zum Teufel bin ich, wenn ich nicht jemand bin?« zu beantworten. Sie sind niemand, wenn Sie sich zwischen zwei Phasen des Jemand-Seins befinden.

Der bemerkenswerte indische Text, dem die am Ende dieses Buches beschriebenen Meditationsübungen entnommen sind, beschreibt eine große Zahl solcher Zwischenzustände, in denen wir in unsere wahre Natur des Niemand-Seins eintreten. Was im *Vijnana Bhairava Tantra* »der allgegenwärtige Zustand höchster Wirklichkeit« genannt wird, ist ständig verfügbar: Er befindet sich »in Sicht selbst gewöhnlicher Menschen«.[15] Zwischen den Polaritäten und Dualitäten – zwischen »dies« und »das« – befindet sich das Potenzial für die »höchste Realisation«:

> *Man meditiere auf die Wahrnehmung zweier Dinge und versetze sich in die Mitte zwischen ihnen. Löst man sich dann von beiden, erscheint die Wirklichkeit.*[16]

Oder:

> *Wenn man den Geist von einem Objekt abwendet und dann das Abschweifen zu einem anderen Objekt verhindert, entfaltet sich durch das Verweilen in der Mitte die höchste Realisation.*[17]

Wir können jederzeit Kontakt zu unserem Niemand-Sein aufnehmen und mit ihm kommunizieren. Dies ist unser Sein zwischen den Phasen, in denen wir unserer selbst als jemand gewahr sind. Wir können diesen Zustand sogar in der Lücke zwischen jedem Ein- und Ausatmen finden.

In diesen Augenblicken zwischen dem »jemand sein«, der, befangen in einer zeitweiligen Identität, etwas tut, können wir einen flüchtigen Blick auf unsere immer präsente wahre Natur werfen.

Wir können der beiden Arten des Selbst-Seins, des »Jemand-Seins« und des »Niemand-Seins«, nicht gleichzeitig gewahr sein. Wir können uns nicht dessen bewusst sein, dass wir niemand sind, wenn wir glauben, dass wir jemand sind, und wir können nicht bewusst jemand sein, wenn wir uns vom Selbstgewahrsein gelöst haben und niemand geworden sind.

Und obwohl wir im Grunde ständig niemand *sind*, können wir andererseits nicht ständig niemand *sein*. Unser »Jemand-Sein« und »Niemand-Sein« sind wie alles andere voneinander abhängig – das eine ist ohne das andere nicht möglich.

Wir sind diese spezielle Art von Jemand – ein sich ständig veränderndes Selbst, das nur in der Vorstellung existiert –, weil wir in Wahrheit niemand sind. Andererseits können wir aber auch nur dann *niemand sein*, wenn wir aufhören, jemand zu sein.

Und wir müssen jemand sein, um *aufhören* zu können, jemand zu sein!

Es geht nicht darum, dass wir versuchen, ständig niemand zu sein. Das ist unmöglich. Wir werden zwischen dem Niemand-Sein immer jemand sein, weil wir ständig »zwischen« etwas sind. Wir können gar nicht anders, als zwischen unseren beiden Seinsweisen zu wechseln, da beide einen wichtigen Zweck erfüllen. Wir entwickeln, befangen in unserem »Jemand-Sein«, einen Plan und führen beim Karma-Yoga jede Aufgabe achtsam unbefangen und mit voller Aufmerksamkeit aus, in der Aktivität völlig aufgehend wie ein Kind beim Spiel. Vielleicht beschließen wir, ein Buch zu lesen, wenn wir dabei jedoch in unserer Ichbefangenheit jedes Wort einzeln lesen, statt im Lesefluss dem Verlauf der Geschichte zu folgen, können wir unser Tun kaum genießen.

Das Wechseln zwischen »Jemand-Sein« und »Niemand-Sein« liegt in der Natur des Wandels, und unser Leben befindet sich ständig im Fluss. Dinge erscheinen, verweilen eine Zeit und vergehen schließlich wieder. Und dann tritt eine Lücke ein – der Zwischenzustand –, bevor eine neue Kreisbewegung beginnt.

Menschen, die den Kontakt zu ihrem individuellen Selbstempfinden länger völlig verlieren, sind, um es ganz klar zu sagen, verrückt. Die klinische Psychologie nennt diese unselige Krankheit »Depersonalisation«, und es handelt sich dabei um einen Vorgang, der »mit unangenehmen mentalen Zuständen wie Erschöpfung, Schlafstörungen, sensorischer Deprivation, Angst, Depression, Migräne, Schläfenlappen-Epilepsie usw. verbunden sein kann.«[18]

Es ist gesund und normal, sich in einem gewissen Maße mit dem Jemand-Sein zu identifizieren und zwischen diesem und dem ständig präsenten, unveränderlichen und ewigen Niemand-Sein hin und her zu wechseln. So erfreulich es ist, »im Flow zu sein«, könnte doch niemand erfrischt, revitalisiert und voller Energie aus ihm hervorgehen, der sich *immer* im Flow-Zustand befände. Würden wir unablässig in einem Zustand der Selbstvergessenheit verweilen, führte das Erlebnis des Sichverlierens nicht zu einer Selbsttransformation, denn es gäbe keine Rückkehr zu einem transformierbaren Selbst.

Die Neurowissenschaftlerin Susan Greenfield hat in einem Interview erklärt: »Im Leben der meisten von uns gibt es Augenblicke, in denen wir ›uns gehenlassen‹ möchten, in denen wir von etwas ›umgehauen‹ werden möchten.« Doch solche dionysischen Erlebnisse der Selbsttranszendenz, so angenehm sie auch sein und so verjüngend sie auch wirken mögen, lassen sich realistischerweise ebenso wenig unendlich lange ausdehnen, wie es gesund sein könnte, sich ständig im apollinischen Zustand strikter Selbstkontrolle zu befinden:

Würde jemand zu Ihnen sagen: »Ich möchte das ständig tun. Ich möchte in jedem Augenblick meines Lebens Party haben«, so täte uns der Betreffende vermutlich leid, ebenso wie jemand, der stolz erklärte, er habe sich noch nie im Leben gehen lassen und noch nie etwas Fantastisches erlebt.[19]

Niemand von uns weiß, was nach dem Tod mit uns geschieht. Vielleicht gehen wir dann dauerhaft in das Niemand-Sein ein. Doch in diesem Leben – und in zukünftigen Wiedergeburten, falls wir sie erleben werden – werden wir immer jemand sein, wenn wir nicht niemand sind.

Das spirituelle Ziel besteht also nicht darin, das »Jemand-Sein« irgendwie verschwinden zu lassen, sondern es geht darum, es als das zu erkennen, was es ist, und um die Loslösung von dem Glauben, dass es sich dabei um die einzige Art zu sein handelt. Darstellungen des erleuchteten Zustandes – eines Menschen, der »in diesem Leben befreit worden ist« *(jivanmukta)*, oder von jemandem, der ins Nirvana eingegangen ist, ohne völlig verschwunden zu sein (jemand, der weiterhin einen Körper hat und in dieser Welt verweilt) – deuten nicht darauf hin, dass jemand, der frei ist, völlig aufhört, jemand zu sein.

Doch solche Menschen sind nicht nur frei von den Illusionen, die wir hegen, sondern auch frei vom Greifen nach diesen Illusionen und von der völligen Identifikation mit ihnen. Ein Befreiter hat die wahre Natur des individuellen Selbst (als vergänglich, veränderlich, endlich und eingeschränkt) und des universellen Selbst (als ewig, unveränderlich, unendlich und universell) realisiert.

Der befreite Mensch lebt »wie ein gewöhnlicher Mensch«, ist aber auch »völlig anders«.[20] Er unterscheidet sich darin, wie er über sich selbst denkt – oder, so könnten wir auch sagen, wie er *nicht* über sich selbst denkt. Der befreite Mensch hat das

Gefängnis einer eingeschränkten Selbstvorstellung verlassen, die sich vollständig mit der eigenen Individualität, Unterschiedlichkeit und Getrenntheit von anderen identifiziert – und auch von all dem Unglücklichsein, das mit solch einem eingeschränkten Selbstverständnis verbunden ist.

* * *

Die spirituelle Suche zielt letztlich nicht auf die Befreiung *des* Individuums, sondern auf die Befreiung *vom* Individuum. Und einer der Hauptgründe dafür, dass wir nicht frei sind, ist, dass das »Jemand-Sein« sich seiner Entthronung als einzigem Herrscher im Königreich des Ich widersetzt.

»Du« (sagen Sie hier Ihren Namen) wird nicht auf irgendeine Weise zur Befreiung als »du« gelangen. Das »Jemand-Sein« wird nicht zu einer überdimensionierten Version seiner selbst im Nirvana oder im Himmel werden; solch eine Fantasie ist nichts anderes als spiritueller Größenwahn.

Ein großer moderner Lehrer des Tibetischen Buddhismus, Chögyam Trungpa Rinpoche, hat erklärt, dass die Erleuchtung die »ultimative und endgültige Enttäuschung« des Ich ist.[21]

> *Tatsächlich können wir Erleuchtung nicht erlangen, bevor wir nicht die Vorstellung eines »Ich« aufgeben, das sie persönlich erreicht. Solange das Erleuchtungs-Drama einen mittelpunktsbezogenen Charakter, ein »Ich«, hat, das über gewisse Wesensmerkmale verfügt, gibt es keine Hoffnung, Erleuchtung zu erlangen, weil sie das Vorhaben keines Einzelnen ist; es handelt sich dabei um ein außerordentlich tatkräftiges Vorhaben, aber niemand treibt es voran.*[22]

Zu erwachen ist nicht *jemandes*, sondern *niemandes* Projekt. Erlösung oder Befreiung ist Freisein von der völligen Verbindung mit dem »Jemand-Sein« und von der Entfremdung vom »Niemand-Sein«. »Wer die Wahrheit kennt, ist gesegnet«, heißt es in einer indischen Schrift, und »weil er« – wegen dieser radikalen Ent-Identifikation und Re-Identifikation –, »wenn er im Alltagsleben handelt, nicht wie gewöhnliche Menschen leidet.«[23] Er hat den Großen Juckfreien Zustand entdeckt und verweilt in ihm.

Solch ein Mensch fährt fort, »im Alltagsleben zu handeln«, er bleibt in der Welt »ein Jemand« – indem er zur Arbeit geht, sich mit anderen austauscht und ganz einfach normal lebt. Doch der befreite Mensch ist ein völlig *glücklicher* Jemand, der weiß, dass er sich zwischen Phasen des Niemand-Seins befindet, und der nicht nach einer illusionären Version seiner Identität greift:

> *Jemand, dessen Geist sich in völligem Frieden befindet, bleibt im Alltagsleben glücklich. Er schläft glücklich, er kommt und geht glücklich, er spricht glücklich und er isst glücklich.*[24]

Die beiden Arten des Seins in Harmonie

Hinsichtlich unserer Identität sind wir alle gespaltene Persönlichkeiten. In uns allen gibt es zwei »Selbste« – das sich ständig verändernde »Jemand-Sein«, das nur als Vorstellung existiert, und das »Niemand-Sein«, das wirklich existiert, aber nicht benannt werden kann.

Vielleicht erinnern Sie sich noch an die beiden Vögel aus Kapitel 1, die auf dem gleichen Baum sitzen. Vielleicht ist Ihnen auch noch gegenwärtig, dass sie als »unzertrennliche Freunde«, nicht als unversöhnliche Gegner bezeichnet wurden. Einer von ihnen nimmt aktiv am Leben in der Welt teil (das niedere, individuelle Selbst), während der andere nur passiv »zuschaut« (dieser entspräche dem höheren Selbst). Wenn das Jemand-Vöglein das Niemand-Vöglein wahrnimmt und »erkennt, dass alle Größe sein ist, verschwindet seine Verzweiflung.«[25]

Das persönliche Selbst, das sich ständig verändert und das somit veränderbar ist, kann verbessert werden. Doch wie wir gesehen haben, lässt sich das »Jemand-Sein« nicht durch weitere Aufblähung des Ich verbessern, also durch Bemühungen, *noch mehr zu einem Jemand zu werden.* Vielmehr gelangen wir nur durch systematische Verringerung der Ichzentriertheit und durch Erschließung der ständig gegenwärtigen Realität des *Niemand-Seins* zur Entwicklung einer neuen Vorstellung davon, wer wir sind.

Erst wenn unsere beiden Seinszustände miteinander versöhnt und aufeinander abgestimmt sind, gelangen wir wirklich zur Ganzheit. Erst dann singen die beiden Vögel in Harmonie; Jemand und Niemand leben dann friedlich wie unzertrennliche Freunde zusammen.

* * *

Im Mahayana-Buddhismus werden die beiden Arten des Seins als zwei Versionen unserer »Buddha-Natur« bezeichnet, des »Elements« *(dhatu)* oder der »Neigung« *(gotra)* in jedem lebenden Wesen, das oder die als »Schoß« für die Geburt eines Erwachten Buddha *(tathagata-garbha)* fungiert. Im Uttara Tantra heißt es:

> *Man sollte sich darüber im Klaren sein, dass sich die Neigung auf zwei Arten äußert. ... Es gibt die von Natur aus seit anfangloser Zeit präsente Neigung und diejenige, die durch Kultivierung perfektioniert worden ist.*[26]

Das »Jemand-Sein« beinhaltet die »entwickelbare« – »durch Kultivierung perfektionierte« – Buddha-Natur, von der es heißt, sie gleiche einem Samenkorn. Wird sie mit Wasser versorgt und dem Sonnenlicht ausgesetzt – d.h., wenn wir die Tugend kultivieren, welche die Entwicklung von Demut, Güte, Empathie, selbstlosem Handeln, Mitgefühl und Liebe zu anderen Menschen fördert –, wächst und gedeiht diese Art von Buddha-Natur. Wir arbeiten an unserer Selbstverbesserung, indem wir lernen, uns von unseren egoistischen Bedürfnissen und Wünschen sowie den mit diesen unvermeidlich verbundenen Geistesplagen zu lösen. Wenn wir uns vom ständigen *»Und was ist mit mir?«* lösen und unsere Aufmerksamkeit dem *»Was kann ich für dich tun?«* zuwenden, wird allmählich unser inneres Potenzial aktiviert.

Von der zweiten Art von Buddha-Natur heißt es, sie sei »angeboren«, und es sei nicht notwendig, sie in irgendeiner Hinsicht zu verbessern oder zu entwickeln. Sie ist ständig und unveränderlich präsent und ewig vollkommen, wird aber gewöhnlich nicht erkannt. Sie wird mit einem unentdeckten Schatz verglichen, der unter dem Haus eines armen Mannes vergraben ist.

Auch wenn wir uns seiner Existenz nicht bewusst sein mögen, haben wir doch alle diesen kostbaren Schatz, der unsere wahre Natur ist, unser »Niemand-Sein« in uns. Er ist immer bei uns und liegt unter unserem Haus; er ist für uns jederzeit erreichbar und zugänglich. Doch wenn wir an seinem inneren Überfluss teilhaben wollen, müssen wir ihn erkennen, würdigen und uns mit ihm identifizieren.

»Nichts muss davon entfernt und nichts hinzugefügt werden«, heißt es im Text. Die angeborene Buddha-Natur in uns – unser »Niemand-Sein« – ist immer und auch schon jetzt vollkommen. Indem wir völlig realisieren, wer wir wirklich sind, können wir uns von der Tyrannei dessen, wer wir zu sein glauben, befreien: »Durch das Sehen der Wirklichkeit wird der Sehende wahrhaft und vollständig befreit.«[27]

Das integrierte Selbst ist weniger stark mit dem Jemand-Sein und stärker mit dem Niemand-Sein identifiziert. Nur unser verzweifeltes Festhalten am Ich und an seinem unersättlichen Verlangen danach, ein »echter Jemand« zu sein, hält uns davon ab, unsere tiefere Identität zu erkennen und der Balance gewahr zu werden, die entsteht, wenn die beiden »Selbste« sich in Harmonie befinden.

Leeren und Füllen

Wenn wir mit dem »Selbst ohne Namen« in Verbindung treten, gelangen wir sofort zu dem, was Jesus den »Frieden, der höher ist als alle Vernunft«[28] genannt hat. Zu realisieren, wer wir sind, wenn wir nicht wir selbst sind, die große Erleichterung und »Juckfreiheit« des *Niemand-Seins* zu erleben, ist somit eher eine Sache des Leerens als des Füllens.

Bei unserer Suche nach der tieferen Antwort auf die Frage »Wer zum Teufel bin ich?« ist weniger in der Tat mehr.

Es ist wichtig, das personale Selbst und seine »entwickelbare« Buddha-Natur zu ehren und ständig an seiner Transformation zu arbeiten. Doch je weniger wir an dieser unserer Besonderheit und Individualität festhalten, umso stärker erschließen wir uns das universelle, ewige, glückselige und vollkommene »Niemand-Sein«.

In der christlichen Tradition wird die Auflösung der ausschließlichen Identifikation mit dem individuellen Sein *kenosis* genannt (das griechische Wort für »Leere«) – die »Selbst-Entleerung« des Ich mit dem Ziel vollkommener Empfänglichkeit für das Göttliche. Eine Passage aus dem Neuen Testament ermahnt uns, den »selbstsüchtigen Bestrebungen« des Ich zu entsagen und »in Demut« im Dienst für andere aufzugehen:

So macht meine Freude dadurch vollkommen, dass ihr eines Sinnes seid, gleiche Liebe habt, einmütig und einträchtig seid. Tut nichts aus Eigennutz oder um eitler Ehre willen, sondern in Demut achte einer den anderen höher als sich selbst.[29]

Je besser es uns gelingt, uns vom Denken über »mich« zu lösen, umso besser können wir von uns als »wir« denken. Die Selbstentleerung ermöglicht uns, nicht nur unser wahres Selbst, sondern auch unsere Gemeinsamkeiten zu erkennen, das, was uns mit allen anderen Jemanden verbindet. Wenn jemand völlig entleert wird und niemand übrig bleibt, ist Raum entstanden, der mit *Jedermann-Sein* gefüllt werden kann.

Das folgende Bibelzitat erklärt weiter, dass der Prozess der Selbstentleerung auch eine Art »Geistesverschmelzung« mit Christus beinhaltet – nicht mit der Jesus-Christus-Superstar-Version, sondern mit dem Christus, der sich von allem Dünkel und Stolz befreit hat:

Lasst in euch den gleichen Geist walten, der auch in Christus Jesus war. Obwohl in göttlicher Form, nutzte er seine Gottgleichheit nicht aus, sondern er entleerte sich und nahm die Form eines Sklaven an, der wie ein Mensch geboren war. Und da er in menschlicher Form gefunden wurde, demütigte er sich …[30]

Das »Jemand-Sein« wird dem Nobody ähnlicher, wenn es sich in Demut übt, statt seinen Stolz zu pflegen, wenn es Bescheidenheit der Arroganz vorzieht, Verbundenheit der hochmütigen (und unglücklichen) Isolation. Indem wir uns entleeren, gewinnen wir die Fülle und erkennen die Große Gemeinsamkeit, die wir mit allen anderen teilen.

Je besser es uns gelingt, dem »Jemand-Sein« weniger Bedeutung beizumessen, umso mehr Ähnlichkeit empfinden wir mit anderen und mit dem Leben selbst. Wir werden dann Jesus ähnlicher, der durch seine Menschlichkeit demütig wurde, statt dem Stolz auf seinen göttlichen Ursprung zu verfallen – und der so eine stärkere Verbindung zur Gemeinsamkeit aller Menschen und zur universellen Göttlichkeit entwickelte, die wir mit allen Menschen teilen. Wie die obige Bibelpassage erklärt, üben wir uns darin, unseren Geist zunehmend mit dem des Göttlichen zu verschmelzen, indem wir »nichts aus Eigennutz tun, sondern den anderen höher als uns selbst achten«.

* * *

Wenn wir uns völlig leer machen, gelangen wir automatisch ins »Niemand-Sein«. Wie wir gesehen haben, sind wir Niemand, wenn wir uns zwischen zwei Inseln des Jemand-Seins befinden. Doch sogar als in uns selbst befangener Jemand können wir uns sowohl im Freisein von jeder Identität als auch in wechselseitiger Bezogenheit üben, die beide im *Niemand-Sein* enthalten sind. Wenn ein Jemand lernt, stärker ein Niemand zu sein, wird beider Fähigkeit, sich mit Jedermann zu identifizieren, verbessert.

Es wurde schon darauf hingewiesen, dass Selbstlosigkeit und Empathie bei dem Bemühen, gutes Karma statt schlechtem zu erzeugen, eine wichtige Rolle spielt. Sie werden sich daran erinnern, dass die Praxis des Karma-Yoga im Handeln ohne eigennützige Motive und ohne Erwartung persönlicher Belohnung besteht. Wenn die Grundlagen unseres Handelns Selbstlosigkeit und Altruismus sind, wirkt das, was wir tun, positiv auf unser Selbstbild und unsere Sicht der Welt.

Wir haben uns mit verschiedenen Methoden der Verbesserung des Selbstbildes beschäftigt, denen allen die Prämisse *»Niemand macht einen besseren Jemand möglich«* zugrunde liegt. Wenn wir in unsere wahre Natur eintreten und es uns irgendwie gelingt, unsere egozentrische innere Erzählung abzuschalten – durch Liebe und Mitgefühl anderen gegenüber, achtsame Unbefangenheit in unserem Tun oder tugendhaftes Handeln um seiner selbst willen –, erleben wir Macht und Freude des *Niemand-Seins*.

Man kann sich das Projekt der Selbstentleerung nicht nur als Aushöhlung, sondern auch als Infusion unserer wahren ichlosen Natur in unsere »Jemand«-Identität vorstellen. Dabei weicht das Jemand-Sein und wird im Denken und Handeln dem Niemand-Sein ähnlicher.

Wir können relativ einfach üben, unser Sein als Nobody zu verstärken, während wir im Alltag als Jemand leben. Auf dem Weg zur endgültigen Befreiung können wir unseren spirituellen Helden und religiösen Archetypen ähnlicher werden: Christus ähnlicher, Buddha ähnlicher, *niemand ähnlicher*.

Statt dass wir uns an unserer Individualität und Einzigartigkeit weiden und wir sie verherrlichen, können wir uns auch darin üben, in stärkerem Maße wie ganz gewöhnliche Menschen zu leben.

Sei anonym – oder zumindest ganz gewöhnlich

Wir haben gesehen, dass »Niemand-Sein« namenlos und unbenennbar ist. Indem wir *anonymer* werden (ein Wort, das aus dem Griechischen stammt und »ohne Namen« bedeutet), spiegeln und imitieren wir unsere wahre Natur.

Mein Geburtsname ist »Brian Smith«. Meinen Vornamen, »Brian«, haben mir meine Eltern gegeben, doch mein Nachname ist frei erfunden. Ich könnte genauso gut auch »Brian X« oder »Brian Müller« heißen.

Und so bin ich an ihn gekommen: Mein Großvater väterlicherseits (der Wrestling-Fan), wurde Ende des 19. Jahrhunderts in England als Baby an der Tür eines Waisenhauses abgelegt. Wer seine Eltern waren, wusste niemand – man fand bei ihm keinerlei Hinweis auf seine Herkunft. Deshalb gaben ihm die Betreuer im Heim den unauffälligsten und damals am weitesten verbreiteten Namen, den sie finden konnten: Smith.

Ich weiß, dass manche Leute ihren familiären Ursprung bis zur *Mayflower* oder wer weiß wohin zurückverfolgen können, doch ich persönlich bin nun einmal nur wenige Generation von der völligen Dunkelheit entfernt, was meinen genetischen Ursprung angeht. Mein Stammbaum verliert sich sehr schnell in völliger Anonymität.

Und um bei der Wahrheit zu bleiben: Ganz gleich, wie weit wir unsere familiäre Genealogie zurückverfolgen können mögen, an irgendeinem Punkt werden wir alle entdecken, dass wir … nun, niemand Besonderes sind. Wenn wir uns die Dinge gründlicher anschauen, stellen wir alle fest, dass unser Ursprung sehr unklar ist. Trotz der Namen, durch die wir uns unterscheiden, sind wir letztlich alle nichts weiter als typische menschliche Wesen.

Wenn wir uns darin üben, anonymer zu sein und weniger als der erstaunliche und ganz besondere Jemand aufzutreten, der wir alle zu sein glauben, erkennen wir damit unsere grundsätzliche Gleichheit an. Wir teilen mit anderen nicht nur unsere wahre Natur, das »Niemand-Sein«, sondern auch als individuelle Jemande sind wir in Wahrheit »nur Leute«. Und indem wir unsere generische Normalität anerkennen, werden wir unseren Mitmenschen (die selbst auch alle »nur Leute« sind) ähnlicher.

Durch kleine, inkognito durchgeführte Aktionen können wir lernen, uns immer weniger mit unseren Gefühl der Besonderheit – unserem Ich, unserem »Jemand-Sein« – zu identifizieren. Indem wir als anonyme Agenten des Guten wirken, werden wir zu einer Art von Hybriden, zu einem Jemand, der übt, einem Nobody ähnlicher zu werden.

Es gibt unendlich viele Möglichkeiten, anonymer zu denken und zu handeln. Es folgen ein paar Tipps, die Ihnen den Einstieg in Ihre neue Karriere als Geheimagent 000 erleichtern könnten:

- Falls Sie in einer Stadt leben, in der es noch Parkuhren gibt, können Sie an einer abgelaufenen Parkuhr eine Münze einwerfen, um dem Wagenhalter eine gebührenpflichtige Verwarnung zu ersparen! Warten Sie nicht auf den Besitzer, um ihm zu ermöglichen, sich bei Ihnen zu bedanken. (Weil diese Aktion in vielen Städten illegal ist, können Sie durch den kleinen Akt zivilen Ungehorsams zu Ihrem »inneren Che Guevara« in Kontakt treten.)
- Nehmen Sie sich einen »erste-Person-freien Tag«, an dem Sie vierundzwanzig Stunden lang die Wörter »ich«, »mich« und »mein« vermeiden. Wenn Sie diese Übung über längere Zeit praktizieren, wird Ihnen klarer werden, wie oft wir an uns selbst und *nur* an uns selbst denken (und über uns sprechen!).
- Schenken Sie Menschen etwas, ohne dass die Beschenkten wissen, wer sie beschenkt hat. Sie können das Geschenk mit einem kleinen Zettel versehen, auf dem »Für« und »Von« steht, auf dem Sie aber nur hinter dem »Für« einen Namen einsetzen, wohingegen Sie die Zeile für das »Von« frei lassen.
- Erledigen Sie eine Arbeit für jemand anderen – eine berufliche Aufgabe, die eigentlich Ihr Kollege im Büro übernehmen sollte, oder eine Arbeit im Haushalt, die gewöhnlich Ihr Partner übernimmt – und tun Sie dies heimlich.
- Stecken Sie in das Portemonnaie eines Menschen, von dem Sie wissen, dass er finanzielle Schwierigkeiten hat, ein wenig Geld. Solch ein »Taschendiebstahl« mit umgekehrten Vorzeichen erfordert genauso viel Geschicklichkeit und Schläue,

wie Kleinkriminelle sie bei einem »richtigen« Taschendiebstahl aufbringen müssen. Und Sie erleben dabei auch den gleichen Nervenkitzel wie ein erfolgreicher Dieb, und gleichzeitig tun Sie etwas, das einen anderen Menschen mit Sicherheit sehr erfreuen wird.

- Es war einmal Sitte, am ersten Mai einen Korb mit Nahrungsmitteln, Blumen oder anderen Geschenken vor die Tür eines Nachbarn zu stellen, dann an der Tür zu klingeln und anschließend schnell wegzulaufen. Als Geheimagent 000 können Sie diese Tradition ganz allein wiederbeleben, und Sie brauchen sich dabei auch nicht auf den ersten Mai zu beschränken.
- Zahlen Sie bei Ihrem nächsten Restaurantbesuch für einen Fremden ein Essen. Wählen Sie irgendjemanden aus, rufen Sie die Bedienung, und begleichen Sie die Rechnung des Betreffenden heimlich. Sie können die Reaktion des Beschenkten vorsichtig beobachten, wenn er erfährt, dass ein anonymer Wohltäter seine Rechnung bezahlt hat, und so verstohlen den kleinen unerwarteten Glücksmoment miterleben, den Sie in das Leben eines völlig fremden Menschen gebracht haben.
- Eine ähnliche Praxis scheint zurzeit in einigen Städten Sitte zu werden. Wenn Sie das nächste Mal in einer Kaffeebar Ihre Lieblings-Kaffeespezialität bestellen, dann flüstern Sie dem Barista zu, dass Sie zwei Kaffees bezahlen werden, einen für sich selbst und einen für die nächste Person in der Schlange. Aber verhindern Sie, dass der Empfänger erfährt, wem er die köstliche Spende zu verdanken hat.

* * *

Wenn Sie nicht anonym sein können, dann arbeiten Sie zumindest daran, *unspektakulär* zu sein. Das »Jemand-Sein« strebt danach, außergewöhnlich, cool, clever, wichtig und unverwechselbar zu sein. Jemand, der sich bemüht, sein »Niemand-Sein« zu verstärken, arbeitet dem Impuls, »etwas herzumachen«, entgegen und setzt alles daran, möglichst normal, einfach, nichtssagend und durchschnittlich aufzutreten.

In der Zeit der Reality-Shows, der Selbstvermarktung mithilfe von Facebook und Twitter, der nie endenden Bemühungen darum, *in stärkerem Maße ein echter Jemand zu sein*, muss man sich auf einen anstrengenden Kampf einstellen, wenn man damit zufrieden sein will, durchschnittlich und unspektakulär zu sein.

Eine einfache Möglichkeit, dies zu fördern, besteht in der Einschränkung der eigenen Vorlieben – der Kleidung, die man gern trägt, oder dessen, was man gern isst – und darin, dass man lernt, gelassener zu sein. Unsere Vorlieben helfen uns, uns als einzigartige Individuen zu definieren; deshalb können wir einem Niemand ähnlicher werden, indem wir uns weniger stark an bestimmten Vorlieben orientieren und indem wir *unvoreingenommener* sind.

Ich habe mir einige Jahre lang grundsätzlich keine neue Kleidung gekauft. Wenn ich etwas anzuziehen brauchte, ging ich nicht in ein Kaufhaus, sondern zur Heilsarmee. Dort gibt es ziemlich interessante Angebote, insbesondere in den Läden, die sich in wohlhabenderen Vierteln befinden – ein schmutziges kleines Geheimnis, das die mit dieser Praxis eigentlich verbundene Entbehrung verringert. Außerdem habe ich auf diese Weise eine Menge Geld gespart.

Natürlich ist die Kleidung, die man in Second-Hand-Geschäften bekommt, schon benutzt worden; jemand, den Sie nicht kennen, hat sie ausgewählt, gekauft, getragen und irgendwann aussortiert. Und das Tragen der Kleidung anderer Menschen hat auch eine bestimmte Auswirkung auf die eigene Psyche. Wenn man ein Secondhand-Hemd für fünf Euro kauft, von dem man weiß, dass es vorher jemandem gehört hat, den man gar nicht kennt, fühlt man sich gewöhnlich nicht ganz so großartig und einem ganz normalen Menschen viel ähnlicher.

Ein völlig unspektakuläres Äußeres war ursprünglich einmal der Grund, aus dem Mönche, Nonnen, Priester, Imame und andere Geistliche Roben trugen. Diese sind im Grunde *Uniformen*, die alle Individuen gleich aussehen lassen. Heute jedoch hat eine solche Zurschaustellung oft die genau gegenteilige Wirkung: »Da ist jemand, der anders als wir gekleidet ist. Er muss jemand ganz *Besonderes* sein!« Als ich selbst solche Gewänder trug, fühlte ich mich sehr unwohl bei der Vorstellung, dass die Menschen, die mich darin sahen, so über mich denken könnten. Der ursprüngliche Sinn und Zweck einer solchen Uniform war, alle Besonderheiten auszuschalten (und dadurch die morgendliche Wahl der Kleidung stark zu vereinfachen), nicht aber, dem Träger irgendeinen Sonderstatus zuzubilligen.

Schon als ich noch ordinierter Mönch war, entschied ich mich irgendwann, mich nur noch »in Zivil« in der Öffentlichkeit zu zeigen. Der Verzicht auf die gewohnte Fassade des fließenden roten Gewandes beseitigte eine Barriere zwischen mir und den Menschen in meiner Umgebung. Das war anfangs schwer – die Mönchsgarderobe wirkt durchaus wie eine Art Schutzschild –, aber die Vorteile des »normalen« Auftretens überwogen die Verletzlichkeit, die damit verbunden ist, dass wir als gewöhnlicher Clark Kent [die Normalidentität von Superman, Anm. d. Übers.] daherkommen, statt dass wir den Eindruck erwecken, wir seien irgendein spiritueller Superman.

Unauffällig als gewöhnlicher Mensch aufzutreten hat große Vorteile. Statt uns durch unsere Kleidung von anderen zu unterscheiden, übermitteln wir durch die Anpassung unserer Kleidung an den Kontext eine völlig andere Botschaft. Einige müssen zu diesem Zweck einen Business-Anzug von der Stange maßgeschneiderter Kleidung vorziehen, andere sich mit billigen No-Name-Jeans und T-Shirts statt aktueller Designerware zufriedengeben.

Eine andere Möglichkeit, die eigene Besonderheit zu reduzieren, besteht darin, weniger spezielle Ernährungsgewohnheiten zu pflegen. Mir ist klar, dass viele Menschen eine ganz besondere Vorliebe für jene Art von Funghi haben, die auch Pilze genannt werden, und dass andere auf eine Gemüseart mit dem wenig verlockenden englischen Namen »Eierpflanze« schwören. Ich persönlich mache mir weder aus dem einen noch aus dem anderen viel – *ich bin jemand*, der sich unter anderem als ein Mensch definiert, der diese angeblichen Nahrungsmittel nicht bevorzugt.

Ich vermeide sie sogar wenn eben möglich. Doch wenn sich jemand die Mühe gemacht hat, etwas zu kochen, das diese Dinge enthält, esse ich sie. Das ist keine große Sache, aber das hier empfohlene Verhalten verringert im kleinen Maßstab das Bedürfnis des Ich, ein ganz besonderer Jemand zu sein, der sich durch das, was er isst und nicht isst, unterscheidet.

Diese Übung könnte für Menschen, die sich als Veganer oder Vegetarier definieren, wesentlich schwieriger auszuführen sein. Es gibt aber andererseits auch eine alte Anweisung für Mönche und Nonnen, die ihr ganzes Leben der Übung von Demut und Selbstauslöschung widmen, ohne jede Klage anzunehmen und zu essen, was ihnen gegeben wird, und sich keinen einzigen Augenblick damit aufzuhalten, dass sie hinsichtlich ihrer Ernährung dieses oder jenes »sind«.

Es entspricht einer altehrwürdigen religiösen Übung, weniger wählerisch zu sein und einfach das zu essen, was einem angeboten wird. Eine meiner Studentinnen hat mehrere Jahre als buddhistische Nonne in England gelebt, wo diese Tradition gepflegt wurde. Sie berichtete, die Klosterbewohner seien jeden Tag mit ihren Bettelschalen ins nächste Dorf gegangen und hätten dort darauf gewartet, Essbares zu bekommen. Die Dorfbewohner hätten ihnen irgendwelche Dinge in beliebiger Reihenfolge in die Schale gelegt: Möhren auf Eiscreme, Cheeseburger auf Linsen. Sie aßen, was sie bekamen.

Man muss nicht so weit gehen, um von der Praxis zu profitieren, bezüglich des Essens weniger wählerisch zu sein. Eine vegetarische oder vegane Diät mag Vorteile haben, aber wenn man zu stark auf eine bestimmte Ernährungsweise fixiert ist, wird das Gefühl, jemand Besonderes zu sein, eher stärker als schwächer.

Weniger eigen in der Wahl der bevorzugten Kleidung und Ernährung zu sein ist allerdings nur die Spitze des Eisberges, wenn es darum geht, weniger *außergewöhnlich* zu sein. Es gibt zahllose Möglichkeiten, sich darin zu üben, anspruchsloser zu sein und mehr zu akzeptieren, weniger Dinge auszuschließen und mehr zuzulassen, weniger darauf hinzuarbeiten, ein ganz besonderer Jemand zu sein, und stattdessen die Normalität stärker in den Vordergrund zu stellen.

So ist es jetzt – es gibt jetzt nur dieses eine Hemd im Regal, das mir passt. Jetzt sind Pilze auf meinem Teller. Jetzt hat mir jemand einen Cheeseburger zubereitet und serviert.

Und jetzt befinde ich mich in Gesellschaft eines Menschen dieser Art. Wir alle sind gern mit bestimmten Menschen zusammen. Und wir alle verkehren in der Regel mit einer ganz bestimmten Art von Leuten – mit solchen, die uns mehr oder weniger gleichen. Zu versuchen, mit Menschen auszukommen, die nicht unserer Clique angehören, ist eine weitere Art, im Alltag einem Nobody ähnlicher zu werden.

* * *

In seinem Film *Zelig* aus dem Jahre 1983 porträtiert Woody Allen jemanden, der sich so unglaubliche Mühe gibt, sich seiner sozialen Umgebung anzupassen, dass er die physischen Eigenschaften der betreffenden Menschen annimmt. Wenn sich dieses »menschliche Chamäleon« in den Kreisen des *Großen Gatsby* bewegt, verwandelt es sich in einen reichen Patrizier, und wenn er mit Bediensteten zusammen ist, in einen der redet, wie ihm der Schnabel gewachsen ist. Er wird aber auch zum Indianer, Afro-Amerikaner oder chassidischen Juden, wenn er sich in solcher Gesellschaft befindet.

Diese Komödie veranschaulicht durch extreme Karikierung die Gefahren der Konformität. Wir können den Film aber auch als ins Komische übertriebene Version der ernst zu nehmenden spirituellen Praxis eines Lebens als Normalo verstehen.

Wie in diesem Buch erläutert wurde, ist das Bedürfnis nach Einzigartigkeit und Besonderheit durchaus nicht außergewöhnlich, sondern uns allen gemeinsam. Wir unterscheiden uns von anderen Menschen nicht darin, dass wir uns unterscheiden wollen. Die tiefere Konformität, für die wir alle anfällig sind, ist unser gemeinsamer, ziemlich gewöhnlicher Wunsch, außergewöhnlich zu sein und uns zu unterscheiden – ein *wirklicher Jemand* zu sein.

Wenn jemand, der versucht, in stärkerem Maße ein Nobody zu sein, mit anderen zusammen ist, bemüht er sich, sich in die Situation einzupassen und dafür zu sorgen, dass die anderen sich wohler fühlen. Statt in Gesellschaft anderer Menschen an unserer Einzigartigkeit und Besonderheit zu haften – insbesondere wenn die betreffenden anderen sich von uns zu unterscheiden scheinen –, vergegenwärtigen wir uns die grundsätzlicheren Arten, auf die wir einander alle gleichen. Das »Jemand-Sein«, das darauf hinarbeitet, einem Niemand ähnlicher zu werden, empfindet eine stärkere Affinität gegenüber anderen, die in seine Nähe kommen.

Da wir alle Menschen sind, kann uns allen nichts Menschliches völlig fremd sein. Wenn Sie also im Supermarkt auf die

Kassiererin oder auf einen Taxifahrer oder die Angestellte in der Reinigung treffen, dann fragen Sie diese Menschen, wie es ihnen geht, erzählen Sie einen Witz, und behandeln Sie sie respektvoll. Es kostet nicht viel, eine andere Person ein wenig zu erfreuen, aber wir müssen dazu anerkennen, dass sich andere als Menschen nicht grundsätzlich von uns unterscheiden.

Wenn Sie mit Menschen zusammen sind, die anders sind als Sie – ganz gleich, ob es ein Klempner aus New York oder ein Cowboy aus Tucson ist –, dann zeigen Sie Interesse an ihrem Leben und daran, was es bedeutet, so wie sie zu leben. Wenn Sie mit Reichen zusammen sind, dann fühlen Sie sich nicht zum Klassenkampf animiert, sondern vergegenwärtigen Sie sich, dass diese Menschen im Grunde genauso gewöhnlich sind wie Sie. Und wenn Sie Menschen treffen, die aus einer anderen ethnischen Gruppe stammen, dann denken Sie daran, dass auch diese prinzipiell wie Sie selbst sind – dass sie mit ähnlichen Problemen kämpfen, dass sie sich ebenso wie Sie nach Glück sehnen und dass sie mit der gleichen fundamentalen wahren Natur ausgestattet sind.

Teilweise aufgrund solcher Erwägungen rang ich mich im Oktober 2013 zu der schwierigen Entscheidung durch, meine Mönchsgelübde zu lösen, nachdem ich zuvor acht Jahre als gewöhnlicher Mönch gelebt hatte. Ich hege für diejenigen, die sich einem Leben dieser Art widmen, die größte Bewunderung und habe großen Respekt vor ihnen, doch stand ein Leben als Mönch in der Tradition des Tibetischen Buddhismus für mich persönlich nicht mehr im Einklang mit einer nicht konfessionsgebundenen spirituellen Orientierung, und es schien mir auch nicht mit dem Bedürfnis, weniger als besonderer Jemand und stärker als Nobody zu leben, im Einklang zu stehen. Die Begriffe »Mönch« und »mönchisch« leiten sich vom griechischen Wort für »allein« *(monos)* her, und man kann sie als bezogen auf jemanden, der sich von anderen fernhält, verstehen.

In den alten Schriften heißt es: »Gib Unterscheidungen wie ›Ich bin soundso, nicht der-und-jener‹ auf.«[31] In unseren Interaktionen mit anderen »normaler« zu sein hilft uns zu erkennen, was uns tatsächlich mit allen Menschen verbindet.

Das hat nichts mit Inauthentizität zu tun oder damit, dass man etwas zu sein vorgibt, das man nicht ist – man braucht sich nicht in einen Zelig, ein »menschliches Chamäleon«, zu verwandeln. Aber wir können authentisch sein, indem wir weniger wie jener besondere Jemand, der wir zu sein glauben, handeln, da wir alle authentisch und wirklich Niemande sind.

Und wenn wir uns einmal in einer Phase zwischen dem Niemand-Sein befinden, sind wir alle authentische Normalos, die versuchen, so gut wie möglich durchs Leben zu kommen. Wenn Sie Hilfe benötigen, um als Normalo mit anderen, die sich von Ihnen stark unterscheiden, interagieren zu können, können Sie den alten Song von Sly and the Family Stone singen und sollten dabei besonders auf den Refrain achten:

I'm evryday people, yeah yeah …
Oh sha sha – we got to live together.[32]

Jeder ist Nobody (oder umgekehrt)

Ja *(oh sha sha)*, wir müssen tatsächlich alle zusammenleben. Niemand von uns ist eine Insel; unser Menschen-Archipel ist unter der Oberfläche eine einzige große Landmasse. Der Zen-Lehrer Thich Nhat Hanh hat erklärt, der wahre Sinn unseres Leben sei, das Gefühl zu überwinden, das wir isolierte, eigenständige Individuen sind: »Wir sind hier, um aus unserer Illusion der Getrenntheit zu erwachen.«[33]

Das Festhalten an Individualität und Einzigartigkeit – am »Jemand-Sein«, von dem in diesem Buch so oft die Rede war – basiert auf der »Illusion der Getrenntheit« und erhält diese aufrecht. Einige unserer stärksten angeborenen Instinkte – dies ist der »Teufel«-Teil von uns – fördern den Egoismus, der uns von anderen trennt. Und unsere moderne Kultur des Narzissmus und der Eigenwerbung bestätigt und verstärkt den Egoismus in uns.

Doch diese ganze Ichzentriertheit basiert auf einer Illusion, nicht auf der Realität, und dem inneren »Engel«, der dies vermutet, müssen wir zu einer stärkeren Stimme verhelfen. Das unabhängige, eigenständige Sein, auf das wir so stark fixiert sind, existiert im Grunde nicht, und die Vorstellung, es komme unserem persönlichen Glück zugute, dieses Phantom zu nähren, ist völlig irrig.

Unsere spirituellen Traditionen empfehlen seit Jahrtausenden, Selbstbezogenheit und Egoismus zu überwinden, um wahres Glück erleben zu können. Wissenschaftler bündeln heute ihre Bemühungen zu belegen, dass nirgendwo ein »Perlen-Selbst« existiert – dass das, was wir »Selbst« nennen, nichts weiter ist als ein Bündel von Funktionen, die im Grunde nur durch unsere Vorstellung von uns selbst miteinander verbunden sind; und dass die uralten religiösen Tugenden, die mit Selbstlosigkeit zusammenhängen – Altruismus, Empathie, Mitgefühl, Dankbarkeit und Vergeben –, das Leben eines Menschen, der sie praktiziert, zwangsläufig glücklicher machen.

Zumindest einige Wissenschaftler pflichten mittlerweile der alten spirituellen These bei, dass unser Gefühl, von anderen Menschen und der Welt um uns getrennt zu sein, eine irrige Vorstellung ist. »Ein Mensch ist Teil jenes Ganzen«, sagt Albert Einstein, »das wir ›Universum‹ nennen«.

Er erlebt sich, seine Gedanken und Gefühle als etwas vom Rest Getrenntes – als eine Art visuelle Illusion seines Bewusstseins. Diese Illusion ist für uns eine Art Gefängnis, das uns auf unsere persönlichen Wünsche und auf Zuneigung einigen wenigen uns besonders nahestehenden Menschen gegenüber festlegt. Unsere Aufgabe muss sein, uns aus diesem Gefängnis zu befreien, indem wir den Kreis unseres Mitgefühls erweitern, sodass er alle Lebewesen und die gesamte Natur in ihrer Schönheit umfasst.[34]

* * *

Wir enden mit der Wiederholung der Eine-Million-Dollar-Frage, der wir ein Eine-Million-Dollar-Adverb hinzufügen:

Wer zum Teufel bin ich … wirklich?

Unter all unseren Unterschieden und Unterscheidungsmerkmalen sind wir alle gleichermaßen Nobodys. Und wirklich niemand zu sein ist die Voraussetzung dafür, ein besserer Jemand zu werden – ein Jemand, dem immer klarer wird, dass er Teil eines viel größeren Ganzen ist.

Da wir immer Jemande sein werden, können wir zwischen unserem Niemand-Sein glücklicher leben, ein erfüllenderes Leben führen, indem wir einem Niemand ähnlicher werden, einem Normalo, und indem wir uns weniger als ganz besondere kleine Schneeflocken fühlen, die sich von allen anderen unterscheiden. Weil wir alle *wirklich* niemand sind, ist jeder von uns *wirklich* wie jeder andere.

Wenn wir uns vergegenwärtigen, dass wir alle im »Inter-Sein« leben, können wir jene Interdependenz besser annehmen, die unsere Existenz in der Welt ausmacht. Falls es uns gelingt, die Illusion unserer Getrenntheit aufzulösen, können wir in der Realität unserer allseitigen Verbundenheit, im Jedermann-Sein, Trost finden.

Indem wir uns von den monopolistischen Behauptungen

des atomistischen »Jemand-Seins« lösen, gelingt es uns besser, mit der Welt um uns eins zu werden und uns mit der Quelle unseres Seins zu identifizieren, der ultimativen Wirklichkeit, die unser wahres Selbst ist.

Dies ist der Pfad zu wahrem Glück, denn Glück kann nur auf Wahrheit gründen, nicht auf Täuschung.

Denken Sie immer daran, dass niemand vollkommen ist.

Warum also nicht *niemand sein*?

AKTIONSPLAN:
Geheimagent OOO

Ihre Mission – falls Sie sie akzeptieren – besteht darin, jeden Tag einem anderen Menschen gegenüber Güte zu zeigen – und zwar *anonym*. Verbringen Sie jeden Morgen einige Augenblicke damit, sich eine konkrete Möglichkeit zur Umsetzung dieses Vorhabens auszudenken. Halten Sie außerdem den ganzen Tag über nach unerwarteten Gelegenheiten Ausschau, anderen zu helfen, ohne dass die Betreffenden es merken. Üben Sie sich auf jede Ihnen mögliche kleine Art darin, Geheimagent ooo zu sein.

Klopfe,
und Er wird die Tür öffnen.
Verschwinde,
und Er wird dich wie die Sonne
leuchten lassen.
Falle,
und Er wird dich in den Himmel erheben.
Werde nichts,
und Er wird dich in alles verwandeln.
RUMI

DANKSAGUNG

Ich bin dem fabelhaften Mutter-Tochter-Team Wendy und Cindy Lee unbeschreiblich dankbar für die Zeit, die sie sich genommen haben, die frühesten Entwürfe aller Kapitel dieses Buches zu lesen und mir unschätzbare Ratschläge und Anregungen zu geben.

David B. Fishman hat das Manuskript Wort für Wort sorgfältig gelesen und die Qualität des Textes entscheidend verbessert. Es ist ein großer Segen, wenn ein solches Genie sich die Zeit nimmt, sich ganz genau anzuschauen, was ein gewöhnlicher Mensch geschrieben hat.

Ich kann mich auch glücklich schätzen, dass ich auf die Mitarbeit der ausgezeichneten Lektoren von *Beyond Words* zurückgreifen konnte. Ich danke Emily Han und Henry Covey von ganzem Herzen dafür, dass sie mein ursprüngliches Manuskript zu einem wesentlich besseren Buch gemacht haben, und ich danke auch meiner Literaturagentin Joelle Delbourgo für ihren unermüdlichen Einsatz und ihre großartige Unterstützung.

Mein Dank gilt weiterhin all den Helfern, die mich bei meinen Recherchen unterstützt haben – es waren Chantal Carleton, June Maker, Darin McFadyn, Claire Thompson, Rev. Anne Deneen, Karl Whiting und meine Tochter Sophia Fleming-Benite –, sowie den vielen Freiwilligen, die unter Anleitung von Catherine Eaton Vortragstexte transkribiert haben.

All jenen, deren Großzügigkeit und Gastfreundschaft mein Leben auf Reisen so sehr erleichtern, kann ich gar nicht genug danken, und auch meinen Wohltätern und Förderern werde ich immer zu Dank verpflichtet bleiben. Ich hoffe, dass dieses Buch allen, die es lesen, nützlich sein wird, sodass es die großzügige Hilfe aller hier Genannten zumindest in einem gewissen Maße rechtfertigt.

Es ist mir nicht möglich, alles, was meine Lehrer mir gegeben haben, zurückzugeben – meine spirituellen Mentoren, meine akademischen Lehrer, meine engen Freunde, die Mitreisenden auf dem Pfad und meine Studenten.

Zum Schluss möchte ich – auch wenn es merkwürdig klingen mag – meine Dankbarkeit für all das ausdrücken, was mein Computer mir ermöglicht hat. Ich hätte dieses Buch einfach nicht schreiben können ohne die Magie des Computers, die uns heute zur Verfügung steht. Wir leben in bemerkenswerten Zeiten.

ANHANG: IN DIE EIGENE WAHRE NATUR FALLEN

Unsere wahre Natur ist immer bei uns. Sie ist nie geboren worden und kann deshalb auch nie sterben; sie ist ewig unveränderlich und ständig gegenwärtig; sie ist das hinter und unter allen Wiederholungen jedes »Jemand-Seins« verborgene »Niemand-Sein«.

Deshalb ist unsere wahre Natur jederzeit erreichbar. Sie ist immer da, wenn es uns gelingt, das Geplapper unseres Ich zu beruhigen, die unablässige innere Erzählung zum Schweigen zu bringen und uns in die Stille, Geräumigkeit und Heiterkeit des *Niemand-Seins* zu entspannen.

Es folgen Beschreibungen einiger einfacher Meditationsübungen, die den sieben Kapiteln dieses Buches zugeordnet sind und die Ihnen helfen sollen, wann immer Sie wünschen, in den höchsten Zustand der Glückseligkeit einzutreten. Man kann diese Übungen als vollgültige Meditationen benutzen oder auch, um im Laufe des Tages ein paar Augenblicke des Friedens zu erleben.

Die Übungen stammen aus einer hundertzwölf Meditationen oder *dharanas* umfassenden Sammlung, die den größten Teil eines alten Sanskrit-Textes aus der Hindu-Tradition Nordindiens bilden, des *Vijnana Bhairava Tantra* (VBT).* Diese Schrift präsentiert sich in Form eines Gesprächs zwischen zwei Gottheiten, Shiva (auch Bhairava genannt, der die höchste Wirklichkeit repräsentiert) und seiner geliebten und von ihm untrennbaren Partnerin Shakti (welche die Welt der Erscheinungen und der Form repräsentiert). Als Shakti Shiva bittet, ihr zu erklären, wie sie die höchste Natur der Dinge entdecken kann, antwortet Shiva: »Shakti ist das Gesicht von Shiva.« Dies bedeutet, dass der tiefste Aspekt der Wirklichkeit nirgendwo anders zu finden ist als in der Welt, in der wir Tag für Tag leben.

Das Außergewöhnliche kann im Gewöhnlichen entdeckt werden, das Höchste im Relativen, das Transzendente im Immanenten. Die gleiche Wahrheit fasst ein klassischer buddhistischer Text, das *Herz-Sutra*, wie folgt zusammen: »Leerheit unterscheidet sich nicht von dem, was Form annimmt, und was Form annimmt, unterscheidet sich nicht von Leerheit.« Die Leerheit und die Fülle sind zwei Seiten der gleichen Münze.

Im VBT lehrt Shiva Shakti eine Anzahl einfacher Techniken, die ihr helfen sollen, im Alltagsleben ihre wahre Natur zu entdecken. Die Methoden sind täuschend einfach. Es ist nicht schwer, sie anzuwenden, aber man muss dabei sehr aufmerksam verfolgen, was im eigenen Bewusstsein geschieht.

* Wer den vollständigen Text des *Vijnana Bhairava Tantra* lesen will, kann meine eigene vollständige Übersetzung online unter http://lamamarut.org/wp-content/uploads/2012/01/VijnaBhairavaTantraHandout.pdf einsehen. [Eine vollständige deutsche Übersetzung des Textes von Bettina Bäumer ist im *Verlag der Weltreligionen* (Insel) erschienen. Die hier vorliegende Fassung folgt dem englischen Text von Lama Marut, Anm. d. Übers.]

Ich hoffe, dass Sie diesen Übungen eine Chance geben. Sie werden dann feststellen, dass sie relativ leicht einen Eindruck davon vermitteln, wie es sich anfühlt, niemand zu sein. Sie können sich mit ihrer Hilfe jederzeit in Ihre wahre Natur hineinfallen lassen.

Meditation zu Kapitel 1

> *Schaue unverwandt in den klaren blauen Himmel, und halte dabei den Körper still. Du wirst sofort deine wahre Essenz erreichen. ... Wenn man den Geist auf den äußeren Raum richtet – der unveränderlich, ohne Unterstützung, leer, alles durchdringend und ohne Einschränkungen ist –, betritt man das Reich der Raumlosigkeit.* *

Erinnern Sie sich noch daran, wie schön es war, wenn Sie als Kind einfach im Gras lagen und in den Himmel schauten? Die vorgestellte Übung ist eine schnelle, leicht zu realisierende und Freude machende Art, die Grenzen des normalen Alltagslebens zu überwinden und »aus dem Kopf zu kommen«, und Sie können dies jederzeit, tagsüber ebenso wie nachts, tun. Nehmen Sie sich einfach einen Moment Zeit, um innezuhalten, nach draußen zu gehen (oder zumindest aus dem Fenster zu schauen) und sich in der endlosen Weite der Atmosphäre oder in der unfassbaren Unermesslichkeit des äußeren Raumes zu verlieren.

Der Geist nimmt die Form dessen an, was er wahrnimmt. Wenn das, was Sie wahrnehmen, das Grenzenlose ist – nun, dann sind Sie in Ihre wahre Natur gefallen.

* VBT, Verse 84 (mit geringen Abweichungen vom Original) und 120.

Meditation zu Kapitel 2

Weil der Yogi den Geist auf den Ort der Begegnung zweier Atemzüge richtet, entweder innen (wo das Einatmen endet und das Ausatmen beginnt) oder an der äußeren Grenze (wo das Ausatmen endet und das Einatmen beginnt), erlangt er Gleichmut und wird zu einem geeigneten Gefäß für die Weisheit. *

Haben Sie schon einmal den Ausdruck »Atmen Sie einfach tief durch« gehört? Da wir Tag und Nacht atmen, ermöglicht Ihnen diese Übung, wann immer Sie wollen, ein wenig Frieden zu finden. Atmen Sie tief, aber achtsam. Registrieren Sie, dass am Ende jedes Ein- und Ausatmens eine kleine Pause eintritt, bevor das nächste Aus- oder Einatmen einsetzt. Fokussieren Sie den Geist sanft und ohne den Atem anzuhalten oder den natürlichen Fluss der Atmung zu unterbrechen, auf diese Pause, und ruhen Sie vor dem erneuten Beginn des Ein- oder Ausatmens in ihr.

Lassen Sie sich in die Lücke fallen! Wenn Ihnen dies gelingt, ohne Ihr Bewusstsein darauf zu fixieren, dass Sie sich in der Lücke befinden, haben Sie Ihre wahre Natur gefunden. Niemand braucht eine Kirche oder einen Tempel aufzusuchen, um das Heilige zu finden; es ist mit jedem Atemzug gegenwärtig.

* VBT Vers 64.

Meditation zu Kapitel 3

> *Wenn man auch nur einen Moment frei von Gedanken über die Leerheit des Körpers meditiert, verliert man alle Vorstellungen und gelangt zur Selbstnatur dessen, was begriffliches Denken übersteigt. ... Man konzentriere sich ausschließlich auf die Haut, die den Körper wie eine Mauer umgibt, während man denkt: »Darin ist nichts.« Wenn man darüber meditiert, wird man mit dem Unwägbaren verbunden. ... [Dann] meditiere man auf das Selbst, das die Gestalt des leeren Raumes annimmt, der sich unbegrenzt in alle Richtungen erstreckt ... [und] befreit von jedem Ruheort, sieht man die eigene wahre Natur.**[*]

Da wir alle stark an der Vorstellung haften, wir *seien* unser physischer Körper, hilft uns diese kurze Meditation, die Identifikation mit unserer Körperlichkeit aufzulösen, und gleichzeitig verbindet sie unseren Geist mit dem Unendlichen.

Stellen Sie sich zunächst vor, im Körper gebe es nichts als leeren Raum, ähnlich dem klaren blauen Himmel. Leeren Sie im Geiste das Innere Ihres Körpers und Ihrer Knochen, bis sie völlig hohl sind, bis in die Finger- und Zehenspitzen hinein, sodass diese Leere nur noch von einer sehr dünnen Hautschicht umhüllt ist.

Anschließend lösen Sie auch diese äußere Hülle des Körpers auf und öffnen sich in den unendlichen leeren äußeren Raum. Rechts wie links ist nichts zu sehen, soweit Ihr Blick reicht, ebenso wenig über und unter sowie vor und hinter Ihnen.

Entspannen Sie sich, verweilen Sie in der Weite des Raumes, und genießen Sie Ihre wahre Natur.

* VBT, Verse 23, 48 und 92.

Meditation zu Kapitel 4

*Wenn man Verlangen, Zorn, Gier, Verblendung, Trunkenheit oder Eifersucht erlebt, richte man den Geist unerschütterlich darauf, bis nur die Essenz bleibt.**

Wenn Sie nicht mehr weit davon entfernt sind, den Kampf gegen eine aufkommende Geistesplage zu verlieren, dann halten Sie inne, und führen Sie diese Meditation aus. Schließen Sie zunächst die Augen, und gehen Sie tief nach innen. Lokalisieren Sie das Gefühl, mit dem Sie kämpfen, und analysieren Sie es. Handelt es sich wirklich um ein einziges, vollständiges, nahtloses und voll entwickeltes »Gefühl«?

Oder stellen Sie durch eingehende Untersuchung fest, dass das, was Sie untersuchen, sich in Augenblicke auflösen lässt? Ist es nicht, bevor Sie es als »Zorn« oder »Eifersucht« bezeichnen, nichts weiter als eine Folge von Bewusstseinsmomenten, denen der Geist diesen Stempel aufdrückt?

Ist Ihnen dies gelungen, dann werfen Sie einen Blick darauf, was jeden dieser kurzen Augenblicke ausmacht. Hat nicht jeder Augenblick dessen, was wir »Zorn« oder »Eifersucht« nennen, einen Anfang, eine Mitte und ein Ende? Und wie steht es mit dem Anfang jedes einzelnen Fragments dessen, was wir »ein Gefühl« nennen? Muss nicht auch dieses einen eigenen Anfang, eine Mitte und ein Ende haben? Und so geht es immer weiter. Es gibt keine Teile, die sich nicht weiter aufteilen ließen, keine Augenblicke sogenannter Geistesplagen, die nicht weiter unterteilbar wären. Wenn Sie es müde werden, Ihre Gefühle als Teile von Teilen von Teilen von Teilen zu analysieren, gelangen Sie zur »reinen Essenz«, wie der Text es nennt – zur Leerheit der Teile, ihrer wahren Natur – die *Ihrer* wahren Natur gleich ist!

* VBT, Vers 101.

Meditation zu Kapitel 5

Wenn man große Freude erlebt oder einen vor langer Zeit aus den Augen verlorenen Verwandten wiedersieht, meditiere man über das Auftauchen der Glückseligkeit und lasse den Geist sorgsam darin aufgehen. ... Man lasse den Geist bei Dingen verweilen, an die man sich erinnert, oder an Orten, die man gesehen hat. Dann verliert der eigene Körper seine Unterstützung (man vergisst die eigene Körperlichkeit), und der Herr tritt in Erscheinung. *

Da wir alle täglich eine gewisse Zeit mit Tagträumen verbringen, dürfte Ihnen diese Meditation leichtfallen. Nehmen Sie sich einen Moment Zeit, um sich in eine angenehme Erinnerung zurückzuversetzen. Verlieren Sie sich völlig in der Träumerei; denken Sie nicht mehr daran, dass Sie an Ihren physischen Körper gebunden sind. Geben Sie sich völlig dem Wiedererleben Ihres Aufenthalts an einem wunderschönen Ort hin oder der Vergegenwärtigung einer wundervollen Situation, die Sie mit einem geliebten Menschen genossen haben, oder irgendeiner anderen Erinnerung an eine Situation, in der Sie vollkommen glücklich waren. Konzentrieren Sie sich auf das aufkommende Gefühl der Glückseligkeit, und lassen Sie Ihr Bewusstsein völlig mit diesem Erlebnis verschmelzen.

Diese einfache Übung kann in uns auch ein Gefühl der Dankbarkeit für die guten Erlebnisse, die wir gehabt, und für die großartigen Menschen, die wir in unserem Leben kennengelernt haben, hervorrufen. Die Dankbarkeit, die dadurch aufkommt, ist ein mächtiges Mittel gegen Depression und ein schwaches Selbstwertgefühl.

* VBT, Verse 71 und 119.

Meditation zu Kapitel 6

> *Man meditiere über den Genuss beim Essen und Trinken – über die Glückseligkeit, in die ein köstlicher Geschmack versetzen kann – und erlebe dann, wie ein Zustand der Fülle und großer Glückseligkeit entsteht. Die unvergleichliche Freude, die mit dem Aufgehen im Klang wunderschöner Musik verbunden ist, erhebt den Geist des Yogi, und er wird eins mit dieser Freude.** *

Unsere wahre Natur ist für uns sogar bei den banalsten Aktivitäten wie Essen und Trinken erreichbar. Doch wir brauchen *achtsame Unbefangenheit*, um völlig in unserem Tun aufgehen zu können, wenn wir Speisen oder Getränke kosten. Probieren Sie es einmal aus. Nutzen Sie Ihre täglichen Mahlzeiten und den Kaffee oder Tee am Morgen, um dem »Niemand-Sein« zu begegnen.

Der Text geht auch noch auf eine weitere Möglichkeit ein, sich in die wahre Natur hineinzuentspannen. Legen Sie eines Ihrer Lieblingsmusikstücke (ein reines Instrumentalstück ohne ablenkenden Text) auf. Und begeben Sie sich dann völlig in dieses Erlebnis hinein! Konzentrieren Sie sich nicht auf einzelne Töne oder bestimmte Passagen, sondern verlieren Sie sich in der Melodie als einem Ganzen. Wenn Sie als Hörender nicht da sind – d.h., wenn Sie völlig in der Musik aufgehen –, sind Sie auch hierbei in Ihre wahre Natur zurückgefallen.

* VBT, Verse 72 und 73.

Meditation zu Kapitel 7

Man vergegenwärtige sich, dass das Bewusstsein im Körper anderer Menschen das gleiche ist wie das Bewusstsein im eigenen Körper. Hat man sich von der Sorge um den eigenen Körper gelöst, wird man schnell alldurchdringend. *

Wir glauben, dass wir *wirklich* von anderen getrennt sind, nicht nur weil wir getrennte physische Körper haben, sondern auch weil wir eigene Gedanken haben (wobei einige »eigenartiger« sind als andere!). Und natürlich haben auch andere Wesen einen separaten Körper und, wie wir annehmen, eigene Gedanken.

Diese Meditation erfordert, dass wir uns weder auf den Denkenden im Körper noch auf die speziellen Gedanken des Denkenden konzentrieren, sondern auf das Bewusstseinsfeld. In welcher Sphäre findet alles Denken, in welchem Körper auch immer es geschehen mag, statt? Es geht hier darum, was Gewahrsein ermöglicht; es geht um *reines* Bewusstsein, nicht um Ichbefangenheit oder irgendeine andere Form des Bewusstseins von *etwas*.

Die Fähigkeit, unabhängig von spezifischen Gedanken eines individuellen Denkenden bewusst zu sein, ist bei allen lebenden Wesen gleich. Wenn Sie darauf fokussieren, wird der Geist »alldurchdringend«, und wir gelangen in die universelle wahre Natur, die wir alle miteinander teilen.

* VBT, Vers 107.

ANMERKUNGEN

Hinweis zur deutschsprachigen Ausgabe: Wo verfügbar und der Intention des Autors entsprechend, wurde bei Zitaten auf die deutsche Ausgabe zurückgegriffen. Sofern keine solche benannt ist, stammt die Übersetzung von Theo Kierdorf und Hildegard Höhr.

Vorwort

1. Pew Research Center: Religion and Public Life Project, »Religious Landscape Survey, Report 1: Religious Affiliation«, http://religions.pewforum.org/reports.
2. Jason Palmer, »Religion May Become Extinct in Nine Nations, Study Says,« *BBC News*, 22. März 2011, http://www.bbc.co.uk/news/science-environment-12811197.
3. John McManus, »Two-Thirds of Britons Not Religious, Suggests Survey,« *BBC News*, 20. März 2011, http://www.bbc.co.uk/news/uk-12799801.
4. Dan Merica, »Survey: One in Five Americans Has No Religion«, *CNN Belief Blog*, 9. Oktober 2012, http://religion.blogs.cnn.com/2012/10/09/survey-one-in-five-americans-is-religiously-unaffiliated/?hpt=hp_c2.
5. Ibid.
6. Kathryn Blaze Carlson, »Organized Religion on the Decline? Growing Number of Canadians ›Spiritual but Not Religious‹,« *National Post*, 21. Dezember 2012, http://life.

nationalpost.com/2012/12/21/organized-religion-on-the-decline-growing-number-of-canadians-spiritual-but-not-religious/.

7. Dominique Mosbergen, »Dalai Lama Tells His Facebook Friends That ›Religion Is No Longer Adequate‹«, *Huffington Post Religion*, 13. September 2012, http://www.huffingtonpost.com/2012/09/13/dalai-lama-facebook-religion-is-no-longer-adequate-science_n_1880805. html.
8. Seine Heiligheit, der Dalai Lama, *Beyond Religion: Ethics for a Whole World* (Toronto: Signal Books, 2011), S. xii, xiv; dt.: *Rückkehr zur Menschlichkeit* (Köln: Lübbe 2011), S. 14–15.
9. Zitiert in Acharya Peter Wilberg, *Tantric Wisdom for Today's World: The New Yoga of Awareness* (CreateSpace Independent Publishing Platform, 2009), S. 112.
10. Galater 3:28. Alle Bibelzitate in der deutschen Ausgabe dieses Buches stammen, wenn nicht ausdrücklich anders angegeben, aus der Luther-Bibel der Deutschen Bibelgesellschaft, die auch unter http://www.bibel-online.net/ einzusehen ist.

Einleitung

1. Tom Wolfe, »The ›Me‹ Decade and the Third Great Awakening«, *New York* Magazin, 23. August 1976, http://nymag. com/news/features/45938/.
2. Christopher Lasch, *The Culture of Narcissism: American Life in an Age of Diminishing Expectations* (New York: W. W. Norton, 1979); dt.: *Das Zeitalter des Narzissmus* (München: C. Bertelsmann Verlag, 1982), S. 14. Einige von Laschs Beobachtungen wurden nicht nur von Tom Wolfe vorweggenommen, sondern auch schon von Peter Marin, der sie in seinem Artikel »The New Narcissism« in *Harper's* im Oktober 1975 erwähnte. Er schrieb dort:

»Die Weltsicht, die sich unter uns ausbreitet, konzentriert sich ausschließlich auf uns selbst, und ihr einziges Ziel ist das individuelle Überleben.«

3. Lasch, ibid., dt. S. 55.
4. Ibid., dt. S. 74. An anderer Stelle wird Narzissmus als der »charakteristische Persönlichkeitstypus, der sich für die Erfordernisse [unserer] Kultur eignet« bezeichnet [Nachwort der revidierten englischen Originalausgabe].
5. Laschs Darstellung unserer Gesellschaft ist offensichtlich nach wie vor relevant: »Die Persönlichkeit seiner Zeit, so scheint es, ist noch stärker die Persönlichkeit unserer Zeit«, schreibt Lee Siegel in einem Essay für die *New York Times,* »The Book of Self-Love,« 5. Februar 2010, http://www.nytimes.com/2010/02/07/books/review/Siegel-t.html?pagewanted=all&_r=0.
6. Justin Bieber ist aufgrund eines von seiner Mutter geposteten YouTube-Videos zum Superstar geworden. Später wurde aufgrund des Erfolgs von Biebers selbstproduziertem YouTube-Film ein weiterer auf YouTube vorgestellter Song zum internationalen Hit: Carly Rae Jepsens »Call Me Maybe«. So ermöglichte ein durch YouTube zum Star gewordener Sänger einem Kollegen, über YouTube ebenfalls berühmt zu werden.
7. Im Jahre 2011 gab es nach Angaben von Royal Pingdom 3,14 Milliarden E-Mail-Accounts weltweit; http://royal.pingdom.com/2012/01/17/internet-2011-in-numbers/. Schätzungsweise sechs Milliarden Handy-Anschlüsse, von denen aus in jeder Sekunde 200 000 SMS gesendet werden, bestehen laut Angaben von World Mobile Media, http://worldmobilemedia.com/sponsor/. Twitter hat 2012 nach einer Semiocast-Studie eine halbe Milliarde Accounts erreicht, http://semiocast.com/en/publications/2012_07_30_Twitter_reaches_half_a_billion_accounts_140m_in_the_US.

8. Emil Protalinski, »Facebook Passes 1.11 Billion Monthly Active Users,« *The Next Web*, 1. Mai 2013, http://thenextweb.com/facebook/2013/05/01/facebook-passes-1-11-billion-monthly-active-users-751-million-mobile-users-and-665-million-daily-users/.
9. Die Facebook-Sucht scheint die gegenteilige Wirkung zu haben. Siehe hierzu Stephen Marche, »Is Facebook Making Us Lonely?«, *The Atlantic*, Mai 2012, http://www.theatlantic.com/magazine/archive/2012/05/is-facebook-making-us-lonely/308930/. Marche bringt die Facebook-Sucht nicht nur mit einem Anstieg von Einsamkeitsgefühlen bei den Facebook-Benutzern in Verbindung, sondern er verweist auch auf Untersuchungen, aus denen »eine signifikante Korrelation zwischen der Facebook-Nutzung und Narzissmus« hervorgeht. »Man könnte sogar behaupten, dass Facebook insbesondere auf das Bedürfnis narzisstischer Individuen nach Eigenwerbung und oberflächlichem Verhalten eingeht.« Siehe hierzu auch Geoffrey Mohans »Facebook Is a Bummer, Study Says«, *Los Angeles Times*, 14. August 2013, http://articles.latimes.com/2013/aug/14/science/la-sci-sn-facebook-bummer-20130814.
10. C. S. Lewis, *Mere Christianity* (New York: HarperSanFrancisco, 1952), dt.: *Pardon, ich bin Christ* (Basel: Brunnen, 1977), S. 19-20. Siehe auch Timothy Kellers Beobachtung in *The Freedom of Self-Forgetfulness: The Path to True Christian Joy* (Chorley, England: 10Publishing, 2012): »Bis zum 20. Jahrhundert glaubten traditionelle Kulturen immer (und dies gilt noch heute für die meisten Kulturen der Welt), eine zu hohe Meinung eines Menschen über sich selbst sei die Wurzel allen Übels in der Welt. ... Traditionell wurde dies als einer der Gründe dafür angegeben, dass Menschen sich verwerflich verhielten.

Doch in unserer modernen westlichen Kultur haben wir einen völlig anderen kulturellen Konsens entwickelt. Wir glauben heute – und dieser Glaube ist tief in allem verwurzelt –, dass Menschen sich aus einem Mangel an Selbstachtung verwerflich verhalten und weil sie eine zu geringe Meinung von ihrem eigenen Wert haben.«

11. Patrice Lescoe, »How Much Have Depression Rates Increased?« *eHow*, http://www.ehow.com/way_5627919_much-depression-rates-increased_.html#ixzz2Le3SK2UA. [Laut Angaben der Stiftung Deutsche Depressionshilfe leiden in Deutschland im Jahr 2014 ca. vier Millionen Menschen an einer behandlungsbedürftigen Depression, www.deutsche-depressionshilfe.de.]
12. Maia Szalavitz, »What Does a 400% Increase in Antidepressant Use Really Mean?« *Time*, 20. Oktober 2011, http://healthland.time.com/2011/10/20/what-does-a-400-increase-in-antidepressant-prescribing-really-mean/#ixx2LS6bouMr. [In Deutschland stieg der Gebrauch von Antidepressiva zwischen 2007 und 2011 um 46%, www.faz.net/aktuell/gesellschaft/gesundheit/gesundheitsreport-die-deutschen-nehmen-mehr-antidepressiva-12675171.html.]
13. Siehe *Mental Health: A Call for Action by World Health Ministers* (Geneva: World Health Organization, 2001), http://www.who.int/mental_health/advocacy/en/Call_for_Action_MoH_Intro.pdf.
14. Dies basiert auf einem Artikel mit dem Titel »In Defense of Self-Esteem« von Senator John Vasconcellos, Robert Reasoner, Michele Borba, Len Duhl und Jack Canfield: http://www.self-esteem-nase.org/amember/newsarticles/InDefenseofSelf-Esteem.pdf. Der Artikel wurde veröffentlicht in Reaktion auf eine Kritik an der Selbstachtungs-Bewegung von Lauren Slater, »The Trouble with Self-Esteem,« *New York Times Magazine*, 3. Februar 2002,

http://www.nytimes.com/2002/02/03/magazine/03ESTE EM.html?.

15. Lewis, *Pardon, ich bin Christ*, dt. S. 174.

Kapitel 1

1. Zitiert in John Broomfield, *Other Ways of Knowing: Recharting Our Future with Ageless Wisdom* (Rochester, VT: Inner Traditions, 1997), S. 73.
2. Alan Watts, *The Book: On the Taboo against Knowing Who You Are* (New York: Vintage Books, 1989), S. 55; dt. *Die Illusion des Ich* (München: Kösel, 1980).
   Die deutsche Übersetzung des Limericks aus *Die Illusion des Ich* lautet:
   Es gab einmal einen jungen Mann, der sagte:
   »Zwar scheint es, als wüsste ich, dass ich weiß,
   aber ich würde so gern das ›Ich‹ sehen, das das ›Ich‹ kennt,
   wenn ich sage, dass ich weiß, dass ich weiß.«
   Eine gewichtigere Beschreibung des gleichen Problems stammt von David Hume, einem englischen Philosophen des 18. Jahrhunderts. Sie gleicht einem Aufschrei aus frustriertem Herzen: »Wenn ich für meinen Theil, recht tief in dasjenige eindringe, was ich Mein Selbst nenne, so treffe ich allemal auf gewisse partikuläre Vorstellungen; oder auf Empfindungen von Hitze oder Kälte, Licht oder Schatten, Liebe oder Hass, Lust oder Unlust. Ich kann Mein Selbst nie allein ohne eine Vorstellung ertappen, und alles, was ich beabsichtige, ist nie etwas anders, als eine Vorstellung.« David Hume, *Treatise of Human Nature*, Hg. L. A. Selby-Bigge (New York: Oxford University Press, 1978); dt.: *Ein Traktat über die menschliche Natur*. Buch 1, Teil 4, Abschnitt 6, »Von der persönlichen Identität«, S. 489 (Halle, 1790).
3. William Shakespeare, *Wie es euch gefällt*, Akt 2, Szene 7

(Quelle: Projekt Gutenberg, nach Schlegel, durchgesehen von Gundolf).

4. Jane Wagner und Lily Tomlin, *The Search for Signs of Intelligent Life in the Universe.*
5. Miles Orvell, *The Real Thing: Imitation and Authenticity in American Culture, 1880–1940* (Chapel Hill: University of North Carolina Press, 1989), S. xxiii.
6. Fred Rogers, »You Are Special«, 1967. Der vollständige Song-Text ist online zu finden unter http://pbskids.org/rogers/songLyricsYouAreSpecial.html.
7. Eine Darstellung der Rede, die Reverend Jackson vor einem multikulturellen Publikum aus kleinen Kindern in der Fernsehshow *Sesame Street* hielt, siehe http://www.youtube.com/watch?v=iTB1h18bHlY.
8. Die *Bhagavad Gita* 6.5. Alle Übersetzungen aus Sanskrit- und Pali-Texten, die in diesem Buch zitiert werden, habe ich selbst erstellt, sofern nicht ausdrücklich etwas anderes angegeben ist. [Die Versionen in der deutschen Ausgabe stützen sich in der Regel weitgehend auf den Autor; sofern vorhanden, wurden ältere deutsche Ausgaben eingesehen und abgeglichen. Anm. d. Übers.]
9. *Ashtavakra Gita* 8.4.
10. Shantideva, *Anleitung zum Bodhisattva-Leben.* 8.134–135.
11. Zitiert in John Michael Talbot und Steve Rabey, *The Lessons of Saint Francis: How to Bring Simplicity and Spirituality into Your Daily Life* (New York: Plume, 1998), S. 49.
12. Zitiert in Robert Wingate, *Pocket Wisdom: Inspirational Quotations from East and West for Daily Living* (CreateSpace Independent Publishing Platform, 2011), S. 65.
13. Thomas Merton, *New Seeds of Contemplation* (New York: New Directions, 1961); dt.: *Christliche Kontemplation* (München: Claudius, 2010), S. 31.

14. Zitiert in Heinrich Robert Zimmer, *Philosophies of India* (Princeton, NJ: Princeton University Press, 1969), S. 462.
15. Zitiert in Kathlin Austin, *Wise People Quotes* (CreateSpace Independent Publishing Platform, 2013), S. 15.
16. Lynn Hirschberg, »The Misfit«, *Vanity Fair*, April 1991. Wiederabdruck in *All about Madonna*, http://allaboutmadonna.com/madonna-interviews-articles/vanity-fair-april-1991.
17. Ein Hinweis auf die negativen Auswirkungen der kulturellen Hervorhebung des »Besonders-Seins« enthält der Artikel »Why Generation Y Yuppies Are Unhappy«, *Huffington Post*, September 15, 2013, http://www.huffingtonpost.com/wait-but-why/generation-y-unhappy_b_393060.html.
18. Dalai Lama, *Rückkehr zur Menschlichkeit*, S. 47–48.
19. Mihaly Csikszentmihalyi, *Flow: The Psychology of Optimal Experience* (New York: Harper & Row, 1990); dt.: *FLOW: Das Geheimnis des Glücks* (Stuttgart: Klett Cotta, 2007), dt. S. 13.
20. Qur'an 2:213. Aus der Online-Übersetzung, die unter http://quod.lib.umich.edu/k/koran/index.html eingesehen werden kann.
21. Siehe *Anleitung zum Bodhisattva-Leben,* 7.2, wo »Depression« (*vishada*) und »schwaches Selbstwertgefühl« (*atmavamanya*) zu den Hindernissen gerechnet wird, welche die Entwicklung von »freudiger Bemühung« erschweren, jener enthusiastischen Energie, die zur Überwindung von Unglücklichsein und Leiden erforderlich ist.
22. *Anleitung zum Bodhisattva-Leben,* 7.17–18.
23. Katha Upanishad, 1.2.18.
24. Ashtavakra Gita, 18.9.
25. Shvetashvatara Upanishad, 4.6–7.

Kapitel 2

1. Lewis, *Pardon, ich bin Christ*, dt. S. 113.
2. Johnny Cash, »No Earthly Good,« *The Rambler* (Columbia Records, 1977). Der vollständige Liedtext ist einsehbar unter www.lyricsondemand.com/j/johnnycashlyrics/noearthlygoodlyrics.html. Auf Deutsch etwa: »Du lässt dein Licht leuchten, und das sollst du auch, aber du bist so himmlisch gesinnt, dass du nicht mehr irdisch gut bist«.
3. William Paul Young, *The Shack* (Los Angeles: Windblown Media, reissue edition, 2011); dt.: *Die Hütte*. (Berlin: Allegria, 2011), S. 182–183.
4. Eckhart Tolle, *A New Earth: Awakening to Your Life's Purpose* (New York: Penguin Books, 2005); dt.: *Eine neue Erde* (München: Goldmann, 2005), S. 76.
5. Zitiert in Lama Surya Das, *The Big Questions: How to Find Your Own Answers to Life's Essential Mysteries* (Emmaus, PA: Rodale Books, 2007), S. 215.
6. Matthäus 7:2–3.
7. Matthäus 7:4–5.
8. Lewis, *Pardon, ich bin Christ*, dt. S. 113.
9. Professor Roy Baumeister, Interview mit Neal Conan, *Talk of the Nation*, National Public Radio, 4. Februar 2002, http://donpugh.dyndns.org/Psych%20Interests/Self-esteem/Questioning%20the%20conventional%20wisdom%20of%20self-esteem.htm. Baumeister erwähnt auch eine Studie, die ergab, dass 90 Prozent von uns sich für überdurchschnittlich gute Autofahrer halten. Eine andere Studie ergab, dass *keiner* der Highschool-Studenten, die daran teilnahmen, ihre Fähigkeiten, mit anderen Menschen auszukommen, für unterdurchschnittlich hielten. Wie in der berühmten fiktiven Stadt »Lake Wobegon«, in der »alle Frauen stark, alle Männer gut aussehend und alle Kinder überdurchschnittlich intelligent« waren, zie-

ren wir uns oft, als durchschnittlich angesehen zu werden, auch wenn wir dies sind. Siehe hierzu http://prairiehome.publicradio.org/about/podcast/.
10. *Anleitung zum Bodhisattva-Leben,* 7.57–58.
11. Ibid., 8.127: »Aufgrund meines Wunsches, in meinem Ansehen erhoben zu werden, werde ich mich in unangenehmen Reichen, hässlich und dumm, wiederfinden.«
12. Jack D. Maser, »About Anxiety and Depression«, *Freedom from Fear*, abgerufen 29. November 2013, http://www.freedomfromfear.org/AboutAnxietyandDepression.en.html.
13. Lewis, *Pardon, ich bin Christ*, dt. S. 112.
14. Tolle, *Eine neue Erde*, dt. S. 53.
15. Ibid. S. 60-61.

Kapitel 3

1. Anup Shaw, »Poverty Facts and Stats«, *Global Issues*, 7. Januar 2013, http://www.globalissues.org/article/26/poverty-facts-and-stats.
2. Yoga Sutra 2.4; 2.13.
3. Yoga Sutra 2.5.
4. Maha Satipatthana Suttanta, Vers 5. Aus *Dialogues of the Buddha*, Übers. T. W. Rhys Davids und C. A. F. Rhys Davids (1910; Wiederabdruck., Delhi: Motilal Banarsidass, 2000), und zitiert in Edwin F. Bryants *The Yoga Sutras of Patanjali* (New York: North Point Press, 2009), S. 180.
5. Jone Johnson Lewis, »Gloria Steinem Quotes«, *About.com*, »Women's History,« http://womenshistory.about.com/cs/quotes/a/qu_g_steinem.htm.
6. Ashtavakra Gita 1.11 (Hervorhebung vom Autor hinzugefügt).

Kapitel 4

1. Julian Baggini, *The Ego Trick: What Does It Mean to Be You?* (London: Granta Books, 2011), S. 40.
2. Bhagavad Gita 2.40.
3. Yoga Sutra 2.4.
4. Matthäus 7:16–18.
5. Das Tolstoi-Zitat stammt aus einer neueren Ausgabe von Ralph Waldo Emersons *Self Reliance* (The Domino Project, 2011), S. 50.
6. *Anleitung zum Bodhisattva-Leben,* 5.14 (Hervorhebung vom Autor hinzugefügt).
7. Zitiert in Csikszentmihalyi, *Flow*, dt. S. 163. Moderne Filme wie *Memento* und *Total Recall* (zu Letzterem mehr in Kapitel 7) beschäftigen sich mit der Frage, was aus der Identität wird, wenn das Gedächtnis ausfällt.
8. Csikszentmihalyi, *Flow*, Parallelstelle der dt. Ausg. S. 178.
9. *Anleitung zum Bodhisattva-Leben,* 4.37–38.
10. *Anleitung zum Bodhisattva-Leben,* 4.44.
11. *Anleitung zum Bodhisattva-Leben* 4.29, 43.
12. Siehe auch *Anleitung zum Bodhisattva-Leben,* 6.41, wo Shantideva erklärt, es sei besser, zornig auf den Zorn selbst zu werden, als auf die Person, die den Zorn in uns ausgelöst hat.
13. *Anleitung zum Bodhisattva-Leben* 7.55–56: »Alles sollte durch mich erobert werden; ich sollte durch nichts bezwungen werden! Ich sollte meinen Stolz wahren, denn ich bin das Kind erobernder Löwen. Die bedauernswerten Wesen, die durch Stolz besiegt werden, sind nicht diejenigen, die über Stolz verfügen. Die von Stolz Besessenen werden nie zu Sklaven jenes Feindes werden, welcher der Stolz ist; andere sind zu Sklaven geworden.« Man vergleiche diese Passage mit einem Ausspruch des französischen Autors Georges Bernanos: »Es ist schön, über den Stolz

hinauszuwachsen. Man muss es sogar erreichen.« *Tagebuch eines Landpfarrers.* (Köln und Olten: Jacob Hegner Verlag, [9]1930), S. 246.

14. Zitiert in Daniel Akst, *We Have Met the Enemy: Self-Control in an Age of Excess* (New York: Penguin Press, 2011), S. 2.
15. *Anleitung zum Bodhisattva-Leben,* 7.72.
16. Csikszentmihalyi, *Flow*, dt. S. 23.
17. George Eliot: *Middlemarch* (Stuttgart: Philipp Reclam jun.,1985), S. 563.

Kapitel 5

1. Zitiert in John Cook, comp., Steve Deger und Leslie Ann Gibson, Hg., *The Book of Positive Quotations* (Minneapolis: Fairview Press, 2007), S. 27.
2. Thich Nhat Hanh, *Interbeing: Fourteen Guidelines for Engaged Buddhism*, Hg. Fred Eppsteiner (Berkeley, CA: Parallax Press, [3]1988).
3. Desmond Tutu, *No Future without Forgiveness* (Colorado Springs, CO: Image, 2000), S. 31.
4. Ursula K. Le Guin, *The Left Hand of Darkness* (New York: Ace Trade, 2000), S. 151.
5. Dean Martin, »You're Nobody 'til Somebody Loves You«, *The Door Is Still Open to My Heart* (Capitol Records, 1960). Der vollständige Liedtext ist zu finden unter www.metrolyrics.com/youre-nobody-till-somebody-loves-you-lyrics-dean-martin.html.
6. Ibid.
7. Bhagwan Shree Rajneesh, *Tantra: The Supreme Understanding* (Poona, India: Rajneesh Foundation, 1975); dt.: *Tantra. Die höchste Einsicht* (Köln: Innenwelt Verlag, 2004), S. 29.
8. Zitiert in Alain de Botton, *The Consolations of Philoso-*

phy (New York: Vintage, 2001), engl. S. 146; dt.: *Trost der Philosophie* (Frankfurt a. M.: Fischer, 2001).
9. *Anleitung zum Bodhisattva-Leben*, 7.31.
10. Bhagavad Gita 18.64–65; zitiert nach der 1974 von der The Bhaktivedanta Book Trust herausgegebenen Übersetzung von A.C. Bhaktivedanta Swami Prabhupada.
11. Bhagavad Gita 15.15.

Kapitel 6

1. Csikszentmihalyi, *Flow*, dt. S. 16.
2. Ibid., dt. S. 103.
3. Jiddu Krishnamurti, *Think on These Things* (Ojai, CA: Krishnamurti Foundation of America, 1964), S. 65.
4. Abraham Maslow, *Religions, Values, and Peak-Experiences* (New York: Penguin, 1970), S. 62.
5. John Stuart Mill, *Autobiography*, in *Harvard Classics*, Bd. 25, Hg. Charles W. Eliot (New York: P.F. Collier & Son, 1909), S. 94. Oder wie Csikszentmihalyi es formuliert: »Glück finden wir, wenn wir vollständig eins sind mit jeder Einzelheit unseres Lebens, gleich, ob gut oder schlecht, nicht, indem wir direkt danach suchen« (*Flow*, dt. S. 14).
6. Tyler Kingkade, »Millennials Are More Stressed Out than Older Generations«, *Huffington Post*, 8. Februar 2013, http://www.huffingtonpost.com/2013/02/08/millennials-stress_n_2646947.html.
7. Ed Smith, »What Some People Call Idleness Is Sometimes the Best Investment«, *New Statesman*, 19. Juli 2012, http://www.newstatesman.com/business/business/2012/07/what-some-people-call-idleness-often-best-investment.
8. Bob Sullivan analysiert in einem Artikel, wie wir uns ständig bereithalten, um zu arbeiten, selbst wenn wir angeblich im Urlaub sind: »How the Smartphone Killed the

Three-Day Weekend«, *CNBC*, 24. Mai 2013, http://www.cnbc.com/id/100765600.
9. Rajneesh, *Tantra,* dt. S. 101.
10. Ashtavakra Gita 18.57.
11. Matthäus 6:25–34.
12. Zitiert in Joe Tichio, *Greatest Inspirational Quotes: 365 Days to More Happiness, Success, and Motivation* (CreateSpace Independent Publishing Platform, 2013), S. 46.
13. Bhagavad Gita 6.1.
14. Bhagavad Gita 6.2.
15. Zitiert in Suhail Murtaza, *Reflections: A Collection of Essays on Life, Happiness, Roots, and Responsibility* (New York: Perseus Press, 2007), S. 79.
16. Johan Huizinga, *Homo Ludens: A Study of the Play-Element in Culture* (1938; repr., London: Routledge, 2008); dt.: *Homo Ludens* (Reinbek: Rowohlt, 1987), S. 11.
17. Ibid., S. 17.
18. William Sax, Hg., *The Gods at Play: Lila in South Asia* (New York: Oxford University Press, 1995), S. 4.
19. Bhagavad Gita 3.22, 25.
20. Zitiert in *Packers: Green, Gold and Glory* (New York: Sports Illustrated, 2013), S. 53.
21. Lao-Tzu, *Tao Te Ching*, Übers. Steven Mitchell (New York: Harper Perennial, 2009), Kapitel 68, http://acc6.its.brooklyn.cuny.edu/~phalsall/texts/taote-v3.html#75.
22. Matthäus 18:1–4.
23. Ashtavakra Gita 18.49.
24. Ibid., 18.64.
25. Zitiert in Wayne W. Dyer, *Wisdom of the Ages: 60 Days to Enlightenment* (1998; Neuaufl. New York: William Morrow, 2002), S. 29.
26. Norvin Hein, »Lila«, in: *The Gods at Play: Lila in South*

Asia, ed. William Sax (New York: Oxford University Press, 1995), S. 15.

27. Zitiert in Neal Ranzoni, *The Book on »Art Quotes«* (CreateSpace Independent Publishing Platform, 2012), S. 45.
28. Zitiert in Cay Lang, *Taking the Leap: Building a Career as a Visual Artist*, (San Francisco: Chronicle Books, 2006), S. x.
29. Zitiert in Ellen J. Langer, *Mindfulness* (1989; Neuaufl. Cambridge, MA: Da Capo Press, 1990), S. 117.
30. Zitiert in Csikszentmihalyi, *Flow*, dt. S. 88.
31. Dieses Zitat, das im Internet zirkuliert, wird Hans Bos zugeschrieben, der offenbar in Terre Haute, Indiana, lebt und weder ein professioneller Tänzer noch Schriftsteller ist. Siehe http://www.bdancer.com/HansBos.html.
32. Zitiert in Joseph Campbell, *The Inner Reaches of Outer Space: Metaphor as Myth and as Religion,* (Novato, CA: New World Library, 2002), S. 92.
33. Bhagavad Gita 5.8.
34. Zitiert in Meredith Gould, *Deliberate Acts of Kindness: Service as a Spiritual Practice* (Colorado Springs, CO: Image, 2002), S. 70.
35. Bhagavad Gita 4.20.

Kapitel 7

1. Baggini, *The Ego Trick*, S. 7. Ein wenig später erklärt Baggini in seinem Buch: »Die wichtigste Entdeckung, die von allen Forschern akzeptiert zu werden scheint, die sich mit Selbst und Gehirn beschäftigen, ist, dass die Gehirnforschung die Suche nach der Perle des Selbst aufgegeben hat« (S. 28).
2. Ibid., S. 69.
3. Dhammapada 3.42–43. Die Übersetzung stammt aus

Thomas Byrom, *The Dhammapada: The Sayings of the Buddha* (New York: Random House, 2010).

4. Zitiert in James R. Miller, *Voices from Earth: A Book of Gentle Wisdom* (Victoria, BC: Trafford Publishing, 2006), S. 22.
5. Ashtavakra Gita 18.35.
6. Katha Upanishad 1.2.18.
7. Tao Te Ching, Kapitel 1, Übers. Mitchell.
8. Vijnana Bhairava Tantra, Verse 14–15.
9. Mandukya Upanishad 7.
10. Uttara Tantra 1.79–80.
11. Lawrence Kushner, *The River of Light: Jewish Mystical Awareness* (1981; Neuaufl. Woodstock, VT: Jewish Lights Publishing, 1991), S. 122.
12. Einen umfassenden Überblick über alte und neue »apophatische Diskurse« im Westen gibt William Franke, Hg., im Buch *On What Cannot Be Said: Apophatic Discourses in Philosophy, Religion, Literature, and the Arts* (Notre Dame, IN: University of Notre Dame Press, 2007).
13. Rajneesh, *Tantra,* S. 22.
14. Ibid, S. 10.
15. Vijnana Bhairava Tantra, Vers 124.
16. Ibid., Vers 61.
17. Ibid., Vers 62.
18. Roy J. Matthew, »Psychoactive Agents and the Self«, in: *The Lost Self: Pathologies of Brain and Identity*, Hg. Todd E. Feinberg und Julian Paul Keenan (Oxford: Oxford University Press, 2005).
19. Zitiert in Baggini, *The Ego Trick*, S. 202–203.
20. Ashtavakra Gita 18.18.
21. Chögyam Trungpa, *The Myth of Freedom and the Way of Meditation* (Boston: Shambhala, 2002); dt. *Der Mythos*

Freiheit und der Weg der Meditation (Reinbek: Rowohlt, 2006), S. 132.

22. Ibid., S. 132–133 (Hervorhebung vom Autor hinzugefügt).
23. Ashtavakra Gita 18.65, 60.
24. Ashtavakra Gita 18.59.
25. Shvetashvatara Upanishad 4.6–7.
26. Uttara Tantra 1.149.
27. Uttara Tantra 1.154.
28. Philipper 4:7.
29. Philipper 2:2–4.
30. Philipper 2:5–8, übersetzt nach der englischen Fassung
31. Ashtavakra Gita 15.15.
32. Sly and the Family Stone, »Everyday People«, *Stand!* (Epic, 1968). Der vollständige Text ist zu finden unter www.lyricsmode.com/lyrics/s/sly_and_the_family_stone/everyday_people.html. Auf deutsch etwa: »Ich bin jemand ganz Normaler, yeah yeah ... Oh sha sha – wir müssen zusammenhalten.«
33. Zitiert in Eleanor »Ndidi« Hooks, *Finding Joy – Finding Yourself* (CreateSpace Independent Publishing Platform, 2013), 57.
34. Albert Einstein, Brief an Dr. Robert S. Marcus vom 12.Februar 1950, einsehbar unter http://www.lettersofnote.com/2011/11/delusion.html.

AUSGEWÄHLTE LITERATUR

Baggini, Julian. *The Ego Trick: What Does It Mean to Be You?* London: Granta Books, 2011.

Byrom, Thomas. *The Dhammapada: The Sayings of the Buddha*. New York: Random House, 2010.

Csikszentmihalyi, Mihaly. *Flow: The Psychology of Optimal Experience*. New York: Harper & Row, 1990; dt.: *FLOW: Das Geheimnis des Glücks*. Stuttgart: Klett Cotta, 2007.

Dalai Lama, H. H. *Beyond Religion: Ethics for a Whole World*. Toronto: Signal Books, 2011; dt.: *Rückkehr zur Menschlichkeit*. Köln: Lübbe, 2011.

Doniger, Wendy. *The Woman Who Pretended to Be Who She Was: Myths of Self-Imitation*. New York: Oxford University Press, 2004.

Hanh, Thich Nhat. *Interbeing: Fourteen Guidelines for Engaged Buddhism*. Edited by Fred Eppsteiner. 3rd ed. Berkeley, CA: Parallax Press, 1988.

Huizinga, Johan. *Homo Ludens: A Study of the Play-Element in Culture*. 1938. Reprint, London: Routledge, 2008; dt.: *Homo Ludens*. Reinbek: Rowohlt, 1987.

Keller, Timothy. *The Freedom of Self-Forgetfulness: The Path to True Christian Joy*. Chorley, England: 10Publishing, 2012; dt.: *Vom Glück, selbstlos zu leben*. Gießen: Brunnenverlag, 2014.

Krishnamurti, Jiddu. *Think on These Things*. Ojai, CA: Krishnamurti Foundation of America, 1964.

Lao-Tzu. *Tao te Ching*. Translated by Stephen Mitchell. New York: Harper Perennial, 2009.

Lasch, Christopher. *The Culture of Narcissism: American Life in an Age of Diminishing Expectations*. New York: W. W. Norton, 1979; dt.: *Das Zeitalter des Narzissmus*. München: Steinhausen, 1980.

Lewis, C. S. *Mere Christianity*. New York: HarperSanFrancisco, 1952; dt.: *Pardon, ich bin Christ*. Gießen/Basel: Brunnenverlag, 1977.

Maslow, Abraham. *Religions, Values, and Peak-Experiences*. New York: Penguin, 1970; dt.: *Jeder Mensch ist ein Mystiker*. Wuppertal: Hammer, 2014.

Merton, Thomas. *New Seeds of Contemplation*. New York: New Directions, 1961; dt.: *Christliche Kontemplation*. München: Claudius, 2010.

New Revised Standard Bible. New York: Oxford University Press, 1989; dt.: Luther-Bibel.

O'Flaherty, Wendy Doniger. *Origins of Evil in Hindu Mythology*. Berkeley, CA: University of California Press, 1980.

Rajneesh, Bhagwan Shree. *Tantra: The Supreme Understanding*. Poona, India: Rajneesh Foundation, 1975; dt: *Tantra. Die höchste Einsicht*. Köln: Innenwelt Verlag, 2004.

Rhys Davids, T. W., and C. A. F. Rhys Davids, Übers. *Dialogues of the Buddha*. 1910. Reprint, Delhi, India: Motilal Banarsidass, 2000.

Satchidananda, Swami. *Beyond Words*. Yogaville, CA: Integral

Yoga Publications, 1977; dt.: *Jenseits aller Sprachen*. Illmensee: Ost-West-Verlag, 1996.
Tolle, Eckhart. *A New Earth: Awakening to Your Life's Purpose*. New York: Penguin Books, 2005; *Eine neue Erde*. München: Goldmann, 2005.
Tutu, Desmond. *No Future without Forgiveness*. Colorado Springs, CO: Image, 2000; dt.: *Keine Zukunft ohne Versöhnung*. Düsseldorf: Patmos 2001.
Watts, Alan. *The Book: On the Taboo against Knowing Who You Are*. New York: Vintage Books, 1989; dt.: *Die Illusion des Ich*. München: Kösel, 1980.
Wolfe, Tom. »The ›Me‹ Decade and the Third Great Awakening.« *New York*, August 23, 1976.
Zimmer, Heinrich Robert. *Philosophies of India*. Princeton, NJ: Princeton University Press, 1969; dt.: *Philosophie und Religion Indiens*. Frankfurt a. M.: Suhrkamp, 1979.

Alle Übersetzungen der Sanskrit- und Pali-Texte, die in diesem Buch zitiert werden, stammen von Brian Smith, sofern es nicht ausdrücklich anders angegeben ist:

Ashtavakra Gita
Badarayana's Vedantasutras
Bhagavad Gita
Bodhicaryavatara (*Anleitung zum Bodhisattva-Leben*)
Katha Upanishad
Maha Satipatthana Suttanta
Mandukya Upanishad
Nagarjunas Mulamadhyamaka Karika (*Root Verses on the Middle Way*)
Shvetashvatara Upanishad
Vajracchedika Sutra (*Diamond Cutter Sutra*)
Vijnana Bhairava Tantra
Yoga Sutra